Co-Active Coaching

The proven framework for transformative conversations at work and in life

コーチング・バイブル 第4版

人の潜在力を引き出す協働的コミュニケーション

ヘンリー・キムジーハウス
キャレン・キムジーハウス
フィル・サンダール
ローラ・ウィットワース

CTIジャパン 訳

東洋経済新報社

CO-ACTIVE COACHING
The Proven Framework for Transformative Conversations at Work and in Life, Fourth Edition
by Henry Kimsey-House, Karen Kimsey-House, Phillip Sandahl, and Laura Whitworth

親愛なる日本の読者の皆さんへ

もう20年前になりますが、コーアクティブ・コーチングを初めて日本に紹介する日の朝、とてもドキドキしていました。当時はまだ欧米以外で伝えたことがなく、日本で受け入れられるのか、確信を持てずにいたのです。

コーアクティブ・コーチングが日本語で伝えられる初めてのコースがまさに始まろうとしていた時、私の心臓は喉まで飛び出してきそうでした。うまくいくだろうか？　コーアクティブ・コーチングは役に立つだろうか？　日本の人々は私たちが伝えようとしていることを理解してくれるだろうか？　私たちの思いは人々の心を動かすだろうか？

ところが、そんな心配は無用でした。

あの日から、コーアクティブというコンセプトは日本中に広がり、さまざまな形で使われています。今、コーアクティブ・コーチングは日本でもそれ以外の多くの国においても当たり前のものとして受け入れられています。あの時、私たちが自分たちや日本の人々を信じ、最初の大きなジャンプをしたことをとてもうれしく思います。

そして今、深い感謝と敬意とともに、皆さんに*Co-Active Coaching*（『コーチング・バイブル』）第４版の日本語訳をお届けします。このコーアクティブという考えに価値を感じていただき、ありがとうございます。

あらゆるところで人々の希望や夢に力を与えることに取り組み、世界規模で連携するコミュニティを創造していくこと。この取り組みの重要性を理解する世界を創造していくこと。こうした夢を私たちと一緒に夢みてくれていること。

たとえ、直接会ったことがないとしても、私たちは共有するビジョンを通して、お互いに深い絆で結ばれています。このことに深く感謝の気持ちをお伝えしたいと思います。本当にありがとうございます。

敬意を込めて。

キャレン・キムジーハウス

CTI（Co-Active Training Institute）共同創業者

第4版へのまえがき

本書のタイトル（原著名 *Co-Active Coaching: The Proven Framework for Transformative Conversations at Work and in Life*）は、この本が何について書かれたものかを物語っています。それは“コーアクティブ・コーチング”についてであり、最初に出版してから約20年が経ち、３度の改訂を重ねた今も、「コーチング」の重要性を強調しています。コーチングはわれわれが積み重ね、伝えてきたものであり、専門分野でもあるのと同時に学びの実験室でもあります。しかし今回、私たちは、「コーアクティブ」が意味するところに光を当てていき、さらに強調するために第４版を世に出しました。

「コーアクティブ」であることが、いわゆるコーチングの形に当てはまらない会話の中でどのように使えるのか、そのことで会話がいかにパワフルになるのかを取り上げていきます。これは日常行われている会話そのものが、根本から大きく変化していることに対する気づきにもとづいています。「コーアクティブ」を活用した会話の意味するものを理解することで、今日のビジネスの世界は大きく変化すると考えています。

シンプルに言えば、「コーチング」は私たちが「行う」ことを表しています。本書は、コーチングのための指針、方法論、文脈などの優れたモデルや実践的なスキルをお伝えしていきます。言い換えれば、コーチングをいかに効果的に「行う」かを伝えています。私たちはコーチングというこの分野において、開拓者であり続け、世界中に何万人ものコーアクティブ・コーチを養成してきたのです。

一方、「コーアクティブ」とはコーチングの「関係」の質のことです。これは、コーチとクライアントが、クライアントの主題のためにどのように一緒に取り組むかという、その同盟とも言える関係を含んでいます。この、「根底に流れている」コーアクティブな関係については、前の版でも取り上げてきましたが、何がこのコーチングのアプローチを独自なものとし、何が本質的な変化をもたらすかを理解するためには必要不可欠なものです。

今回の改訂において、「根底に流れている」環境、関係の質が、コーチング、もしくは日常のコーチング的な会話が行われる上でどのようなものであるかが、もっと表面に現れ、明らかになる必要性を実感しました。「コーアクティブ」は効果的な会話の器を提供します。そして、この器はコーチングの会話そのものと同じぐらい重要なものです。われわれが生活し、仕事をしている世界が変化し続けている中で、その関係に影響を与えるもの、環境を支える基本的な側面に光を当てていくことが急務なのは明らかです。

どのような形をとったとしても、すべてのコーチングの関係において、持続的かつ根本的な変化が呼び起こされるために必要な土台は、意識的に「コーアクティブ」な関係を創るという行動から生まれます。この関係は協力的で、助け合い、一緒に創り、能動的かつ積極的に関わる関係であり、行動のステップと学びを生み出します。このため、本書は効果的なコーチングを支える環境、すなわち、器を創り出すことに焦点を当てています。

コーチングのアプローチが、プロのコーチとクライアントの間で行われる会話の枠を超えて応用されてきたという事実は目新しいことではありません。第２版を出した時にもそこに着目し、コーアクティブ・コーチングの基本的なスキルと考え方が、トレーニングされたコーチとクライアントの閉じた１対１のコーチングの形ではない会話にどう応用されるかについて記しました。

たとえば、私たちはコーチングのスキルが以下のような人たちに活用してもらえると考えていました。生徒に関わる先生、患者に関わる医療従事者、そしてマネージャー、スーパーバイザーやチームリーダーといった人たちです。彼らは関わる相手を力づけ、サポートするために、コーチングの基本をどう応用するのかを学び、実践しています。関わる相手は「クライアント」ではありませんが、適した機会にコーチング的な会話を取り入れ、そのための関係を創ってきたと言えます。

時間とともに、少しずつシフトしてきたことは、会話そのものが変化したということです。コーチングの世界以外に意識を向けると、その変化には目を見張るものがあります。この本の初版が出版された時には存在しなかったスマートフォンが今あなたの手には握られています（最初のiPhoneと『コーチング・バイブル』第２版が世に出たのは2007年です）。現在、コミュニケーションにおいて可能になっていることのかなりの部分は、本書の初版が出版されたころにはSFの世界の話でした。国境や文化を超えて、関係のレベルにおいて現実になっていることは、「われわれが生きているうちにはあり得ない」として退けられていたことばかりです。

今日、同僚や家族、友達が地球のどこにいても、瞬時にコミュニケーションをとることが容易にできます。テクノロジーの進化は、コミュニケーションの範囲と可能性を、とてつもなく広げました。しかし、私たち誰もが利用できる高速のつながりとその広い範囲は、つながり自体の課題を突きつけています。私たちはより迅速に関わることができるが、はたして必要としている深さでつながることができているのかという課題です。

これまで以上に、コーアクティブ・コーチングで強調する深い傾聴やコミットメントを共有し学ぶことを力づける関係が重要な意味を持ってきています。会話の変化は、その内容にも現れています。私たちが何について話し、そのやり取りをどこまで共有するかという基準は進化し、より開かれていく傾向があります。このシフトは、世界が明らかに多様化し、分散しながらも、より密接につながっていることを反映しています。

世界は加速的に動き、変化を続けていますが、私たちはこの動きの中にいるので、そのことに本当には気づいていません。それはまるで時速900マイルで回転している地球の上に乗っていることに気づかないようなものです。10年前なら会話のテーマとして取り上げるのが難しかったり、もしくはタブーだったものが、今では当たり前に話せるようになっています。

こういった状況を考えると、もともと効果的な会話を生み出す力があるコーチングが、時の流れと並行して躍進していったのも納得がいきます。私たちは初版以来、プロフェッショナル・コーチのトレーニングおよびプロ・コーチがもたらした影響と、効果的なコーチング的会話の基本が普及していったことの両方を通じて、コーチングが世界中に劇的に広がっていくのを目撃してきました。そして今や、本書で取り上げていくことになる

「コーアクティブ」という概念が以前より重要で価値あるものになっています。

組織も、効果的なパフォーマンスは効果的な関係によるものが大きいと理解するようになりました。必然的にビジネスへの取り組み方やどうビジネスを進めていくかという会話そのものが変化しています。リーダーやマネージャーにとっては、「コーチ的なアプローチ」を使ってメンバーと関わる能力は、今やコア・コンピテンシーであり、必須のスキルと見なされています。ビジネスの世界では、ますますコーチングは才能を伸ばすための価値の高いツールとして考えられるようになりました。それは、１対１で行うコーチングの関係においてもそうですし、リーダーやマネージャーがそのメンバーに対して日常的な関わりの中でコーチ的な役割を担う場合においてもです。

初版の出版以来、私たちが行っているコーチングについて洞察を深め、コーチングという職業や、コーチングが行われる環境について、求めに応じる形で適応させてきました。第３版の時には、当時根本的な再編を続ける世界の中で、コーチングに求められる重要な役割を目の当たりにしていました。組織構造が垂直・階層型（トップダウン）から水平・分散型、マトリックスへと変化していったのです。このため、私たちは「コーアクティブ・コーチング」をさらなる効果的な変化をもたらす会話の手段として、ビジネスを変え人生を変えるアプローチとして捉え直しました。

今にしてみると、組織の中で起きていることとして私たちが目にしたものは、グローバルな世界や文化の中で起こっていたことを反映したものでした。今回の第４版では、それを踏まえ、オープンで本質的な変化をもたらす会話をサポートするコーアクティブな環境を創り出すということは何を意味するのか議論していきます。これは、いわゆるきっちりとしたコーチングの関係だけでなく、リーダーの役割を担う場合や仲間同士の会話においても重要なことです。

長きにわたって、私たちの仕事の進化とそれがどのように応用され影響してきたかを見てきたことで、発見したことがあります。それは、リーダーシップのスキルとしてはもちろんのこと、おそらくより重要になってきているのはリーダーシップのマインドセットとして、コーチングがどのように影響を与え、応用されているかということです。効果的な組織パフォーマンスを目指す関係の構造には、変化に対応するスキルとマインドセットが必要なのです。

われわれのゴールは、すべての人がコーチになることではなく、本来コーチングが持っている、力を与える器としての基本を理解し、活用できるようにすることです。

この『コーチング・バイブル』の第４版は、会話の中で関係を築く新たな道を提供しています。それは、コーアクティブ・コーチングのスキルが、どのように効果的に結果や本質的な変化につながるのかということです。日常の現場においても、世界的な視点からも健全な関係を築くことをサポートするために、このスキルがどう使われるかを理解し、応用していく道を提供します。

本書は、１対１のコーチングというわれわれのルーツに深く根ざしています。また、コーチングの形式自体よりも、そのインパクトがより重要であるという理解を反映しています。会話はそこで交わされる言葉以上のものであり、その関係が創る器がどのように会話に影響するかについて探求していきます。

私たちはこの『コーチング・バイブル』第４版が、プロフェッショナル・コーチや組織の中のリーダー、そして、効果的な関係が創り出す会話に高い価値を置くすべての人の求めに応えていると信じています。これは関係の器を創り出し、パワフルな会話が起こる意識的な方法論なのです。それでは、始めましょう！

謝　辞

まず、ここにこれまでコーアクティブ・コーチングを支え、後押しし、励まし続けてきてくれた多くの人たちに、言葉には表し尽くせないほどの感謝を捧げたいと思います。その数は名前を挙げるにはあまりに多く、中には一度もお会いしたことがない人もいます。またその先には、これまでコーチングという旅に乗り出してきたすべてのコーチやクライアントがいます。私たちにとって、彼らの人生やその成果こそが私たちの仕事が価値あるものであったことをまざまざと示してくれるものであり、本書の内容を最新かつ意味あるものにしたいという強いモチベーションの源となりました。

コーチングが専門的な職業としてその力を発揮し、可能性を広げてきた中で、私たちが提供するコーチ養成のためのトレーニングは極めて大きな役割を果たしました。コーチングにおいて何が効果的なのかを試す実験の場でもありました。CTI（The Co-Active Training Institute）の講師陣とスタッフたちは新しいコーチを育成し、プロとしての高い水準を維持し、コーアクティブという考え方および手法を発展させ続けるという使命の最前線に立ってきました。コーアクティブ・コーチングの本質および細部に対する彼らのこだわりは、CTIが世に提供するものの品質をつねにより高いものとするために欠かせないものでした。彼らのこうした貢献は、この第４版にも明らかに反映されています。

本書の初版が出版されて以来、コーチングが世界全体に広がるのを私たちは見てきました。世界には明らかに渇望があり、それがあらゆる境界線を超えて組織や様々な人間関係、そして１人ひとりの人生にコーチングが浸透する原動力となっています。そういう意味で、コーチングを世界中に広げる取り組みの最前線にいる、勇気ある開拓者に心から感謝したいと思います。言葉や文化の違いを超えてコーチングを広げるという挑戦をあえて受けて立った人たちのビジョンと行動力がなければ、ここまでコーチングが世界規模になることはなかったでしょう。

そして、私たちが提供するトレーニングに参加してくれた何千何万という受講生の皆さん、私たち自身のクライアント、さらにはコーチに対して、言葉では言い尽くせないほどの感謝をしています。また、熱心に取り組んできたすべての組織に対しても、人間の可能性を信じるそのビジョンと勇気、そして、コーアクティブな文化の創造への献身に感謝を捧げます。そして最後に、私たちにとってはかけがえのない存在で、師とも言えるすべてのクライアントの皆さんに対して感謝を捧げます。この謝辞は皆さんへ宛てたものです。皆さんがいてくれるからこそ、私たちはこの仕事に日々取り組むことができるのです。

故ローラ・ウィットワースに捧ぐ

最後に、ヘンリー・キムジーハウスおよびキャレン・キムジーハウスとともに、CTIを創設したローラ・ウィットワースの人生とその先駆的な活動、不屈の精神に特別の感謝を捧げます。

ローラは先見性にあふれ、自らをコーチと呼び始めた草創期のコーチの１人でした。彼女はコーチという職業の確立に尽力し、コーアクティブが持つ本質的な変化をもたらす可能性を力強く説きました。本書を通して、彼女のもたらしたインパクトがさらに広がることを願っています。

ヘンリー＆キャレン・キムジーハウス
フィル・サンダール

フィル・サンダール氏を偲んで

本書の共著者の１人であるフィル・サンダール（Phil Sandahl）氏がこの第４版の翻訳原稿の最終稿が入稿される直前の2020年4月21日に癌のため他界されました。彼は日本のコーアクティブ・コーチングの礎を築いてくれた大恩人です。

今からちょうど20年前、私は本書でご紹介したCTIのコーアクティブ・コーチングを日本に紹介したいという想いからCTIジャパンを立ち上げました。その荷の重さに押しつぶされそうになっていた時、その荷を一緒に背負うためにアメリカからすべてをなげうって駆けつけてくれたのがフィルです。彼はそれから約２年にわたって日本に滞在し、CTIジャパンのコーチング・ワークショップを通じてコーチングの真髄を多くの人たちに伝えてくれたのです。

フィルが日本にいる間、私は幸運にも20回を優に超える数のワークショップをともにリードさせていただきました。そして、参加者に対する彼の真摯で愛情深い姿勢、魂のこもった言葉の数々から多くを学ばせていただきました。20回以上も一緒にやっていると、まさに「阿《あ》吽《うん》の呼吸」と言いますか、最後の頃はお互い次に何を言うかが言う前からわかるくらいになっていました。そういう意味で、彼は自分の師であり、かけがえのないパートナーでもありました。

2002年９月に出版された本書の初版日本語訳にフィルが寄せてくれたメッセージに、以下のような文章があります。

「私は、CTIジャパンのワークショップに参加してくれた人たちとのつながりを通じて、コーチングが彼らにどれだけ大きな影響を与えたかをこの目で見てきました。さらに、自らの人生を100％生きることに対して決意を新たにしている参加者１人ひとりの瞳の中にその力を感じてきました。たくさんの澄んだ瞳に揺れる灯火は、ワークショップという場を超えて、さらに日本の社会へと広がっていくと確信しています。この灯火こそ、これからの社会を、そして世界をも変えていく原動力になると信じてやみません。本当に心からそう信じてやみません。」

この文章を改めて読んだ時、彼自身の瞳こそが澄み切っていて、目の前にいる人の可能性を常に見通してはその喜びで灯火のように揺れていたことを思い出しました。そして、日本だけでなく、彼が足跡を残した世界のあらゆる場所で、数え切れないほどの瞳と心に灯火をともすことで確実に世界を変えた人でした。

初版から約20年という歳月の間に3度版を重ねてきた本書ですが、今でもその言葉の端々にフィルの息遣いが感じられます。読者の皆さんもそうとは気づかずにきっとこの本に込められた彼の想いを受け取り、その瞳に灯火を揺らしながら、自らの人生を100%生きるとともに、周りの人たちもそのように生きられるよう働きかけていくことに対して決意を新たにされることでしょう。

2020年5月

CTIジャパン創設者（現・よく生きる研究所　代表）

榎本　英剛

序

ようこそ、本質的な変化をもたらす会話を創る「コーアクティブ」の世界へ 。コーアクティブはプロフェッショナル・コーチングにルーツを持ち、本書もコーチングのモデルや指針、資質、そしてスキルを扱っています。

本書は、The Co-active Training Institute（CTI）が、25年以上にわたり、コーアクティブ・コーチングのモデルにもとづいてコーチ養成を行ってきた経験の賜物です。そして今日、CTIは対面式でトレーニングを行うコーチ養成機関としては世界最大となり、北米やヨーロッパ、中東、そしてアジアの各国で様々なコースを提供しています。

本書では、このモデルを詳細にわたって説明し、コーアクティブ・コーチングの考え方やスキルを明らかにするとともに、様々なコーチングの実例や実践的な演習を随所に掲載しました。すべては、読者の皆さんがコーチングの理解を深めて実践する、もしくは、コーアクティブ・コーチングの基本にもとづいた会話を行えるようにデザインされたものです。

この第４版を世に送り出した理由は、コーアクティブ・コーチングのより幅広い応用について伝えることにあります。私たちは職業としてのコーチングの草創期の発展における先駆者であり、プロフェッショナルなコンピテンシーとしてコーチングのビジョンや実践、そして信頼性に貢献してきました。

同時に、年月を重ねるにつれて、このコーチングという仕事の本質が、プロの訓練を受けたコーチとクライアントの間での１対１の対話を超えて広がるのを目撃する機会がどんどん増えてきました。本書は、これらの重要でありながらも日常的で、コーチングの影響を受けた会話により光を当てています。

コーアクティブ・コーチングは形として、特有な会話の方法をとります。それは、聞く、探求する、意識を高める、選択する——実際にリスクを取る——というユニークな方法を提供し、その過程で学んだことを足場にしながら、次の選択、次の一歩、さらに次の学ぶ機会をつねにもたらします。

われわれがプロフェッショナル・コーチに教えてきたことは、教育や医療、家庭で交わされる会話にも適用できます。また、エグゼクティブやマネージャー、スーパーバイザーにとって欠かせないリーダーシップ・コンピテンシーになっているのです。

私たちは、自らのルーツを捨てるわけではありません。本書は世界中のビジネススクールや大学の授業、トレーニング・プログラムのコーチング領域において、最も必要とされ、推薦される本であり続けるでしょう。本書に追加したのは、より多くの“コーチ的”会話例です。これらの例から、コーアクティブな会話の基本原理に従うことによって自然と生まれていく力がわかるでしょう。

◆「コーアクティブ」の核心に迫る

本書はコーチングという関係の本質、とりわけ私たちが「コーアクティブ」と呼ぶ関係がどのようなものかに焦点を当てます。また、コーアクティブな会話の特徴はどういうところにあり、何がその他の会話と違うのかについても考察します。プロのコーチとクライアントのやり取りであっても、上司と部下の会話であっても、それらを「コーアクティブ」というレンズを通して見れば、会話の肝となる部分はまったく変わりません。コーチングやコーアクティブな会話とそうでない会話の違いは以下の通りです。

一つは、問題解決のための手法ではないこと。ただし、結果としてクライアントの問題が解決されていきます。また、業績を改善したり、目標を達成したり、結果を手に入れたりすることが主目的ではないこと。ただし、効果的なコーチングの関係を継続すれば、これらすべてのことがいずれは確実に起きます。では、コーチングの核心とは何かと問われれば、それは発見と気づきと選択をもたらすことである、と私たちは答えるでしょう。これは人々が自らの答えを見つけ、重要な選択を繰り返すことによって自らの道を歩むことができるよう、効果的にサポートするための手法なのです。

あなたがチームリーダーで、そのチームのメンバーの１人と極めて重要なプロジェクトの状況について話をしているとしましょう。この会話の進め方にはたくさんの選択肢があります。昔ながらのチームリーダーのやり方を１つ挙げれば、メンバーに報告を求め、その状況を分析して、今後の方向性を指し示すというやり方です。こういった会話は今もなお行われているでしょう。

そして、これとは違ったやり方、よりコーアクティブで、協働的なやり方も存在しています。この方法ではチームリーダーが、そのメンバー（実際の課題に対して、日常的に従事している人）を力づけます。時には、代わりとなる行動や手順をブレインストーミングし、一連の行動について合意を取るという進め方になるかもしれません。この働きかけによって、関係の質がシフトします。会話はより相手を巻き込み、パワフルなものになるのです。これは、一方のやり方がもう一方のやり方に比べて本質的に良いと言っているのではありません。それぞれのアプローチには違う効果があり、選択肢があります。リーダーとしての応答の仕方には、様々なトーンの、幅広い選択肢があるのです。

この急速なペースで進むビジネスの世界においては、いかにそこで働く人がより深く関わり、能動的に動き、１人ひとりが権限を持つ状況を作るかということが喫緊の課題です。チームや組織が混沌かつ複雑な状況下で選択を行い、素早く対応していくことが求められている中、上からの指示待ちや、下から段階的に積み上げていく意思決定のやり方は、阻害要因となります。コーアクティブにともに働く形を創り出し、サポートすることはこの課題に応えるとともに、柔軟で才知にあふれた文化をもたらします。

コーアクティブな会話には、以下に挙げる要素が絶対不可欠であるという暗黙のルールがあります。それは、相手に対する敬意や思いやり、共感、率直さ、そしてあくまで真実だけを口にするという決意です。同時に、この会話には、いくつか前提があります。その１つは、人はもともと創造力と才知にあふれており、決して無力で弱々しく、頼りない存在ではない、というものです。また、人はつねに全力を尽くし、その持てる可能性を余すところなく発揮したい、という深い願いを持っているという前提もあります。さらに、たとえどんな状況にあっても、人はその中に必ず可能性を見出し、自ら選択していく力を持っているという前提もまた、コーアクティブな会話に特有のものでしょう。

こういった人間関係や会話のあり方は、会話の焦点を、誰が偉いのか、上の立場なのかといったものから、何が可能なのかということにシフトさせます。また、単に分析し、問題解決する会話から、より効果的にともに働くための会話、より豊かな知恵を生み出せるように学習する会話へとシフトさせます。これによって、将来の課題に取り組むことが、本当に楽にできるようになります。それはコーアクティブな関係が創り出す土壌がしなやかで粘り強く、創造力に満ちているからなのです。

こういったコミュニケーションのアプローチは正式なコーチングの関係だけではなく、職場におけるリーダーシップ・スタイルやチーム内の人間関係、あるいは家庭にも根を下ろしつつあります。これが機能するのは、もともと私たち人間の中に互いの力を合わせるコーアクティブな会話を求める気持ちがあるからです。通常、私たちは役割や固定化したポジションにもとづいて優劣を競うことに重きが置かれる経験をすることが多いですが、“私たちはともにここにいる”という自覚が高まるにつれて、会話は可能性を探り共通の目的を持つ場へとシフトします。

私たちは日々仕事を通じてこうしたことを目の当たりにしています。コーアクティブ・コーチングは世界に根づき、歴史的・文化的な壁を超越しています。なぜなら、これはすべての人の深いレベルにある、意味あるつながりを切望するところにつながっているからです。世界的な観点から見ると、これは人類の意識の進化の一環であると理解しています。私たちはコーアクティブな会話は、人類の意識に変化が起きたことの一例であると同時に、その変化を創り出す手段でもあると確信しています。

コーアクティブというコミュニケーション・スタイルの特徴は、いろいろなところに表れます。たとえば、それは言葉だけでなく、その言葉の背後にあるものも聴き取り、さらには言葉と言葉の間にあるスペースにまで耳を傾けるという、コーチ（もしくはコーチングをする役割の人）の聴き方に表れます。それはリーダーがどのくらい広い視座で聴くのかというところに見て取ることができます。コーチとして本当に聴こうというリーダーは、相手の声に表れる微妙なニュアンスや、感情、そしてそのエネルギーにも波長を合わせ、言葉にされたこと、言葉にされていないことに耳を傾けます。そしてまた、相手の中にある素晴らしいものを、たとえ本人がそれに気づいていない場合でも、聴き取ろうとします。

「アクティブ（行動的）」が私たちのコーチングの名称に組み込まれているのは偶然ではありません。コーアクティブ・コーチングの関係、もしくはもう少しくだけた職場の同僚との会話、そのいずれにおいても、私たちは自走化する仕組みを支えること、つまり、自らやると言ったことをやったかどうかをつねに確認することに焦点を当てています。それはちゃんとやったかをテストしたり、小言を言ったり、取り締まるという視点からではなく、起きたこと、そして起きなかったことから生まれるすべての学びを刈り取る機会として価値のあるものと考えているからです。評価判断から学習へのシフトが、コーアクティブな会話の要です。

このように、関係と行動の組み合わせを強調することは、「コーアクティブ」という言葉に見事に表れています。この言葉は、存在・どうあるか（being）と行動・何をするか（doing）の両方を組み合わせています。共通のミッションにもとづいて協力して一緒に取り組むというあり方、そして、ビジョンやゴールに向かって積極的に前に進むということを表しています。

本書を読むことで、どのようにして相手の使命や目的、そして特定の主題を発見し、それらをさらに進めていくかという新しい働きかけ方を学ぶでしょう。また、学びの精神と学習へのコミットメントのもと、相手が自ら立てた行動を実行し、自分のものとしているかどうかを、確認していく効果的な方法も学ぶでしょう。１対１のコーチングを行うという点では、価値観や目標設定、人生のバランス、そして自己管理など、コーアクティブ・コーチングならではのアプローチや、リーダーの役割としてどのように応用できるかについても学びます。

加えて本書では、クライアントが人生に変化を起こすためにまさに今リスクを取る勇気が必要だという時や、チームメンバーやリーダーにとって仕事上大変な危機にあると感じられる時に最も強く顔を出す自己制限的な考えや振る舞いにどう対処するかについても紹介します。これを学ぶことで、あなたは人々が描く夢や願い、そして計画から逸れることなく本来望む道を歩んでいくのをサポートすることができるでしょう。

本書はプロのコーチのための情報や演習に重点を置いていますが、ここで紹介している考え方やスキルは、家族や友人、職場、そしてボランティアや地域の人たちとの関係など、ありとあらゆる人間関係に応用できるものばかりです。というのも、本書で紹介するコーチングのスキルやコーチングという関係の本質は、いわゆるプロのコーチが行うコーチング・セッションの中だけに限定されたものではないからです。それは、もはやプロのコーチが用いるスキルであるという範疇を超えて、あらゆるコミュニケーションの中で用いられ始めていることを私たちも認識しています。

◆本書の構成

まず、第Ⅰ部では、コーアクティブの基礎について、その全体像を紹介します。

第1章では、コーアクティブ・モデルの「4つの礎」を紹介することから始めます。これらの礎は、モデルの土台をなすものであり、4つが網目のように互いにつながり合うことで力強い会話が起きる環境を形成します。続いて、「5つの資質」と呼ぶ、傾聴、直感、好奇心、行動と学習、自己管理の各要素について、その概要を説明します。これらの5つの資質が普段の会話の中でどのように現れるかも見ていきます。また、この章では、このモデルの中核をなし、クライアントの焦点となる「3つの指針」、すなわちフルフィルメント、バランス、そしてプロセスの各要素についても簡単に触れています。

第2章では、コーチとクライアントの関係をどのようにデザインしたら効果的なものになるか（私たちはこれを「意図的な協働関係」と呼んでいます)、そして、どのように実践すれば仕事の関係において信頼を構築できるのかについて解説します。

次に、第Ⅱ部は、5つの資質についてさらに詳しく説明するとともに、それぞれの資質と関係が深いコーチング・スキルについて、実例を交えながら解説します。加えて、これらのスキルを実際に活用してもらうための演習も各章の章末に用意しています。また、プロのコーチングと職場でのやり取り、両方の観点からの会話例も提供しています。

続く第Ⅲ部は、３つの指針、フルフィルメント、バランス、プロセスについて詳しく説明していきます。３つの指針のそれぞれは、マネージャーやリーダーとコーチング的会話を交わすメンバーも含むクライアントに対して、人生にとって意義のある変化の入口を提供しています。それぞれの章に収められているコーチングの会話例は、この指針が実際の場面でどのように展開されるかを説明するものです。そしてまた、この３つの指針がリーダーシップに関わる重要な会話の背後にどのようにつねに流れているかを探ります。

第Ⅳ部は、そこまでの内容を統合し、コーチング、特にコーアクティブな会話の未来のビジョンを示します。ある意味では、この最後のセクションはコーチングの完了セッションと同じように、それぞれの要素をまとめ上げ、行動を起こし、学びの旅の次の一歩を踏み出すようあなたの背中を押すでしょう。

そして、これまでの版と同様に、今回も巻末にツールキットを掲載しています。読者がクライアントに合わせて使うことのできる数々のコーチングツールを収めています。

第４版を要約するならば、効果的なコーアクティブな関係とはどのようなものかという深い理解と、そうした関係を創り出し、サポートする上で必要なスキルを提供していると言えるでしょう。本書の系統立った構成にしたがってコーチングの実例および実践的な演習に取り組んでいただければ、読者の皆さんはきっと自らのコーチングの力を高めることができるはずです。本書は、プロのコーチとしてさらに知識を広げ、能力を高めたいと思っている方、そして、コーアクティブ・コーチングというこの独特かつ包括的で、実績のある方法を使って、大切な会話に“コーアクティブ・ウェイ”を活用したいと考えている皆さんのために世に送り出したものです。

【訳注】

＊　原著書では、クライアントを含むコーチングを受ける対象者をすべて「Coachee」としていますが、本書では「クライアント」「メンバー」「部下」など、関係や状況に合わせて表現を変えました。

＊　「自走化のスキル」は3版までは「確認のスキル」としてご紹介していたスキルです。このスキルの本来の内容からスキル名を変更しました。

『コーチング・バイブル（第４版）』目次

第Ⅲ部 コーアクティブの指針
Co-Active Principles

第 I 部

コーアクティブの基礎

Co-Active Fundamentals

最初のコーチング・セッションから、コーチはクライアントに焦点を当てます。

人がコーチングを求め、受けたりするのは、人生の中で何かを変えたいと願い、何か達成したい目標があったりするからです。たとえば「本を書く」「自分のビジネスを立ち上げる」「一気に昇進する」「健康な身体になる」といった目標を持っている人もいれば、「毎日の生活をもっと効果的に満足して過ごしたい」とか、仕事で「変化に対応するための新しいスキルを身につけたい」といった願いを持っている人もいます。

また、より多くの喜び、より多くの安心、あるいはより多くの影響力といったように、コーチングを通して「より多く」を望む人もいれば、逆により少ない混乱、より少ないストレス、より少ない経済的不安といったように、「より少なく」を望む人もいます。

いずれにしても、人は概して、より質の高い、つまり、より充実感に満ちあふれ、よりバランスのとれた、より味わい深い人生を求めて、コーチングを受けにやってきます。そして、彼らがどんな理由でやってきたとしても、コーチングの原点はつねにクライアントの中にある「何かを変えたい」という気持ちなのです。

第Ⅰ部では、コーチがコーチングという関わりにおいて、何を、どうやってもたらすのかについて、コーアクティブの観点から説明します。その中で、コーアクティブ・モデルを構成する重要な要素を紹介し、それらが全体としてどのように関連し合っているかについて解説します。そして、第Ⅱ部以降では、これらの構成要素について、実例を随時織り交ぜながら、さらに深く掘り下げていきます。

最初の２章では、コーアクティブ・コーチングがどのように職場、さらには家庭での日常会話に活用できるのかについても見ていきます。すべての場面にコーアクティブな会話が適しているとは限りませんが、コーアクティブ・コーチングの基礎を認識しておくことで、理解が深まります。ありふれた、さらに言えば取るに足らないように見えたものが、はるかに重要で、深い何かへの入口となり、どちらにも予測できなかった意味をもたらすこともあります。

読者の皆さんもこれまでの人生のどこかで、会話が突然思いがけず個人的でデリケートな方向に向かうといった経験をしたことがあるでしょう。コーアクティブ・コーチングの基礎を理解することで、こういった状況でもどこに糸口があるかをつかみ、より効果的に関わる準備ができるようになります。カウンセラーや問題解決する人としてではなく、思いがけないことが起こる旅の仲間として、会話に勇敢に入っていき、コーアクティブな形で関わるのです。これはすべてのコーチング的な会話に存在している基本的な特徴を表しています。それは、たとえあらかじめ考えがあったとしても、今この瞬間にいること、そして出現するものにオープンでいるということなのです。

すべての会話の中には、言葉にされてはいないけれど確実に存在しているものがあります。それは、思い込みや期待、そして暗黙の了解から成っています。また、個々人の立場、価値観、そして信念を含み、人間関係の質からも創り上げられます。これらは会話の中で溶け合い、とても当たり前なものとして存在しています。表面的な会話に集中することで、言葉にされていないけれど存在しているものを無視することは簡単です。そのやり方のほうが慣れていますし、楽だからです。しかし、それによってより深い会話の機会を失う可能性があります。関係や信頼、力を与えられることで生み出す成果を築き上げるのは、より深い会話なのです。コーアクティブ・モデルとその基礎を理解することで、より意識が高まり、どんな会話でも発揮できる幅広い能力が身につくでしょう。

このように最初の２章では、目には見えないけれども、成果やすでにある関係に対して深く影響を与える会話の特質について説明します。あなたがコーチであったり、リーダーシップをとる役割を担っていたとしても、洞察が得られることでしょう。

第 1 章

コーアクティブ・モデル

The Co-Active Model

「コーアクティブ」とは、「協働的」という意味を持つ造語であり、コーチとクライアントの双方が積極的に協力し合いながら関係を築いていくコーアクティブ・コーチングの関係の根本的特徴を表しています。コーアクティブ・コーチングにおけるコーチとクライアントの関係は、クライアントのニーズを満たすことを目的として結ばれた対等なパートナーシップであり、実際には「同盟」とも言うべき関係です。また、「コーアクティブ」という言葉自体には、人間が持つ本質的特徴である「どうあるか（being)」と「何をするか（doing)」の意味合いが込められています。

- 私たちは何者なのか
- どんな人であり、どんな人でありたいか
- どのように積極的に創り出しているか
- 人生や仕事で得たい成果を得るために、何をしているか、場合によっては、何をしないのか

コーチとクライアントはこのようなことを共有し、クライアントが行動を起こす時、“ともに働く”わけです。

４つの礎

４つの礎は、関係や会話におけるコーアクティブな関わりの基礎となる信念を表しています。それらは最も根底にある信念であり、コーチングやコーチング的会話を成り立たせるために必要不可欠なものです。コーアクティブ・モデルはこれら４つの信念の上に成り立っています。４つの礎は、コーアクティブな会話を支える器というより、礎があって、初めて真の

コーアクティブな会話が可能になるのです。コーチとクライアントの双方が積極的に関わり合い、力を与え合うような関係――これがコーアクティブの「コー（Co）」に当たります――が成り立ち、クライアントがその関係を通して自らを活かすような行動を生み出すために必要な場が、４つの礎によって創り出されるのです。

◆人はもともと創造力と才知にあふれ、欠けるところのない存在である

私たちは、まずあることを宣言するところから始めなければなりません。それは、「人はもともと創造力と才知にあふれ、欠けるところのない存在である」ということです。人は「できる」存在なのです。答えを見つけることも「できる」し、選択することも「できる」し、行動を起こすことも「できる」し、計画通りに進まない時でも立て直すことが「でき」ます。そして、何よりも、学ぶことが「できる」存在です。こうした力はどんな境遇に置かれた人にも組み込まれています。コーアクティブ・モデルにおいて、これは単なる理念ではなく、私たちが拠って立つところの信念なのです。

もしこの信念を持たないとすれば、「人は壊れやすく、頼りない存在である」と考えていることになるでしょう。このような考え方を前提にすれば、コーチの仕事は最も無難な目標にクライアントを導くことになります。ここには大きな違いがあります。相手の中にもともとある創造力や才知を信じる時、私たちは相手の手を握ってオロオロ心配するのではなく、相手を力強く応援することでしょう。コーチとして、相手が創造力や才知にあふれる存在だと信じていれば、自然と好奇心が湧き、可能性に心を開きます。指示命令する代わりに、ともにその可能性を探求するプロセスに入っていくのです。私たちはクライアントの大きさに驚かされることをつねに期待しているのです。

この礎におけるキーワードは「もともと」です。もちろん、目の前の状況に圧倒される時はあるでしょう。最もたくましいと思われる人でさえ、高過ぎて登れない山や、広過ぎて渡れない川など、絶対に自分の手に負えないと感じることは必ずあります。どんな人でも、「そんなことをやる必

要ないよ」とか「おまえにはそれをやる力はない」といった心の中でささやく声や周りの環境のせいで、自分自身が「創造力と才知にあふれ、欠けるところのない存在」だと思えなくなることがあるはずです。こんな時こそ、コーチの出番です。これまでも「できた」し、これからも「できる」存在として、その人の中にもともとある本来の姿を見出す力を発揮するのです。

コーチの役割はクライアントに自らの内なる光を思い出させ、再びそれを見つけるのを助けるだけなのです。なぜなら、光はクライアントの中に「もともと」あるからです。

◆その人すべてに焦点を当てる

コーチになりたての人、あるいはコーチ的な役割を果たしている人を含め、誰かの役に立ちたいと思っている人がよく心に抱いているのは、「解決しなければならない問題は何か？」という問いです。これは、厄介な問題を素早く、効果的に解決するために状況を理解し、相手にとって価値ある支援を提供したいという善意にあふれた問いです。そこには緊急性の高い空気感があり、私たちは役立つ存在でありたいと思っています。

リーダーとマネージャーは――コーチングがその役割にとって欠くことのできない、価値ある貢献だと心から評価している人であっても――簡単にこの罠にはまります。結果を出す、しかも今その結果を出す、というとてつもないプレッシャーの中で、最初に取りかかる仕事は解決すべき問題を特定することです。これはまったく当然の反応です。そして、もちろん、問題を解決することは重要です。

しかし、リーダーがマネージするのは人であり、問題だけではありません。才能を伸ばし、より豊かで効果的な組織を創り出すことで、現在の問題が解決された後も持続可能な成果を生み出すのです。たとえ、組織のストレスにさらされていても、「その人すべてに焦点を当てる」ことで、大切な機会を見落とさないことにつながります。

コーチがクライアントと向き合っている時（たとえそれが電話を通してであっても）、コーチが向き合っているのは解決すべき問題ではなく、1

人の人間です。もちろん、この人の中には起こしたい変化や実現したい夢、やり遂げたい仕事、達成したい目標など、解決すべき問題がいろいろとあるでしょう。確かに、これらの問題はすべて現実に存在するものです。しかし、これらの問題、あるいは夢や仕事や目標よりも、その人自身のほうがずっと大きな存在なのです。ここで言う「人」とは、丸ごとのその人です。つまり、心や頭、身体、そして魂も含めたその人すべてです。そして、コーチングで取り上げられる課題がどんなものであれ、それはクライアントの人生全体の中で容赦なくからみ合っており、きれいに切り離すことはできないのです。

「焦点を当てる」という表現は、少し誤解を生むものかもしれません。ここで言っているのは、グッと集中して明確な焦点を当てることではありません。もっとソフトで幅広く、そして丁寧に焦点を当てることで、その人全体あるいはその人の人生全体をとらえ、様々なレベルで耳を傾けることを意味しています。役立ちたいと強く思うあまり、私たちはつい自分の耳の間、つまり頭だけでなんとかしようとしがちです。頭を使って問題を探り、それが何であるかを理解した後、論理的で実用的な解決策をひねり出そうとするわけです。

確かに、分析や論理は価値があり、役に立つものではあります。しかし、それがすべてではありません。時には、「正しい」と思われる解決策に心がついていかず、思ったような結果が得られなかったり、頭では「そうだ」と思っても、魂にはピンと来ていなかったりということもあります。だからといって、心や頭、身体、そして魂を別々にコーチングしたほうがいいと言っているのではありません。ここで伝えたいのは、コーチ、もしくはコーアクティブな会話を行う人は、こういった様々な次元に及ぼしている影響を意識しておいたほうがいいということです。

感情について話すことは、とりわけ職場において、ついこの間までタブーでした。それが今では、ダニエル・ゴールマンの革新的な研究により、感情的知性（EQ）を育むことは一般的になりました。同様に、ボディランゲージに対する認識が高まったことや身体療法家たちが優れた業績を残したことで、コミュニケーションにおいて身体が果たす役割についての議論が広く、深く行われるようになってきています。

そして、最も慎重を要する次元は、もちろん魂でしょう。「魂」は最もとらえがたく、定義しにくい言葉で、たくさんの異なる名前があり、様々な形で表現されていますが、すべての人間の中に確かに存在するものです。コーチングにおいて「魂」は、宗教はもちろんのこと、スピリチュアリティ（霊性）に限定されるものではありません。そして、魂の次元は人の選択に影響を与えています。その本質には価値観や使命や自分よりも大きな力にしたがって生きるという感覚があります。時にそれは、直感だったり、勘だったり、これにしたがって生きるという強い信念だったりします。ある決断が心や頭や身体を超えたところでなされた時、それは魂の次元の決断だと言えるでしょう。実際、何か超越した感覚を感じることでしか、これが魂だと知ることはできないのです。

コーチにとって、その人すべてに焦点を当てるというのは、目の前にある課題やテーマがクライアントの人生とどのようにからんでいるのかに意識を向けることも含んでいるのは言うまでもありません。今の会話のテーマが何であれ、その背後には、実に膨大な数の人たちや優先順位がからみ合った複雑な相関図があります。そして、コーチとクライアントが、１つの狭いテーマに絞りつつ、一方でそれと同時に、そのテーマがより広い、もしくは深い会話につながる可能性にアンテナを立てながら話すことも可能なのです。

しかし、クライアントが本当に話したいと思う領域に話を向けていくに当たっては、必ずしもコーチが行き先を決め、そこを目指していくというものではありません。もう一度言いますが、重要なのは意識する範囲を広げることです。なぜなら、どんなテーマもそれ単独で存在しているわけではないからです。人生のある１つの領域における決断が、人生のすべての領域に影響を及ぼすことは避けられません。胸が躍るような転職はとても充実感をもたらすかもしれません。それは同時に健康や家族との関係、余暇、あるいは住む場所にも影響を与える可能性があります。ある特定のテーマに絞って、コーチがクライアントに効果的に関わることはできますが、コーアクティブな会話では、その人全体あるいはその人の人生全体を含むより広い範囲を意識してクライアントに関わるのです。

◆今この瞬間から創る

会話は人と人の間で起こる、力強く、ダイナミックなやりとりです。会話を行うに当たって、その内容、つまり、言葉や立場、考えなどに意識が向くのは自然なことです。それは最も「見えやすく」、したがって反応しやすいものでもあります。確かに、言葉や内容は重要ではありますが、その一方で、それよりはるかにたくさんのことがつねにどの瞬間にも起こっています。すべての会話には独特の調子や雰囲気、微妙なニュアンスなどがあります。ある言葉がどのように発せられたかには、その言葉自体と同じか、時にはそれ以上の情報が含まれています。また、実際に言葉にされていることよりも、言葉にされていないことのほうに多くの情報が含まれている場合もあります。

コーチにとって会話は、相手の話を多くのレベルで意識的に聴くと同時に、いつどのように応答するか、介入するかを選ぶ練習の場となります。相手に何を言い、何を問いかけるのかに関する情報は、あらかじめ創られた台本からもたらされるものではなく、その瞬間にもたらされるのです。今この瞬間です。そしてまた次の瞬間からもたらされるのです。「今この瞬間から創る」というのは、たった今起こっていることにしっかりと意識を集中して、もともとの計画ではなく、今という瞬間に湧き起こってくる刺激に応答するということなのです。

ここで「創る」というのは、コーアクティブの核心、すなわち「協力して」という意味の「コー（Co）」と「前に進む」という意味の「アクティブ（Active）」を同時に行うことであり、つまり「協力して前に進む」ことを指しています。これはダンスにたとえてみると、わかりやすいかもしれません。真にコーアクティブな会話では、コーチがダンスをリードする時と、クライアントがダンスをリードする時と、さらに、どちらがダンスをリードし、どちらがついていっているのかがはっきりしない時の3つの状態があります。

これらはすべて自然な状態であり、特に3つ目の、リーダー/フォロワーの区別がなくなったように見える時は、めったにないつながりの状態だと言えるでしょう。それは、お互いに波長が合っている状態であり、率直に言えば、お互いをさらけ出している状態でもあります。そこには、とてつもない信頼にもとづき、会話の流れに身を委ねようという強い意志があります。それはまるで、音楽に合わせて、どちらのパートナーもテンポやリズム、そしてステップがピッタリと合った極上のダンスのように感じられることでしょう。そして、その敏捷なダンスは、すべてクライアントの学びと発見のためのものなのです。

◆本質的な変化を呼び起こす

コーアクティブな会話において、コーチとクライアントはある共通の目的を持っています。それは、クライアントの充実した人生です。コーチングのテーマはクライアントの人生全体から見ればほんのわずかな部分かもしれませんが、それでもクライアントにとって気になることで、かなり具体的なものになる傾向があります。しかし、そのもとをたどっていけば、まるで木の葉から枝へ、枝から幹へ、さらには幹から根へとつながるように、より深いものへとつながっていく可能性があります。

クライアントがコーチングに持ち込んでくるテーマは、新しい職探しや昇進、健康の改善、もしくはビジネスプランの実行かもしれません。そして、１回のコーチング・セッションでクライアントが目標とするのは、あるテーマを明確にしたり、それに関する行動計画を立てたりすることかもしれません。実際、クライアントによっては、ある特定のテーマのある特定の目標だけしか頭にないかもしれません。

しかし、その一方で、コーチが見ているのは「木」全体であり、その木がさらに大きく育ち、生命力にあふれた状態になった姿です。コーアクティブ・モデルにおいてコーチは、取り上げられたテーマはクライアントにとってさらに価値ある何かの表れであるという見方をします。そして、コーチングで立てた行動計画は、クライアントが重要だと感じる領域において最大限に力を発揮するというさらなる高みにつながる手段なのです。

そこには、クライアントが体験できる最高かつ最大限のものを享受してほしいという切なる願いがあります。そして、今日の目標と人生の可能性を結ぶ導火線に火がついた時、本質的な変化がもたらされるでしょう。そうなれば、報告書を書いたり、就職の面接を受けたり、５キロレースを走ったりすることは、単に「やることリスト」に完了の印をつけること以上のものになります。それらは内なる信念の表れとなり、それらをやり遂げることはクライアントがどんな人間になり得るのかを示すメッセージとなるのです。これによって「ああ、よかった」という満足感は「これだ！」という、何か大切なもの——新しい力や強さ——をつかんだ実感に変わります。それはまるで、あることに気づいていなかった、もしくはあることを忘れてしまっていた筋肉の存在に気づくようなものです。

この「これだ！」という実感——およびそれに伴う深い気づき——は、クライアントがその可能性を最大限に発揮するための力をまた１つ新たに身につけたということであり、それはこの１回の体験だけのものではなく、他の機会でも自然と活かされるはずです。

このことが、「本質的な変化を呼び起こす」をコーアクティブ・モデルの礎として、大胆にも掲げている理由です。クライアントのあらゆる可能性を諦めずに追求していくことがコーチの切望だととらえます。これは、クライアントが今焦点を当てている領域から人生の様々な領域に向かって進化し、成長し、拡大していくための内なる強さや知恵を学習したり、時にその強さや知恵を取り戻したりすることを含みます。

このように、コーチはクライアントの可能性を見続け、クライアントが本質的な変化を体験することを本気でサポートすることを通じて、重要な役割を果たしています。もちろん、どのようなテーマについて話し、どのような行動を起こし、どのような結果を求めるかをクライアントが選ぶことに変わりはありません。しかし、ほんのちょっとした行動からも最大限の成果を引き出そうという姿勢に立ち、コーチが励ますことで、ついには本質的な変化を呼び起こすのです。

４つの礎が重要な会話の多くに適用できるかを知るために、あなたがプロフェッショナル・コーチである必要はありません。最近の職場の同僚や息子さんや娘さんとの会話を思い出してください。きっとあなたは、ある特定の問題を解決するのに忙しかったでしょう。もし、４つの礎を意識していたら、その会話はどうなっていたか、もう一度ここでそのことについて考えてみましょう。

もしあなたが、同僚や子供は「もともと創造力と才知にあふれ、欠けるところのない存在である」と信じて関わっていたら、会話の質はどのように変化したでしょうか。その会話がアドバイスを与えるものから、好奇心にあふれ、質問を重ねることで、相手のリソースを引き出すものに変化し得ます。よくある日常的なことだと思っていたことが、そのことを起点に、思いもしないその人の人生の展開につながると知ったらどうでしょうか。この関わりがもたらすものは、この瞬間には目には見えないものかもしれませんが、確かに影響をもたらします。

現れてくるものが何であれ、それとともに創り出していく能力は、まちがいなくリーダーシップのコンピテンシーと言えます。今日のビジネスにおいて、機敏に創り出していく力は必須です。言うまでもなく優れたリーダーは日々周りの人との仕事の中でこの特質を示しています。４番目の礎、「本質的な変化を呼び起こす」は会話を互いに響き合う場にしていく可能性を持っています。短い会話であっても、同僚や子供を肯定することで、目の前の課題に対処した後も、その響きの影響は続いていく可能性を秘めているのです。

もちろん、４つの礎を理解し、深い気づきを得たからといって、すべての会話できっちりとしたコーチング的会話をしなければならないというわけではありません。コーチの帽子を脱いで、あなたの子供、パートナー、社員に接するのもいいでしょう。大事なことは、あなたの意識を高めることです。そうすれば、どんな役割を担っていたとしても、どんな会話にも可能性があると価値を感じるだけで、効果的に関わっていくことが可能になります。

モデルの心臓部

熟練したコーチは、明確なコミットメントを持ってコーチングを始めます。コーチがクライアントと結ぶ継続的なコーチングの関係は、ひとえに

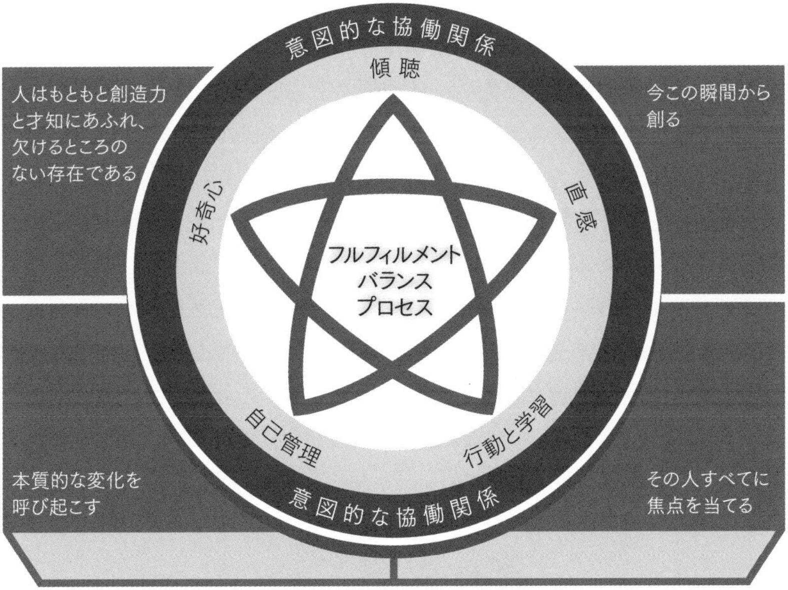

図1　コーアクティブ・モデル

クライアントが目指すゴールに向かってともに取り組むために存在していると言えます。そのため、図１に示したコーアクティブ・モデルにおいては、クライアントの人生がその中心に置かれています。

「クライアントの人生」には、２つのとらえ方があります。

１つは、クライアントの人生全体を視野に入れ、クライアントが日々とる行動は、あくまでその全体の一部ととらえる方法です。

私たちは日々何かをする、あるいはしないといった意思決定を無数に行っています。それらの意思決定は、それがたとえどんなにつまらないものに見えても、私たちがより充実した人生を送るか否か（フルフィルメント）、よりバランスのとれた人生に向かうか否か（バランス）、人生というプロセスをより深く味わうか否か（プロセス）、ということに大きな影響を与えています。つまり、クライアントの行動は私たちがこの後、より深く探求していく「３つの指針」――フルフィルメント・バランス・プロセス――とつねに密接に関わっているわけです。これらを「指針」と呼ぶのは、ちょうど火を起こすのに酸素や燃料、火種が必要であるのと同様に、クライアントの人生に火を起こす上で、これらがすべて欠かせない要素だからです。

クライアントの人生のもう１つのとらえ方は、クライアントが毎回のコーチング・セッションに持ってくる具体的なテーマ（「主題」と言います）に焦点を当てる方法です。

クライアントはコーチングの場に様々な種類のテーマを持ってきます。そして、ここで取り扱われる日ごとの、あるいは週ごとや月ごとのテーマはあくまでクライアントの日常的な人生についてのものです。しかし、たとえそれがどんなテーマであっても、それをとっかかりに、より充実感にあふれ、よりバランスのとれた、より味わい深い人生という人生全体に通じるテーマに結びつけることが十分可能です。

◆フルフィルメント

フルフィルメントとは、直訳すると「充実感」を意味します。別の表現を使えば、それは「その人を生き生きとさせるもの」、あるいは「その人にパワーやエネルギーを与えてくれるもの」といったことを意味します。何がフルフィルメントをもたらすかは、そのクライアントによって異なります。コーチングを始めたばかりの頃は、いい仕事や早い昇進、十分な収入、生活スタイル、あるいは個人的な達成といった表面的な成功しか思い浮かばないクライアントがいるかもしれません。しかし、コーチングを受けるうちに、ほとんどのクライアントはフルフィルメントについての考えを変えていきます。すなわち、フルフィルメントとは財布や洋服ダンスを満たすことではなく、むしろ自分の心や精神を満たすことだと気づくのです。

充実感にあふれた人生とは、クライアントが本当に大事だと思っていること、価値を置いていることで満たされた人生です。もしもリスクを取ることに価値を置いているクライアントであれば、その人の毎日は冒険にあふれたものになっているでしょうか？　あるいは、家族に価値を置いているクライアントであれば、その人の毎日はやり残した仕事を片づけるためについ残業してしまうことの繰り返しになってはいないでしょうか？　また、そのクライアントは仕事の場でどんな価値観を尊重したいと思っているのでしょうか？

このように、クライアントが何に価値を置いているかを明確にすることは、とりもなおさずクライアントが人生において何を選択すべきかを明確にすることと言えます。なぜなら、クライアントが自らの価値観に沿った選択をすればするほど、その人の人生は自然と充実感に満ちたものになり、多くの場合、より楽に生きることにもつながるからです。

よく「フルフィルメントとは何らかの目標に到達した時に得られるもの」と考える人がいますが、実際にはフルフィルメントは到達点ではありません。確かに、ずっと目指してきた目標を達成した時には満足感を強く感じるでしょう。しかし、それはまだ表面的なフルフィルメントに過ぎません。もっとも深いレベルのフルフィルメントとは、自らの人生に目的を見出し、その目的を日々実感しながら生きる時に感じるものであり、自分がこの世で与えられた生をまっとうしていると感じる時に得られるものなのです。

◆バランス

今日のように変化のスピードが速い世の中で、やるべきことをたくさん抱え、様々なことに気をとられながら過ごしていると、バランスのとれた人生を生きるのは、もはや見果てぬ夢のように思えることでしょう。特にコーチングにやってくる人たちにとっては、「バランスのとれた人生」ほどとらえどころのない概念はないかもしれません。なぜなら、そういった人たちはそこそこの人生には満足できず、人生により多くを望み、より多くを与えたいと思っている人たちだからです。

彼らは自分にとって重要なことに情熱を燃やし、それに本気で取り組もうとするがあまり、時には人生のある領域でずば抜けた成果を上げているのに、他の領域では散々な状態になっているかもしれません。もちろん、彼らにしたってバランスをとることの価値は理解しており、たとえばもっと運動したり、休暇をとったり、しばらくご無沙汰していた友人と会ったりして、なんとかしようと努力はしているはずです。しかし、何週間、あるいは何ヶ月か経ってみると、何も変わっていないことに気がつくのです。これはまさに「人生のバランスがとれていない」状態です。

このような状態に陥った時、多くの人は、「人生はどうせこんなものだ」とか「これが現実なのさ」と言って諦めてしまいます。これは、1つのものの見方にとらわれ、しかもその見方からするとすべてのことが悪く見えてしまっている状態です。バランスに焦点を当てたコーチングでは、クライアントの視点の幅を広げ、それによって選択し得る可能性を増やすことに注力します。というのも、結局のところ、人生にバランスをもたらすための鍵は、クライアントが自分にもっとも力を与える選択をすることにあるからです。それは、とりもなおさず、何かに対して「YES」と言い、何かに対して「NO」と言うことでもあります。これは決して簡単なことではありません。クライアントは得てして、何かに対して「NO」を言うことなく、「YES」だけを言いたがりますが、そのようなことを続けていると、クライアントは気持ち的に圧倒されて、人生のバランスを失うことになってしまうのです。

バランスというのは、人生と同様、つねに流動的で、移り変わっていくものです。したがって、コーチとしては、完全にバランスのとれた状態に到達することを目標とするのではなく、むしろクライアントがよりバランスのとれた方向に近づいているのか、それとも遠のいているのかに留意すべきでしょう。また、バランスは、ちょうど季節が移ろうのを眺めるように、ある程度長期的な視点から観察する必要があります。なぜなら、コーチングの関係を続けていく中で、このテーマはおそらくいろいろな形をとって繰り返し何度も現れてくるはずだからです。

◆プロセス

私たちの人生は、刻一刻と変化し、つねに動いています。それは順風満帆の時もあれば、嵐のように不安定な時もあります。にもかかわらず、コーチとクライアントはつい何らかの成果を生み出すことに気をとられ、最終目的地に意識を向けるあまり、人生という旅の景色を眺めていないということが起きます。実際、人生とは1つのプロセスであり、ちょうど川の流れのように、ほとんど音を立てることもなく緩やかに流れる時もあれば、水しぶきをあげながら激しく流れる時もあるでしょう。また、ただ流されていく時もあれば、仕事や人間関係の渦潮に巻き込まれたり、危険が潜む沼地に足をとられたりする時もあるでしょう。洪水もあれば日照りもあるのです。

コーチの役割は、クライアントがどのようなプロセスにあろうとも、そこで何が起きているのかに気づき、それをクライアントに伝え、そのプロセスの中にともにいることです。そして、クライアントがたとえ岩場や浅瀬に突き当たろうとも、つねにそばで支え励まし、難局をうまく切り抜ければその技量と成功をともに祝う、そういう旅仲間のような存在がコーチなのです。このように、コーチがプロセスに焦点を当ててコーチングをすることで、クライアントは自らの人生に起こるすべての出来事に意味を見出し、より人生を深く味わいながら生きることが可能になるでしょう。

以上、コーアクティブ・コーチングにおける3つの指針について述べてきました。これらフルフィルメント、バランス、そしてプロセスはすべてクライアントの人生全体を視野に入れています。これらの指針はコーアクティブ・コーチングのモデルの中核を成すものであり、この3つがコーチングの中で組み合わさることで、クライアントの人生が真に輝きのあるものになるのです。

意図的な協働関係

コーアクティブ・コーチングでは、図1にあるように、クライアントとその主題をモデルの中心に据え、星で表しています。そして、その星を守るように取り囲んでいる円は、コーチとクライアントの間に築かれる「意図的な協働関係」を表しています。

コーアクティブ・コーチングにおいて、よい結果が得られるかどうかは、コーチ1人の力によるのではなく、コーチとクライアントの2人の関係にかかっています。したがって、コーチとクライアントは、互いに協力し、クライアントが求めるものを手に入れるための最適な関係を築く必要があるわけです。たとえば、どのようにコーチングしてほしいかをあらかじめクライアントがコーチに伝えておくことはとても重要なことです。コーアクティブ・コーチングでは、クライアントを出来合いのプログラムに当てはめようとするようなことは決してしません。むしろ、クライアントは自分に合ったやり方でコーチングが受けられるよう、自ら積極的に関わりながら、独自の力強い関係をコーチとともに築き上げていくことを求められます。

このように、コーチとクライアントが意図的に協働関係を築き上げる責任は、どちらか片方ではなく、双方にあると言えます。この過程を通じて、おそらくクライアントはコーチとどのような関係を築くかは自分次第であり、ひいては自分の人生をどう変えるかもすべて自分次第であることに気づくでしょう。

5つの資質

前述のように、コーアクティブ・モデルはクライアントを表す星と、意図的な協働関係を表す円から成り立っています。そして、星の５つの先端は、コーチがコーチングの場を創るために持ち込む「資質」を表しています。これら５つの資質それぞれは、クライアントと関わるポイントであり、コーチはつねにコーチングの中でこれらの資質を活用しています。ちょうど音楽家が音楽の才能を伸ばすかのように、コーチも時間をかけ、トレーニングを通して、これらの力を育てます。５つの資質はつねに働いています。本書では順番に紹介しますが、それらは順番に使うものではなく、つねに同時に存在しているものであり、コーチングの関わりには欠かせない要素です。それはまるで５つのスポットライトとして輝き、クライアントの人生をつねに照らし出します。

◆傾聴

コーチがクライアントの発した言葉を注意深く聴いて、会話の内容を把握するのは当然のことですが、コーチングにおいてもっとも重要なのは、もっと深いレベルで聴くことです。話の背後にある意味や底にある流れ、あるいは全体を覆うテーマなどに耳を澄ますことで、クライアントの学びが深まります。クライアントのビジョンや価値観が話の中に垣間見えた時、コーチはそれを鋭く聴き取らなければなりません。また、それだけでなく、クライアントの恐れや抵抗、ぐるぐると同じところを巡っていたり、あるいは「サボタージュ」と私たちが呼ぶ自己制限的な思考にもコーチは耳を傾けます。サボタージュとはクライアントが自らの人生に何らかの変化を起こそうとした時に、できない理由をあげつらい、それを引き止めようとする心理的な働きを指します。

このように、コーチは同時に様々なレベルで話を聴きながら、現在クライアントがどれくらい充実し、どこでバランスを失い、あるいはどのようなプロセスを経験しているのかに聞き耳を立てています。要するに、コーチはクライアントの「声なき声」をも聴き取り、それをコーチングの中で活かすのです（第3章では、傾聴の3つのレベルについて詳しく解説します）。

◆直感

コーチがクライアントの話を一段深いところで聴いていると、クライアントが口にした言葉や話の内容とは一見何の関係もないことがコーチの頭の中に浮かぶことがあります。このように、目に見えるものや耳に聞こえるものを超えた情報や知恵を察知することを直感と言います。私たちの文化では、あまり直感の力を信用していないため、それが表立って語られることはほとんどありません。しかし、それが働く場さえ与えられれば、論理や理屈だけでは到底得られない情報を得ることができます。ただ、それをおおっぴらに口にするのは良識を疑われる恐れがあるので、つい躊躇してしまうのです。しかし、コーチングにおいて、直感はコーチがクライアントにもたらすことができる、もっとも素晴らしい贈り物の1つです。

コーチングをする中で、コーチはクライアントから多くの情報を受け取ります。そして、それらの情報と、自分がこれまでに培ったコーチとしての経験だけでなく、その他の経験も組み合わせながらコーチングを進めていきます。通常はこれらだけで十分と思われるかもしれませんが、ここにもう１つ、直感から得た情報が加わります。「直感」と呼ぶのがはばかられるのであれば、考えとか勘、ひらめきと呼んでも構いません。大事なことは、理屈を超えた情報にも門戸を開くことです。クライアントとともに未知の世界に足を踏み入れようとする時、そこにはつねに裏づけのある確固とした情報がそろっているとは限りません。そのような時、直感は大きな力となり得るのです。

直感もまた１つの資質であり、訓練さえ積めば、開発することが可能です。論理や理屈によって得られる情報に、直感によって得られる情報が加わる時、コーチングはこれまでの枠を超えて新しい次元にコーチとクライアントをいざなってくれることでしょう。

◆好奇心

コーアクティブ・コーチングでは、クライアントにはできる力があり、リソースにあふれ、答えを持っていると信じます。そこで、コーチの役割は問いを投げかけ、クライアントを自己発見の旅へといざなっていくことにあります。好奇心という資質は答えを明らかにし、新たな発見を導くプロセスに、ある種の構造を与えてくれます。それは、オープンに招き入れるような姿勢であり、スペースの広さであり、遊び心にあふれたものです。それでいて、とんでもなくパワフルなのです。ちょうど科学者が宇宙や生命、その他の様々な事象に対して飽くなき好奇心を持って臨むように、コーチもクライアント、およびクライアントの人生に飽くなき好奇心を向けることで、これまで見えなかったクライアントの内なる世界が見えるようになるのです。

ここでコーチが投げかける問いは決して尋問ではなく、本当にクライアントの側に立ち、クライアントが自らの内なる世界を自由に探求する助けになるようなものでなければなりません。しかし、それは必ずしもクライアントにとってつねに心地のいい質問をすることではなく、時にはクライアントが長年かけて築き上げた防御の壁を打ち破るような力強い質問を投げかける必要があります。クライアント自身が自分の人生により好奇心を持つと、プレッシャーやリスクを低める効果があります。このように好奇心のお陰で自ら進んで見ようとしていなかったことを見ることができ、困難なことにも挑戦できるようになるのです。

◆行動と学習

コーチとクライアントの協働作業の結果として生み出されるのが、行動と学習です。この２つが合わさって、クライアントの人生に変化が起きます。クライアントを前に進める「行動」はコーチングの目的の中核であり、私たちはよくコーチングの大きな目的の１つは、クライアントの「行動を進める」ことだと言います。

そして、人間の変化のプロセスにおいて働いているもう１つの力は「学習」です。学習は、単に行動の産物として生み出されるものではなく、行動と同等の価値を持ち、行動を補完する力なのです。学習が深まることによって、クライアントの中にそれまでなかったような新しい発想が芽生え、自らの可能性を広げたり、変化を起こすための強い筋力が身につくのです。

よくコーチングは「単にやるべきことをやらせ、より高い成果を生み出すための方法」と誤解されることがあります。つまり、まるで親が子供に対して、やれ宿題はやったかとか、やれ部屋は片づけたかとせっつくのと同じようなイメージをコーチに対して持っている人がいます。また、組織によっては、物差しを持って、失敗に対してお仕置きをする学校の先生のようなイメージを持っています。

しかし、コーチングは決してクライアントがやるべきことをやり、何らかの成果を生み出すためだけにあるわけではありません。それと同じくらい、クライアントが自分について学び続けることが大切なのです。特に、ある行動が３つの指針に沿っているのか沿っていないのかについて学ぶことは、コーチングの成否を握る鍵であると言っても過言ではないでしょう。「人生にはただ速度を速めること以上に大切なものがある」と、その昔ガンジーは言いましたが、それと同様に、人生にはただ行動を増やすこと以上に大切なものがあると、コーアクティブ・コーチングでは考えます。

◆自己管理

真にクライアントの主題に沿って話を進めるためには、コーチは自らがクライアントの邪魔をしないように気をつける必要があります。これはいつも簡単にできるわけではありません。自己管理とは、コーチが自分自身の考えや意見、好み、プライド、自己防衛、そしてエゴを脇に置く力です。コーチは自分の中で起きている考え、分析、そして評価判断にとらわれず、目の前にいるクライアントに寄り添い、その状況や苦闘の中にともにいることが必要です。コーチも人間ですから、時に「相手からよく見られたい」とか「自分は正しくありたい」と思うこともあるでしょう。自己管理とはこうしたことを手放すことを意味します。

スポットライトはコーチ自身にではなく、クライアントに当て続ける必要があります。自己管理とは、別の言い方をすると、自分が相手にどのようなインパクトを与えているかについて、つねに意識する力でもあります。自分に対するコーチの関わり方を見ることで、クライアントもまた自己管理――自分が周りにどのような影響を与えているかを意識すること――を身につけることができるのです。

このモデルにおけるコーチの役割

コーチとはどんな結果になるのかわからない中、変化に向けた答えを求めて飛び込んでいくチェンジ・エージェントとも言えるでしょう。目標・計画、新たな実践・ベンチマーク、そしてあらゆる種類の成果といったものはすべてクライアントが取り組んでいるものであり、コーチングの関わりによって促進されます。コーチは「触媒」であり、変化を加速するプロセスにおいて重要な要素を担います。

コーチは受け身の役割にとどまりません。コーチング、特に、ここで紹介しているコーアクティブ・コーチングでは、コーチの側に強い決意と高い目的意識が求められます。コーチングの対象が個人のクライアントであっても、組織の中のクライアントであっても、目的意識――これにはさらに高い次元の目的意識も含まれます――は間違いなく基本となります。コーアクティブ・コーチングでは、コーチングとはクライアントの高い次元の目的のために存在するものだと考えています。そうした目的を目指してこそ、コーチはクライアントに本質的な変化をもたらす手段を創り出せるのです。やがてその変化は家族や組織にも伝わり、その波は世界全体へと広がっていきます。

そこに立ち会い、会話を通じてこの変化に貢献できるというのは、コーチにとってこの上ない歓びです。それは、コーチ自身が持っている人生における高い次元の目的を満たすものでもあります。違いを創り出す――誰かが夢を実現し、持てる可能性を最大限に発揮することに貢献する――このことこそ、コーチがこの仕事に魅力を感じる大きな理由と言えるでしょう。

コーアクティブ・ウェイ：コーアクティブ・モデルのさらなる応用

ここまで、プロのコーチが意図的な協働関係の中でコーチングをするという文脈でコーアクティブ・モデルを紹介し、このモデルを日常の会話に幅広く応用していくことについても紹介してきました。コーアクティブ・コーチングの理解と気づきによって、日常の会話は飛躍的に変化することでしょう。目前の差し迫った問題について、部下に関わっているマネージャーとしては、相手の充実した人生、生活のバランス、起こっている様々なプロセスに注意を向けることは簡単ではないかもしれません。

しかし、目の前の細々したことに注意が向いていたとしても、あなたは相手の背景にある「３つの指針」（フルフィルメント・バランス・プロセス）を認識することで生まれるリーダーとしての力を手にしているはずです。最も優れたリーダーは、相手を可能性を持った存在として見なし、目の前の問題を成長の機会としてとらえます。この実践を通して育つスキルと意識によって、あなたはエンパワーされ、より効果的な新たなレベルでの関係を創り出す力を身につけることができるはずです。

第2章

コーアクティブ・コーチングの関係

The Co-Active Coaching Relationship

コーチングの真髄は、その方法論というよりはむしろその特殊な関係にあります。確かに、コーチングには学ぶべきスキルや使えるツールがたくさんありますが、効果的なコーチングを行うための本当の鍵は、コーチがどれほどクライアントと深い関係を構築できるかにあると言っても過言ではないでしょう。それはきっちりしたコーチングの関係におけるプロフェッショナル・コーチだけでなく、部下とコーチング的会話を行うマネージャーでもまったく同じです。会話の形やその状況はその都度かなり違うかもしれませんが、すべてのコーチングは、意図的な関係を土台として行われます。

まずはコーアクティブな関係というテーマを、プロコーチの場合で見ていきましょう。世の中に1人として、人生や仕事の状況が同じクライアントはいません。掲げる目標や変化に対する意欲、能力や関心、さらには自己制限的な習性に至るまで、すべて異なるということを認識することから始まります。クライアントがコーチングに持ち込んでくるテーマを、キャリアや人生の転換、業績の改善、職場におけるリーダーシップの発揮、あるいは健康の増進といったように大雑把に括ることはできますが、それはあくまで広い括りに過ぎません。

このことに加えて、クライアントは自分にとって何が重要なのか、何が自分を突き動かすのかといったことを深く知り、行動を起こし、その行動から学習するにつれ、目標が次第に変化していくこともあります。こうした理由から、コーチングには標準的な診断法や解決策があらかじめ用意されたマニュアルなどは一切存在しません。コーチングはそもそもダイナミックなものであり、だからこそ人々の人生に変化をもたらす触媒としての力があるのです。また、コーチングは極めて個人的なものでもあります。

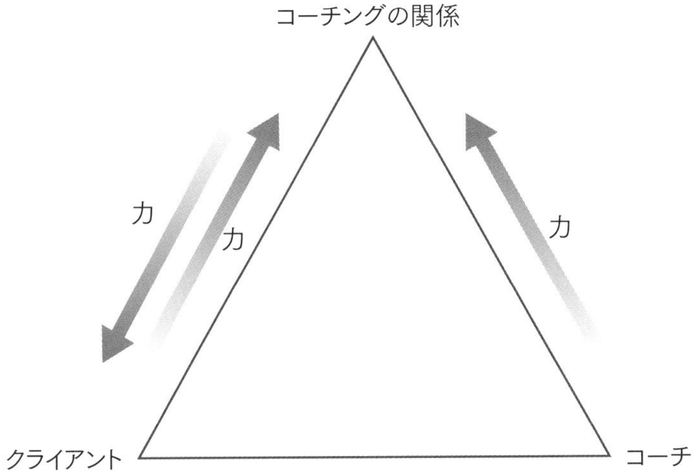

図２　三角形を成すコーチングの関係

そのため、コーチはそのクライアントが自ら人生に変化を起こせるような力強い関係を一緒に創り出すのです。コーアクティブ・コーチングにおいては、コーチとクライアントはそれぞれ異なる役割を担いつつも、その関係はまったく対等です。両者は関係を創ることそのものにおいてもともに力を合わせます。コーチングの「共同制作者」として、クライアントがここから得られる最大限の利益のために力を合わせるのです。

コーチングの関係は、図２にあるように三角形で表すことができます。この図から、コーチはコーチングの関係に力を与え、クライアントもまた、コーチに対してではなく、コーチングの関係に力を与えていることがわかります。そして、このようにして両者から力を与えられたコーチングの関係が、ひいてはクライアントに対し、自らの意思で大胆に人生を変えていく力を与えるのです。つまり、コーチとクライアントの関係に存在する力は、すべてクライアントのために使われるわけです。

実際、コーアクティブ・コーチングでは、コーチは「私に力がある」という考えから、「コーチングの関係に力がある」という考えに転換する必要があります。コーチングが効果的かどうかは、コーチがどれだけ自分の

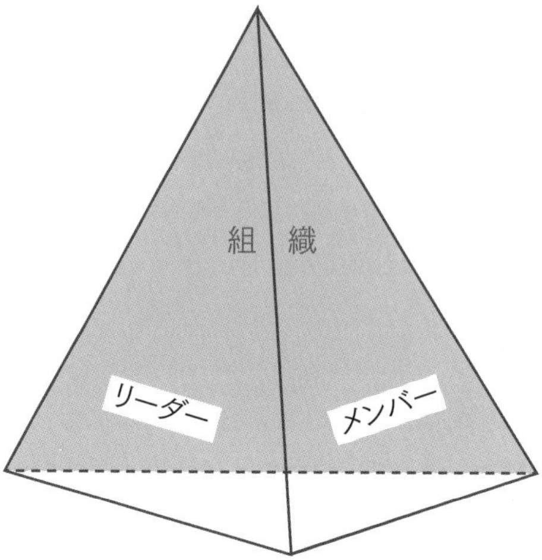

図３　コーチング的組織文化のピラミッド

力を示せるかではなく、クライアントがどれだけ自分の力を感じることができるかによります。

コーチングの関係とは、クライアントが人生における障害を乗り越えるのに必要なエネルギーを充電する場と考えることができます。もしエネルギーレベルが低ければ、その障害を乗り越えることはできません。そのエネルギーはコーチから直接得られるのではなく、コーチングの関係から得られるのです。そのエネルギーは、クライアントが意欲や願望という形で持ってくるエネルギーと、コーチが人間の変化に対する理解とそれを可能にするスキルおよび強い決意という形で持ってくるエネルギーが合わさったものだと言えるでしょう。

チームリーダーやマネージャー、スーパーバイザーが日常の関係を意図してコーアクティブ・コーチングにシフトさせると、このエネルギーとエンパワーメントを表したモデルは、３次元になります（図３）。このモデルにはコーチ役のリーダーとクライアントとなるメンバーの役割が表されています。そして、組織の役割は後ろに隠れていますが、リーダーとメンバー双方に対して、重要な構造とサポートを提供しています。

組織におけるコーチングをこのように３次元から眺めてみると、３者それぞれに利益があることがわかります。メンバー、リーダー、そして最終的には組織に力を与えるしっかりした土台ができるのです。組織文化がコーチング的であると、組織、リーダー、そしてメンバーすべてが関係に力を与えることになります。この関係の力学がメンバーとリーダーにさらなる力を与え、双方が成長することで、個々の能力や組織に貢献する力もまた成長するのです。

コーチングという自らパワーを充電する土台から３者にエネルギーが流れます。それはコーチングにおけるコミットメントとそのコミットメントが関係にもたらすものが生み出すエネルギーです。それぞれの役割が全体に対して独自の貢献をしています。それがさらに強化されているようなイメージです。組織においては、このモデルは３次元となり、さらなる相乗効果が起きるのです。

コーチングの環境

コーチングは、そのもっとも基本的な形において、コーチともう１人の人間との対話だと言えます。また、チームや関係に対するコーチングの場合であれば、コーチと２人以上の人間との対話ということになります。しかし、いずれの場合でも、コーチングは通常の日常会話とは大きく異なります。効果的なコーチングの対話では、必ず学習や変化、そして成長が生まれます。これは４つの礎の１つ「本質的な変化を呼び起こす」があるからです。テーマを挙げ、アクションを考え、コミットし、達成することが、クライアントの大きな目的につながっています。だからこそ、コーチングの対話がどのような環境の中で行われるかはつねに重要な要素なのです。

ここで言う「環境」とは、物理的環境だけではなく、コーチとクライアントが決めた基本ルールや合意事項、期待に関する理解、そしてコーチング・プロセスをサポートする事務的な合意からなる「関係的環境」の２つを指しています。ほとんどの対話は物理的にも関係的にも騒々しい環境の中で行われます——忙しい環境の中では、普通に聞こえる以上にまわりの音が耳障りになることもあります。騒々しさは音だけではなく、気を散らすもの、優先順位の高いもの、感情、締め切り、家族の事情といったものも含まれます。気を散らすもののリストには終わりがありません。コーチングの対話が目指すのは、関係的環境ができるだけ静かに澄み渡っていて、騒音がなくなっている状態です。

コーアクティブ・コーチングでは、効果的なコーチングを行うための環境には主に２つの特徴があると考えています。

1．クライアントが自らの人生に変化を起こすために必要なリスクが取れるだけの「安全な」環境であること
2．クライアントが意欲や創造性、そして決意を持って自らの人生に臨み、必要な選択ができる「勇気づけられる」環境であること

ところで、上で述べた「安全な」とは、必ずしも「心地よい」ということではありません。クライアントが重大な変化を起こそうとすれば、それはとても居心地が悪いものにもなり得ます。それでも、クライアントが安心してその変化を起こせるような環境を整えるのがコーチの役割となります。まるで山の頂上を目指して懸命に絶壁をよじ登るロッククライマーのように、クライアントはその変化の途上で、えも言われぬ歓びを感じたり、疲れに襲われたり、また不安に押しつぶされそうになるかもしれません。しかし、その時、つねに自分の命綱を握り、安全を確保してくれているコーチという存在がいることで、クライアントは自信を持ってその崖を登り続けることができるのです。

クライアントにとっての「安全で勇気づけられる環境」にはいくつかの要素があります。それらがそろった時、クライアントはより高く、遠いところに手を届かせることができます。なぜなら、信頼でき、あてになる関係はセーフティーネットを超えた力強い跳躍台となるからです。このサポートによって、これがなければ不可能と思われるものに手を届かせることができます。このような特別な要素がコーチングの環境には欠かせないものであり、コーチングの関係の「器」を形作るのです。ここからその環境を創り出す要素について見ていきましょう。

◆守秘義務

「守秘義務」とは、コーチがコーチングを通じて知り得たクライアントに関する個人的な情報をクライアントの許可なく第三者に決して口外しないことを指します。これはプロコーチにとって守らなければならない重要な職業倫理の１つであるだけでなく、あらゆるコーチングの関係の基盤となる要素です。

人生に変化を起こすということは、これまで慣れ親しんできた安定した秩序を、あえて揺るがすことを意味します。それは、喜びに満ちてやってみたい気持ちでいっぱいになるかもしれませんが、同時に危険を感じるかもしれません。たとえクライアント自身や周囲の人たちがその変化を完全に支持していたとしても、その先に何が待っているかは誰にもわかりません。したがって、もしもクライアントが重大な変化を起こすというリスクを取ろうとしているのであれば、まずコーチに対して思っていることのすべてを自由に話すというリスクを取ることができなければなりません。

行動につながるような自己発見は勇気ある自己開示から導かれるもので、極めて重要です。この時、守秘義務がもたらす安全や安心感がないと、クライアントは十分に自己開示できず、コーチは絶えず言外にあることを詮索しなければならないのでコーチングがどうしても表面的なものとなってしまいます。

組織の内部でコーチングをする場合、この環境づくりはさらに複雑になります。安全で勇気づけられる環境を創るためにコーチがクライアントとの守秘義務を守ることは依然として重要な条件となりますが、組織はコーチングの結果に対して強い関心を持っているため、通常、何らかの報告を求めてきます。これに対しては、クライアント本人が組織に対してコーチングの内容を報告する責任を負うことが一般的です。これによって、コーチのクライアントに対する守秘義務を守ると同時に、組織に関連していることで伝えるべきことをクライアントが組織に報告することができます。

◆信頼

守秘義務を保証することで、ある程度信頼を築くことはできますが、本当の信頼は、クライアントとコーチの両者が互いに「あてにできる」ことがわかり、この関係が望ましい結果をもたらすことをクライアントが実感するにつれて、徐々に築かれていくものです。そういう意味で、たとえば約束した時間に遅れないとか、決めたことを忘れないといった小さな事柄の積み重ねからも信頼は生まれてきます。そして信頼というのは双方向に働くため、クライアントだけでなくコーチも信頼されるに足る言動をつねに心がけることが重要となります。

また、コーチがクライアントの可能性をただただ信じることによっても、関係は築かれ、信頼はより強化されます。私たちが生きている文化では、多くの場合、仲間に受け入れてもらうためには、まず周囲が認めるような何らかの結果を残すことが求められます。それによって、つねに自分を証明したり、説明したり、正当化したりしないと続かないような関係ばかりが世にあふれてしまうのです。

一方、コーチングの関係は、クライアントはもともと創造力と才知にあふれ、欠けるところのない存在であるということを前提としており、その土台にはクライアントの能力や可能性に対する揺らぐことのない信頼が横たわっています。したがって、クライアントにとってコーチを持つということは、自分がやりたいと思えば何でもでき、なりたいと思えばどんな人間にでもなれることを全面的に信じてくれる人がようやく現れたことを意味するのです。

後ほど述べるように、コーチにはクライアントがやると言ったことを実際にやったかどうかをしっかりと確認する責任がありますが、これはコーチがクライアントを全面的に信頼するということと一見矛盾しているように感じられるかもしれません。しかし、ここで言う「確認」とは、「やったかどうかを証明せよ」といった意味ではありません。むしろ、コーチとしてただ、クライアントに「あれはどうでしたか？」「何を学びましたか？」と、行動すると約束したこと、そしてそこから学んだことについて話すよう求めるだけです。クライアントにとってコーチとは、徹底して自分の側に立ち、自分のビジョンや行動計画を尊重しつつも、必要とあらば、いつでも自分のために正直かつ率直な関わりをしてくれる存在なのです。

勇気づけられる器を創り出すことによって、クライアントは十分に安全を感じてリスクを取れるようになります。そしてさらには弱さをさらけ出せるようになります。弱さをさらけ出すにつれてコーチングの場がクライアントにとって少しずつ楽に呼吸できる空間になり、関係にも徐々に信頼が加わっていきます。こうしたさらなる信頼が環境をより安全にし、クライアントはもっと勇気を出せるようになります。環境が正しく整えられることで、弱さをさらけ出すことと成長することが自然と強化されていく構造が創り出されます。

◆真実を語る

この「真実を語る」というコーチングの環境の要素は、「リアルになる」と表現することもできます。変化のための安全で勇気づけられる環境とは、言い換えれば、真実を語れる環境でなければなりません。それは、クライアントが親（コーチ）を気にする子供のようになることなく、自分ができたことやできなかったことのすべてを洗いざらい語れるような環境です。このコーチングの環境には、評価や判断はありません。コーチはクライアントに真実を語ることを期待します。なぜなら、真実からしか学習や発見、そして新たな洞察は生まれないとの信念があるからです。

クライアントも、コーチが真実を語ることを期待します。なぜなら、真実を語ることはコーチングの関係にもともとある約束と言えるものだからです。このことは、クライアントがコーチングを求める理由の１つかもしれません。特に、クライアントは自分の状況があまりにも身近であるがゆえに、過去や習慣に惑わされて真実が見えなくなることがあります。このような時、クライアントは混沌として霧に包まれた中をも見通すコーチの鋭さをあてにしているのです。コーチはクライアントが、率直かつ正直なやり取りが頼りになると感じるような関係を創り続ける必要があります。

真実を語ることは、何かを突きつけるような場合もありますが、相手を評価したり、判断したりすることとは違います。真実を語るとは、話が脇道にそれたり、大切なことを見過ごすことをそのままにせず、あたかも王様が裸であることを大胆に指摘するように、コーチは単に自分が見たことを言葉にするだけです。真実を語らないでいると、クライアントにとってもコーチングの関係にとってもためになりません。

本物の関係とは、いい人でいることで築かれるのではなく、真実を語ることで築かれるのです。コーチが真実を語る勇気を持つ時、クライアントは率直であることのよき模範を見ることになります。そしてコーチとクライアントとの間に、さらなる大きな信頼が築かれるのです。

◆オープンかつ広いスペース

コーチングの関係を効果的なものにするもう１つの要素は、スペースの広さです。クライアントはあたかも現実の世界から遠く離れた別世界に来たかのように、その中でゆったりと一息ついたり、何かを試してみたり、空想にふけったり、夢を見たりすることが制限なく自由にできます。ここはまた、クライアントが怒りや心配事や後悔、恨みに思うことや不公平に感じることなど、普段は表現することのないことも吐き出すことができる環境でもあります。失敗が学びの手段として認められ、厳格な規則や慣例が好奇心と創造性に取って代わられる環境です。

コーチにとって広いスペースがあるとは、クライアントがどんな行動を起こすか、あるいはどんな成果を上げるかに一切こだわらないことを意味します。もちろん、コーチはつねにクライアントのことを想い、その主題を尊重し、その健康と成長を願うのですが、クライアントが自ら望む結果に向けて進み続ける限り、どの道筋を通って、どれくらいの速さで進むか、また途中で回り道をするかどうかにこだわる必要はありません。極端に言うと、コーチングとは、コーチが何を提供するかではなく、クライアント自身が何を創り出すかが大事なのです。

だからと言って、コーチはクライアントが望む結果を得るための行動を一切提案してはいけないというわけではありません。どんな行動が考えられるか、ブレインストーミングをしてアイデアを出し合うことはクライアントにとっては価値があるでしょう。しかしながら、この関係においてオープンさを保つためには、コーチが行った提案をクライアントが受け入れるか否かにコーチが執着しないことが極めて重要です。コーチングの関係においてスペースを広く保つためには、コーチのアイデアがたとえ理にかなった、もしくは豊かな経験にもとづいた優れたアイデアであっても、それに縛られることなく、クライアントが独自のアイデアを生み出せるよう創造力の扉をできるだけたくさん開いておくことが必要となります。このような環境の中でこそ、クライアントは考えられる限り最大限の可能性を探求することができるのです。

意図的な協働関係

さて、ここまでコーチとクライアントの関係について概念的に説明してきました。しかし、実際のコーチングでは、コーチとクライアントが意識的かつ丹念にお互いの関係をデザインし、完了するまで絶えず見直し続けることが重要です。こうした「意図的な協働関係」は、前章で見たように、コーアクティブ・モデルにおいて、コーチとクライアントが協働作業を行うための大きな器としてモデル全体を取り囲むように描かれています（図１参照）。

関係をどのようにデザインするかはコーチとクライアントがそれぞれ何を求めるかによって異なりますが、その対話は両者が互いに持っている前提と期待を率直に語り合うことから始まります。こうした対話を意図的に行うことの目的は、コーチングをどのように行い、そこからどのような成果を期待するのかを明確にするとともに、コーチとクライアントの双方が可能な限り力を発揮できるような関係を創り出すための話し合いの場を設けることにあります。

あえて単純化するならば、意図的な協働関係を築くということは、次のような質問に対する答えを探ることだと言えます。「２人が効果的に協働作業を行う上で、必要な条件とは何か？」「２人が効果的に協働作業を行う上で、障害となり得ることは何か？」「このコーチングから最大の実りを得るために、２人の間ではっきりさせておかなければならないことは何か？」

また、コーチングを続けていく中で、次のような質問を繰り返し問いかける必要があるでしょう。「このコーチングの関係で、うまくいっていることうまくいっていないことはそれぞれ何か？」「このコーチングの関係をさらに効果的かつ力強いものにするために、変える必要があることは何か？」

効果的な協働関係を意図的に築くための最初の対話は、文字通り最初の一歩に過ぎません。さらに効果的にコーチングを進めていくためにはどうすればいいかをつねに模索し続けることは、コーアクティブ・コーチングという関係においては欠かせない姿勢と言えます。ある意味で、クライアントがコーチングを通じてどれだけ仕事や生活に変化を起こす力があるかが、コーチとクライアントの関係の強さを測る尺度となります。そして、この関係の強さは、コーチとクライアントの双方がオープンで大胆に、互いの協働関係をデザインし続けることに本気で取り組むか否かにかかってきます。

リーダー、マネージャー、そしてスーパーバイザーにとっては、協働関係の「意図的な築き方」は、プロのコーチのようにきっちりしたものにならないでしょう。しかし、協働関係の本質を押さえておくことは重要です。チームメンバーや直属の部下に対して「コーチングをする」場合は、協働関係の本質は尊重されるわけではありません。日常の組織の中で、あるいはリーダーシップを発揮する場面でのコーチングで必要なのは、サポートと育成をするという決意と姿勢です。

リーダーシップやマネジメントのコンピテンシーとして位置づけられるコーチングは、育成への決意と姿勢を表しています。チームリーダーとして、すべてのチームメンバーと意図的な協働関係を築くためにそれぞれ１時間の時間を取ることはしないかもしれません。しかし、コーチングがもっとも効果を発揮するのは、コーチング的会話が日常的に実践され、コーチングが全員のさらなる成功を助けるために貢献すると理解されている文化においてなのです。

コーチングの形態

ここ20年間で、コーチングは手法として、また職業として様々な形で発展し、根づいてきました。その結果、コーチングおよびそのスキルが使える環境はますます広がり、今もさらに広がり続けています。今日、コーアクティブ・コーチの中には、自宅にいながらコーチングを行う人もいれば、企業など組織の中に入ってコーチングを行う人もいます。そして刑務所や病院でコーチングを提供する人もいれば、企業の役員会議室でコーチングを提供する人もいます。

さらに、組織に属し、一社員としてコーチング以外の業務を受け持ちながらコーチングを提供する人もいれば、コンサルティング業務と組み合わせ、提案したことが着実に実行されるよう、そのサポートおよびフォローアップとしてコーチングを提供する人もいます。

多くのコーチは個人としてコーチを雇うクライアントと関わっています。さらに、チームや関係に特化してコーチングを提供する人もいます。現在、コーチングを行う人もそれを受ける人も、年齢、収入、教育、職業や役職、そして民族的背景などが異なるあらゆる層に及んでおり、その対象は国や文化の枠すら超えて広がっています。そのような中、親やその子供たち、芸術家や音楽家、移民や駐在員、あるいは経営者といった特定の対象や専門分野に特化してコーチングを行う人たちも増えています。

コーチングが行われる環境もまた様々です。インターネット経由の通話でコーチングをするコーチが多いようですが、その頻度に関しては週に１度を基本としつつも、実際には多様なやり方があります。また、対面のコーチングを好むコーチあるいはクライアントもいます。場所はクライアントのオフィスや自宅に出向いたり、コーチのオフィス、またはどこか屋外で行うなどいろいろな選択肢が考えられます。コーチによってはクライアントと、３ヶ月、６ヶ月、もしくは１年といった具合にある一定期間の契約を望む人もいれば、あえて期間を設けないでコーチングを行う人もいます。コーチングは今や、取締役用の会議室や都会のマンション、あるいは山間の研修センターに至るまであらゆる場所で行われているのです。

こうした枠組みの中で、コーチは自分がトレーニングを通じて培った経験やスキル、そして様々なツールやアセスメント手法を持ち込んでコーチングを行います（巻末の「ツールキット」を参照）。コーチングが行われる形態や環境は、コーチの創造力やクライアントの興味・関心に応じてこれからも新しいものが出てくるでしょう。しかし、それがたとえどんな形をとろうとも、コーチングが最も効果を発揮するのは、コーチとクライアントが安全で勇気づけられる環境を創り出し、コーチングの目的と価値についての理解に一致が見られ、意図的な協働関係を築いている時なのです。

コーチングを始める

コーチングを始めるに当たって、コーチは、通常、最初に「導入セッション」と呼ばれるセッションを行います。このセッションは、クライアントに対する説明とクライアントの自己発見ワークに当てられます。コーチはクライアントに対し、コーチングの進め方について説明すると同時に、そこで取り組むテーマや目標を明確にします。そうすることで、その後のコーチングの基盤づくりを行うとともに、意図的な協働関係を築く機会を提供するわけです。

導入セッションについては、特に標準的なやり方といったものはありません。コーチによっては、短いインタビューをしたり、1～2ページの質問に答えてもらうなどして、すべてを1回のセッションで終わらせる人もいれば、数回のセッションにわたって、様々なアセスメント・ツールを使ったり、クライアントの同僚や上司、あるいは家族に対してインタビューを実施したりする人もいます。また、導入セッションを通常のセッションをするのとは違う場所で行い、ビジョンを描くためのセッションとして行うコーチもいます。

こうした最初のセッションを通じて、クライアントはコーチングを受けることで何を期待できるかを知ると同時に、自分が今、人生のどこに位置していて、どこに向かっており、そこに至る上でどのような強みや障害があるかなどを明らかにすることができます。

一般的に、コーチが取り上げるのは、以下の4つの要素です。

- 事務
- 発見
- 計画
- 教育

◆事務

まずは、今後コーチングを進めていく中での基本的なルールや事務手続きについて話し合い、合意します。コーチングを行う日時の設定のほか、キャンセル規定や支払い方法といった細かいことについて確認することは、コーチングを始める上で必要不可欠なだけでなく、コーチとクライアントの間に信頼関係を築く上でも重要な鍵を握っています。コーチがこうした事務手続きをどのように進めるかは、クライアントのコーチやコーチングへの期待に影響を与えます。特に、コーチがどのように詳細を取り扱い、どのように合意をしていくかということは、これからのコーチングの雰囲気を左右し、コーチングの環境を創り出すのです。

◆発見

発見の部分では、クライアントが現在人生のどこにいるか、そしてどのようにしてそこに至ったのかに焦点を当てます。言い換えれば、何がクライアントを形づくり、動かし、そして止めるのかについて話し合うのです。より具体的には、クライアントの人生の目的や価値観、あるいは信条や信念などについて取り上げます。この発見のプロセスでは、「これが正しい」というやり方は存在しません。ただ、一般的には、コーチは人生の輪（図４参照）やその他のツールを用いて、人生の中でクライアントが重要であると感じている領域の満足度を測定します（「人生の輪」やその他のツールの使用方法に関しては、巻末の「ツールキット」を参照）。

また、過去にどのような成功や失敗を経験したのかについて話してもらうことで、コーチはクライアントがどのような時に充実感を覚え、うまくいかない時にどのように対処するかを理解することができるでしょう。さらに、これからコーチングを続けていく上で、コーチに知っておいてもらいたい個人的な経歴や経験をクライアントに話してもらうのもいいかもしれません。こうして、コーチとクライアントは、クライアントの人となりを深く理解すべく、明るいところも暗いところも、そしてうまくいっているところもそうでないところもひっくるめて、あらゆる側面に光を当てていくのです。

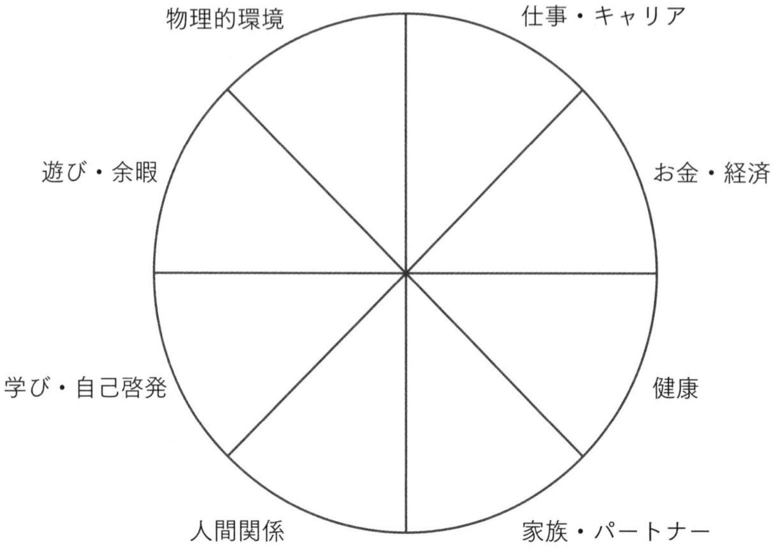

図4　人生の輪

コーチはこれらのプロセスを進めるに当たって、何らかのアセスメント・ツールやエクササイズなどを用いるかもしれませんが、ここでもっとも重要なことは、次のような単純で力強い質問を投げかけることです。「あなたは人生の何を変えたいですか？」「人との関係においてもっとも大切にしているものは何ですか？」「あなたはどういう時、うまく変化を起こせますか？」「どんな時に行き詰まりを感じますか？」「あなたに活力を与えるものは何ですか？」「失敗したり落ち込んだりした時、どのように対処しますか？」「あなたは自分がやると言ったことをどの程度実行しますか？」

これらの質問に対する答えは、同時に、どうしたら効果的なコーチングの関係を築けるかを示唆してくれます。たとえば、「どんな時に行き詰まりを感じますか？」という質問は、クライアントが窮地に陥りがちな状況を明らかにしてくれますが、そこで引き続き次のような質問をしてみるといいかもしれません。「あなたが行き詰まった時、コーチである私にどのように対応してほしいですか？」――このようなやり取りを行うことで、クライアントは意図的な協働関係を築くとはどういうことかを経験し、貢献することができるのです。

◆計画

ここでは、クライアントがそもそもなぜコーチングを受けたいと思ったのか、その動機に焦点を当てます。特に焦点を当てるべきことは、クライアントが自分の人生にどのような変化をもたらしたいか、あるいは何を達成したいかということです。ほとんどのクライアントには、焦点を当てたい主要な分野が１つか２つはあるものです。コーチングの成果をより実り多いものにするためには、クライアントが焦点を当てたい分野を１つか２つの分野に絞り込んだほうがいいでしょう。その上で、クライアントはその絞り込んだ分野について魅力的なビジョンを描き、目標を設定し、それに向けて行動を起こし、習慣を変えることによって自分が手に入れたい未来を手に入れることができるのです。こうした新しい未来を創るために、クライアントが抱く自分の理想像についても、ここで話し合うといいでしょう。以下に紹介するものも含めて、未来を計画するための方法はたくさんあります。

期待する成果と目標：クライアントは、何かを変えたくてコーチングにやってきます。どんな結果を手に入れたいかを明確に持っているクライアントもいれば、そうでないクライアントもいますが、いずれにしても始める時点では望んでいる成果をまだ手に入れていないため、コーチングを通してそれらを手に入れようとしているわけです。クライアントが期待する成果は、すでに明確な目標として表されている場合もあれば、「もっとバランスのとれた人生にする」「仕事をさらに充実させる」「命に関わる病気とともに生きる」といったように、ある漠然とした状態を目指している場合もあります。

そこで、導入セッションの目的の１つは、クライアントが期待する成果を明確にし、それをより具体的な目標へと置き換えることにあります。

「いつまでに何が起きればいいのですか？」「どうなればそれが達成されたと言えるのでしょう？」といった問いを投げかけながら、コーチはクライアントとともに目標およびそれを達成するための戦略を明確にしていくのです。

また、目標を達成するのと同じくらい大切なことに、新しい行動習慣をクライアントの人生の中に定着させることがあります。クライアントの生きる力を奪うような古い習慣を改め、生きる力を与えるような新しい習慣を根づかせることもコーチングで焦点を当てるべき重要なポイントの１つと言えます。

魅力的なビジョン：私たちは、締め切りや他人からの催促、あるいは行動リストなどを利用することで、何かをやらなければならない状況をつくり出すことがあります。また、お金への欲求や何かを達成したいという意欲、あるいは人と約束をすることで自分を駆り立てることもあります。一方で、こうした方法とは別に、私たちは自分がやる気になるような魅力的なビジョンを描くことで、まるで水が低きに向かって自然に流れるように、やるべきことをより自然体でやることもできます。

これら２つの方法――力に無理やり押されるか、思わず引っ張られるか――の違いはおそらく明らかでしょう。自分が何に引っ張られ、惹きつけられるかを知ることは、クライアントにとって足かせになっている怠惰や恐れを克服する力になります。魅力的なビジョンを見出すことによって、あらゆる目標や行動、あるいは成果にも新たな力を吹き込むことができます。したがって、導入セッションにおいて、クライアントのビジョンを明らかにし、それに火を灯すことはとても大切な要素だと言えるでしょう。

自分の理想像：同じことを繰り返しながら、異なる結果を求めようとするのは、あまり賢いこととは言えません。所詮、何かを変えなければ、何も変わらないのです。今までになかった成果を上げるといった外的な変化は、つねに内的な変化から始まります。多くの場合、クライアントが期待する成果を上げるには、今までのものの見方や考え方、あるいは先入観や信念などを変化させる必要があるでしょう。また、これまで時間をかけて蓄積してきた古い自分像や役割意識などを、まるで玉ねぎの皮を１枚ずつむくように取り除くことで、クライアントに本来の自分を思い出してもらう必要もあるかもしれません。いずれにせよ、新しくコーチングを始めるこの時期は、クライアントが自らの理想像を探るのに最適なタイミングだと言えるでしょう。

◆教育

コーチングの土台を創っていくこのプロセスを通じて、クライアントにコーチングをさらに理解し、慣れていってもらうといいでしょう。たとえ、以前にコーチングを受けたことがあるクライアントであっても、この機会を使って、コーチングやお互いに対して抱いている期待や不安について率直に話すことはとても大切なことです。なぜなら、そうすることで、コーチとクライアントがともにコーチングの関係に当事者意識を持って臨むことができるからです。こうした明確で率直な話し合いの積み重ねが、隠し立てや遠慮のない真のコーアクティブな関係を築く土台となるのです。

ホメオスタシス

コーチングを始めるに当たって、どんなクライアントでも必ず直面する「ホメオスタシス」という現象について説明をしておくといいでしょう。ホメオスタシスとは、変化に対する無意識の抵抗を意味します。「古い習慣ほど変えにくい」と言いますが、クライアントが変化を起こそうとして古いやり方を手放したものの、まだ新しいやり方を自分のものとしていないような時、つい慣れ親しんでいる古いやり方に引き戻されてしまうことがよくあります。たとえ、そのやり方では自分が望む成果を得ることはできないとわかっていても、無意識のうちにそれは起きるのです。

変化を起こすためにはエネルギーが必要です。簡単に起こる変化もあれば、それほど簡単には起こらない変化もあるでしょう。なかなか変化が起こらないと、どうしても後戻りしようとする誘惑に駆られます。したがって、そうした誘惑に駆られるかもしれないことをあらかじめクライアントが認識し、心の準備をしておくといいでしょう。そうすれば、たとえそうした誘惑に駆られても、それを自分の弱さのせいにして無用に落ち込まなくてもすみます。ホメオスタシスとは、物事を現状のままにとどめようとする自然な傾向であり、およそ世にあるすべてのシステムにもともと内在する性質です。

どんな人も、それが個人契約のクライアントであれ、組織でのクライアントであれ、何らかのシステムの中に生きています。そして、システムそれ自体が変化に抵抗することがしばしばあります。クライアントの周りの人々は変化を望まないかもしれません。おそらく変化について相談されたこともなかったのです。それでもいつかは影響を受けることでしょう。もう一度言いますが、システムに内在するこうした現状を保とうとする力をあらかじめ認識しておくことが、クライアントが変化を起こす際の助けになります。

神経科学におけるコーチング

コーチングの影響は、変化の中に現れます。変化とはコーチングが機能するという明らかな証拠であり、私たちは新しい行動を目の当たりにします。さらにここ数年では、その外側に現れるわかりやすい変化を内面から支える考え方や態度、その過程で起こっていることに関する理解が進んできました。コーチングがなぜ機能するかという確かな科学的根拠が存在します。

コーチングは好奇心の力を取り戻し、想像力を活性化します。神経科学の研究によって、コーチが経験から知り得ていること、すなわち、注意が向くところにエネルギーが流れるということが立証されています。そのエネルギーは生み出す性質を持ち、実際に新しい神経回路を創り出します。そして、その神経回路の土台の上に新しい態度、新しい信念、新しい期待、そして時間とともに新しい持続可能な結果が創り出されるのです。

コーチングは関係を通して、つながりや深い信頼、コミットメントを創り出します。クライアントはそのやり取りの中で力づけられます。特にコーアクティブな関わりは変化に向けて力が集まるようにデザインされています。そして、この思いやりのある関係が創り出す影響は脳内の化学物質によって強化されるのです。

また、神経科学は脳の2つの半球の相互関係を研究しています。それは創造性と認識との相互作用です。この2つは効果的なコーチングの成果を出すためには必要なものです。たとえば、明確に計画を立てることと先を見越して想像することを組み合わせていくことは欠かせません。本質的な変化を呼び起こすコーチングは、熟慮、感情の動き、そして決意によって、とても自然で人間的な成果を生み出します。

神経科学の分野には、ここでは到底書ききれないほど数多くの研究があり、これまでのコーチングで積み上げられてきた経験を裏づけ、変化の力に関する洞察を与えてくれるとても興味深い新たな分野なのです。

コーチとクライアントのコミットメント

そもそもコーチングが機能するためには、コーチとクライアント双方のコミットメントがなければなりません。クライアントの側に求められるコミットメントとは、自分自身を探求し、人生に変化を起こし、学びを深め、リスクを取ること。また、時間とエネルギーを投資し、困難に直面しても粘り強く前に進むことも求められるでしょう。

さらに、自分にとって居心地のよい領域から進んで飛び出し、変化を起こすために未知なる領域にあえて踏み込むことも欠かせません。クライアントのこうしたコミットメントがなければ、コーチングは当てどころなく漂流し、単なる世間話や「やることリスト」の羅列に終わってしまいます。幸いにも、クライアントの多くは、コーチングを始める時には活力に満ち、意欲にあふれているものです。このような時こそ、クライアントが自らのコミットメントを明確にし、宣言するのに絶妙なタイミングと言えるでしょう。

一方で、コーチの側にもクライアントに対する明確なコミットメントが求められます。それは、クライアントの言葉だけでなく、言葉にならないメッセージにも熱心に耳を傾けるとともに、勇気を持ってクライアントの真実を深く掘り下げるというコミットメントです。このレベルのコミットメントをコーチが示す時、そのコーチングは興奮と啓発にあふれたものになります。

コーチのこうしたあり方がクライアントに与える影響は決して小さくありません。クライアントが最終的に目指す目標を達成できるよう、強いコミットメントを持って臨むコーチは、自ら進んでクライアントに挑戦し、揺さぶり、やる気にさせ、勇気づけ、そして時にはクライアントがさらに主体性を持ってコーチングに関わるよう強く求めます。これこそが「本質的な変化を呼び起こす」という礎が目に見える形で現れたものと言えます。

コーチが100％力を尽くし、自らが持てるものすべてをコーチングに注ぎ込み、クライアントもコーチと同等のコミットメントで応えた時、そこに本当の意味でのコーアクティブな関係が創り出されます。このようなコーチとクライアント双方のコミットメントおよびそれが生み出す意図的な協働関係が、クライアントが自らの人生で重要なことに心から取り組めるような安全で勇気づけられる環境を創り出すのです。

リーダーにとってのコーアクティブ

この章の冒頭でお伝えしたように、もしあなたがチームリーダー、マネージャー、もしくはスーパーバイザーとしてコーチングの考えやツールを実践するのであれば、その形は通常のコーチングとは異なってくるでしょう。きっちりとした型に沿うというより、もっとくだけた形で行われるかもしれません。その際話される会話のテーマは今関わっているビジネスや仕事から自然と浮かび上がってきます。このようなテーマはとても重要ですが、長期的な個人の目標よりも短期成果に焦点が当てられがちになります。

しかし、ビジネスにおけるコーチングには明確な目的があります。それは問題解決を超えて、メンバー、とりわけリーダー、マネージャー、スーパーバイザーを育成することなのです。きっちりしたものであれ、そうでないものであれ、コーチング的会話はクライアントとコーチ双方に役立ちます。そして、図３のピラミッドで見たように、組織にも役に立つのです。

組織にとっての一番の利点は、すべての関係に浸透し、力づけるコーアクティブな文化が創り出されることです。会話すべてがコーチングの機会となるわけではありませんが、コーチング的な会話を取り入れていくことで、コーアクティブな関係に支えられ、力づけられる経験を得る機会となります。

この文化は安全で勇気づけられる環境を創り出し、オープンさ、信頼、そしてさらなる高みを目指す人が誰でもサポートを期待できる器となります。

このような文化を創り出し、コーチとクライアントが力強いコーチングのやり取りを行う方法があります。第Ⅱ部の５つの章では、コーアクティブな関わりを実際に形作る資質について説明し、「どのように行うのか？」という質問にお答えします。

第 II 部

コーアクティブの資質

Co-Active Contexts

ここまで、コーアクティブ・モデルを紹介しながら、コーチングの会話について見てきました。また、実際にコーチングを行ったり、リーダーやマネージャーがコーチの役割を担った時、コーアクティブな関係には、どのような特徴が現れるかということについて説明してきました。第II部では、コーチの役割にはどのような特徴があるのか——トレーニングを受けたコーチやリーダー、マネージャーがコーアクティブな会話に持ち込むものは何かということについて説明します。具体的には以下に挙げた５つのコーアクティブの資質について述べていきます。

- 傾聴
- 直感
- 好奇心
- 行動と学習
- 自己管理

これら５つの資質はコーチングやコーアクティブなリーダーシップを発揮する会話にとって重要なコンピテンシーです。クライアントが５つのスポットライトに照らされて立っているところを想像してみてください。時には１つのライトが他のライトよりも明るいかもしれませんが、５つすべてのライトのスイッチが入っている状態です。ライトのそれぞれが、効果的なコーアクティブな会話に必要とされるこれらのコンピテンシーを表しています。会話の流れの中で、コーチは直感的に、トレーニングで得たものを使って、５つの資質を活用していきます。コーチは経験と訓練を積み重ねることでこれら５つの資質に磨きをかけ、クライアントをエンパワーする会話に欠かせない効果的なツールとすることができるのです。

それぞれの資質には関連するスキルがあり、この後の各章でそれらスキルと例を説明していきます。こうしたスキルは５つの資質に命を吹き込むものであり、具体化された方法とも言えるでしょう。資質を発揮する能力は、コーチの行動に現れます。各章には、それぞれのスキルを使ったコーチングの会話例と、そのスキルに磨きをかけるための演習も用意されています。

第3章

傾聴

Listening

誰かに本当に話を聴いてもらうということは、多くの人にとって驚くほど心地よい体験となり得ます。それは、日常生活の中でそういった体験をすることがめったにないからかもしれません。もしもあなたの話し相手があなたに全神経を集中させて、あなたの発する言葉1つ1つに興味を示し、心から共感してくれたとしたら、あなたは知ってもらった、理解してもらったと感じるでしょう。本当に聴いてもらっていることがわかった時、人は心を開きます。自分が尊重されていると感じ、自分という存在をより強く認識するようになります。また、より安心・安全を感じ、信頼が増します。どんな会話でも意識してよく聴き、その姿勢を見せることは重要ですが、効果的なコーチングをする上で、傾聴は最も大切な要素となります。このため、5つの資質の中でも、傾聴をまず最初に取り上げていきます。

人の話を聴くという能力は、個人差があるにせよ、誰もがもともと持っている資質です。コーチになる人は、一般的にこの資質に最初から恵まれた人が多いのも事実ですが、一方で、これは学習することができるスキルであり、訓練や実践によって伸ばすことができます。優れたコーチは、自分がもともと持っていた傾聴の資質にさらに磨きをかけ、それを熟練の域にまで高めた人たちであると言えるでしょう。まるで、スポーツ選手や音楽家が競技や演奏において自然にその資質を活かすように、優れたコーチもコーチングの中で、自然に、また優美なまでにこの傾聴という資質を活かしているのです。

多くの人は、日頃、あまり深いレベルで人の話を聴くことはありません。私たちは日々の仕事や関心事、プレッシャーでいっぱいになり、そのことにペースを合わせるだけで、ただやり過ごしたり、何とかこなしていく毎日を送っています。会話は表面的なものを拾うだけで終わってしまいます。ソーシャルメディアによって私たちは140文字で“会話する”ようにしつけられてしまいました。さらには「いいね」ボタンがそれに代わってしまっています。より深い会話をする時間の余裕がある人はいるでしょうか？　これはまったく無理もないことかもしれませんが、こうした状況はまるでファーストフードを食べて生きているようなものです。より満ち足りて、栄養がある食事をする機会を失っているわけです。ゆえに１対１のコーチング・セッションは、より深く、より充実した会話の機会となります。これまでと違った新たな聴き方ができるかが鍵となります。リーダーやマネージャーにとっては、会話は短く、料理にたとえるとフルコースではないものになりがちですが、コーチング的な会話はたとえ短くても、その中で関係を育て、相手の心の糧となる力を持っているのです。

また、私たちは、人の話を聞くに当たって、通常、言葉にしか注意を向けていません。つまり、相手が何を言い、自分が何を言ったかということにすべての焦点を当ててしまうのです。いったいこれまでお互いが使った言葉をめぐってどれだけの言い争いをしてきたかを思い出してみてください。たとえば、「あなた今、こう言ったわよね」「いや、私が言ったのはそうじゃなくて……」「いいえ、確かにあなたはそう言ったわ」というふうに。チームリーダーとメンバーは言葉という表面的なやり取りをしながら、重要な中身について話をすることがよくあることでしょう。その会話は、できるだけ早く問題を述べ、選択肢を評価し、解決策を選択して先に進めなければならないプレッシャーにさらされています。確かにそうした内容の会話で必要十分な時もあります。しかし、もしこれが唯一の会話の形であるとするならば、ゴールに向かって直線的に競争するようなもので終始してしまいます。こういった会話では、創造的な探求と協働を行うことができる非常に大きな機会や建設的に考え、学びを刈り取る機会が失われてしまいます。

人生や組織においてほかにもよく起きているのは、会話をしていたとしても実際のつながりがとても薄っぺらなものになっている状態です。私たちは会話を始めますが、たちまち、つながりを断って、心の中で相手が言った言葉について考えたり、多くの気を散らすものに対し注意を向けたりしています。注意を向けてしまうのは、それらが今話されていることと同様に重要なのかもしれないし、とにかく興味をそそるものだからかもしれません。もしくはそのことに悩まされていて自然と意識がいってしまうのかもしれません。私たちが生きているワイヤレスの世界のように、目には見えないのですが、つながったり、切れたりしていることが、会話でも起きているのです。

おそらく、あなた自身にも心当たりがあると思います。そしてほかの人にも同じことが起きていることに気づいていたでしょう。人は本当に聴く代わりに、次に自分が何を言おうかを考え始めます。そして、相手にひけをとらないよう、少しでもましな話をしようと躍起になるわけです。たとえば「あなた、その程度で恐いと思ったの？　私なんかね……」というふうに。このように、自分の感情に振り回されたり、相手の話を批評することに気が向いてしまうと、どうしても表面的なレベルでしか相手の話を聞けなくなってしまうものです。

心から相手の話を聴くという習慣が欠如しているのは、特に職場において顕著です。やるべきことを少しでも早くやり遂げる上で知っておかねばならない最低限のことだけに耳を傾けたら、さっさと次の仕事にとりかかるという光景は日常茶飯事です。このような環境にずっといたら、そこで働く人たちが自分は人間ではなく、歯車の一部に過ぎないと感じるのも無理はありません。昨今、組織において「メンバーのエンゲージメント」が重要な課題となってきているのも当然と言えるでしょう。なぜなら、全員が話してばかりで、誰も聴いていないからです。

コーチ、あるいはコーチ的な役割を担っている人に求められるのは、聴くことによって相手の心を開き、さらに対話を活性化させるような能力です。ここで、「対話を活性化させる」という言葉をあえて使ったのは、コーチが傾聴するということは、ただ受動的に聞くことではなく、むしろ能動的な行為であることを理解していただくためです。

傾聴による気づきとその影響

コーアクティブな傾聴には２つの側面があります。１つは気づくことであり、もう１つは影響への意識です。

気づくということには、もちろん、私たちが耳で聞いて受け取る情報も含みますが、直感を含んだすべての感覚を使って受け取ることも含んでいます。私たちは、つねに音や言葉、イメージ、感情、そしてエネルギーなどを聴いたり、見たり、感じたりしています。われわれは感覚から感じ取った、ありとあらゆる情報に注意を向けます。私たちは様々な種類の多くの受信機を備えていて、そのすべてを使って情報を取り入れています。たとえば、話し方の調子、音の高さ、声の抑揚など、私たちは様々な種類の情報を認識することができます。声の調子が柔らかいのか固いのかによって、相手が落ち着いているのか緊張しているのかがわかるなど、言葉自体には必ずしも表れない相手の状態を感じ取ることもできるのです。

相手が目の前にいたり、ビデオ会議を使っていれば、コミュニケーションの一部としてボディ・ランゲージを見ることができます。電話であれば、相手の感情、沈黙の中に込められた情報を感じることができます。私たちは入ってくるすべての情報を、分析・識別し、意味を解釈するのを止めることはできません。ですから、大事なのはオープンであること、気づいていること、そして新しいことを受け入れ続けるということなのです。

傾聴の２つ目の側面である影響とは、自分の聴き方が相手に与える影響——具体的に言えば、コーチの聴き方がクライアントに与える影響——に意識を向けることです。効果的な聴き手になるには、単に自分が何を聴いているのかだけでなく、あなたが気づいたことに対して働きかけたその影響に意識を向ける必要があります。すなわち、注意を相手に置きつつも、その注意の下でこの意識を働かせているのです。

剣道の試合を想像してみてください。あなたの意識は完全に対戦相手に向けられ、相手の動きに即座に反応し、身をかわしたり、突いたりと、素早く適切な行動を選択していきます。もしここで、自分が次にどのような行動を選択するかに注意が向いていたら、集中が途切れておそらく悲惨な結果となるでしょう。ひとたび試合が終われば、いくらでも自分が試合中に取った行動を思い起こし反省することもできるでしょうが、試合中にそんなことをしている余裕はないはずです。同じように、あなたが自分の影響に気づきながら聴いている時、あなたは何を取り入れようかとか、あなたが気づいたことを使って何をしようと考えてはいないでしょう。この時の傾聴は意識的であると同時に無意識でもあると言えます。そして、あなたが気づいたことから何を選択するかが影響を及ぼします。たとえば、人が大勢いて混みあっている部屋の中で、煙のにおいがしたとします。火事かもしれません。あなたの注意は煙に向き、あなたはそれに気づきます。これが、気づくことの最初の段階です。そして、あなたはこの情報をもとにどうすればよいかを判断します。「火事だ！」と叫ぶこともできれば、パニックを引き起こさないよう何気なく家主に告げることもできます。あるいは、消火器をつかみ、人ごみをかきわけ、勇猛果敢に消火活動にとりかかることもできれば、自分だけそっと裏口から抜け出すこともできます。ここであなたがどのような行動を選択するかによって、それがもたらす影響は変わってくるでしょう。別の言い方をすれば、あなたが気づいたことで何をするかによって、異なる結果が生じるわけです。

傾聴とは明らかに受動的ではありません。特に、コーチングの関係においてはなおさらです。私たちの傾聴のモデルは、３つの傾聴のレベルを使って説明します。この３つのレベルを活用することによって、コーチは幅を広げた聴き方が可能になり、とても深い聴き方ができるようになるのです。

レベル１：内的傾聴

レベル１の傾聴では、気づいているのは自分自身に関することです。相手の言葉を聴いてはいるものの、それが自分自身にとって何を意味するかに意識が向いている状態です。レベル１では、すべては「自分」についてです。すなわち、自分自身や他の人に関する、自分の考え・自分の判断・自分の気持ち・自分の出した結論などです。相手に起きていることはこちらには入ってはくるものの、それは入るばかりで出ていかない一方通行のエネルギーです。聴くことで情報を吸収しながらそれらを持ち続け、それをグルグル自分の中で回すという罠に陥ります。レベル１では、たった１つの質問しかありません。それは「これは自分にとってどんな意味があるのだろう？」という問いです。

レベル1が非常に適している場面も確かにあります。たとえば、1人で初めて訪れる街に旅行をする場合、私たちはほとんどの時間、レベル1でいることが多いでしょう。飛行場へ向かう途中、どこでチェックインするのか、セキュリティチェックの列はどれぐらい長いのか、パスポートはちゃんと持ってきたのか、飛行機の出発まであとどれくらい時間があるのか、機内に食べ物を持ち込めるかどうかなど、考え続けています。実際、旅行の残りの時間も、ほとんど自分自身の考えや浮かんでくることを聴き続けることでしょう。あなたの意識が向いているのはあなた自身であり、それは当然のことです。

この他にも、もっと情報が欲しいと強く思っている時にはレベル1の意識になることがあります。答えや説明、詳しい事実関係やデータなどを得たい時です。頭の中の会話はこんな感じでしょう。「飛行機の出発が遅れるって？　そんなことになったら会議に間に合わないじゃないか。じゃ、いったい何時に出発するんだ？　どうやって自分の到着が遅れることを先方に知らせたらいいんだ？　今から他の飛行機に変更できないのか？　あぁ、時間をつぶすための本は十分に持ってきただろうか？」。このようにレベル1で情報収集をする時、その目的はあくまでも自分自身のニーズを満たすことにあるわけです。

さらに、レストランでもよくレベル1になります。あなたが気づいていることは自分自身に向けられたものであり、レベル1の傾聴の影響もすべてあなたに関するものです。その結果があなたの喜びや健康、満足度、あるいはお財布に影響を与えます。たとえば、注文する前に何か飲もうか？今日のスペシャルは何だろう？　この椅子の座り心地はいいだろうか？生ビールはあるのだろうか？　この席はキッチンに近過ぎないだろうか？値段はどのくらいなんだろう？　自分に払えるだろうか？　といったようなことです。このような時、あなたは自分が考えていることや感じていることに意識が向いています。

そこで行う判断、選択、評価はすべて自分自身に関わることです。たとえば、もしもあなたが魚が好きだとしても、レストランが死んで目をむいた魚をまるごと出してきたら、食べないと判断するかもしれませんし、もしもあなたが痩せたいと思っていたら、ドレッシングも低脂肪なものにするかもしれません。このような時、心の中で起こるおしゃべりのスピードは最高潮に達し、たとえどうしようもなく好きな人と同席していたとしても、注文が終わるまでは完全にレベル１の状態でいることでしょう。

また、レベル１にはあなたの頭に浮かぶ様々な声を聴くことも含まれます。たとえば、間近に迫ってきたプロジェクトの締め切りについて、同僚と重要な会話をしている途中で、こんなことが頭に浮かんでいるかもしれません。「昼ごはんは何がいいかな……」「今朝はもっと暖かいコートを着てくればよかった」「クレジットカードの支払い状況をチェックしないと」「マーケティング部門に入った新人は誰だっけ？」

その他にもリーダーやマネージャーが簡単にレベル１にはまってしまう罠があります。それは、問題を解決しよう――しかもできるだけ早く――という、強烈かつこれまで鍛えられ、しかもそのことが役に立ってきたと思う衝動です。問題に対する答えを出したいという争い難い衝動から、リーダーやマネージャーは何が最善かということについての自分自身の考えや分析、そして自分の意見にレベル１で意識を向けているので、相手とともに創り出し、協働して解決する可能性が消えてしまうのです。

レベル１は、自分や自分の周りで何が起きているかを知らせてくれます。それは私たちが何かを理解したり、明らかにしたりすることのできる非常に重要な意識の状態でもあります。そういう意味で、クライアントはレベル１の状態にあることが望ましいと言えます。なぜなら、クライアントの役割は、自分自身の内側を深く探り、理解し、自分なりの答えを見つけることにあるからです。しかし、一方のコーチは、たとえそれがどんなに短い時間であったとしてもレベル１の世界で自己陶酔している暇はありません。とはいえ、コーチも人間なので、自然と焦点がクライアントから逸れてレベル１の状態になってしまう瞬間があるでしょう。コーチとしてはできるだけ早くレベル２およびレベル３の傾聴でクライアントとつながり直すことが重要となります。

>>> レベル１の傾聴の例

クライアント：新しい家が全然片づかなくて、めちゃくちゃなんですよ。もう玄関からトイレまで行くのも大変なくらい段ボールが散乱していて足の踏み場もないくらいです。それなのに、私はこれまでの人生で最大の提案書を今週の金曜日までに仕上げなければならないんです。

コーチ：私も昨年、同じようなことを体験しましたが、ここで大事なのはあなたが長期的なビジョンをしっかりと持つということです。

クライアント：それはわかるんですが、自分にとってはジレンマなんです。というのも、私は先月出張ばかりしていたので、妻の堪忍袋の緒は切れるし、今はとても家のことで手を抜けるような状況ではないんです。

コーチ：信じてください、それはなんとかなりますよ。部屋が散らかっているというのは、どうせ一時的なものですよね。本当に大事なこと、つまり今の仕事の勢いを維持することから、注意を逸らさないほうがいいんじゃないですか？

クライアント：ええ、でも家のことは、とても一時的なこととは思えないんですが……。

コーチ：確かに、それも重要でしょうが、ひとまずは提案書の話に戻りましょうよ。

クライアント：はあ、そこまでおっしゃるなら……。

このコーチングでは、明らかにコーチはレベル１の傾聴で聴いています。何よりも自分の判断や意見に意識が向いていて、コーチ自身が出した結論に持っていこうとしています。この例で大事なのは、クライアントにとってどんな行動を起こすことが正しいかではなく、コーチの意識がどこに向けられているかです。このケースでは、コーチの意識はジレンマを抱えているクライアントではなく、問題やコーチ自身があらかじめ用意した解決策に向いています。

リーダーやマネージャーのレベル１の傾聴としては、次のようなこともあるでしょう。ちゃんと聴いているように見えて、さらには相手を励ますような笑顔まで浮かべている一方で、心の中では……「無難にこの場を離れるためには、ここにどれだけ突っ立っていないといけないんだ」「これがまだ問題になっているなんて信じられない。外部の人間を雇うべきだったんだ」「15分後にかかってくる電話のために準備をする必要があるのというのに」。このような考えが浮かんでいるような時です。

こうしたことを甘く考えてはいけません。あなたが話をしている相手は、本当の傾聴と偽りの傾聴の違いを感じることができ、このことはネガティブな影響を生み出すからです。私たちは、子供の頃から本当に傾聴しているのか、そのふりをしているのかを見極めています。真贋を見極める手がかりもよくわかっていますし、ある意味その訓練を積んできているようなものです。きっとあなた自身、このようにつながっているようでつながっていない傾聴をされた経験があることでしょう。話している相手がレベル１で聴いている会話は、上の空で心がこもっていないものに感じられ、結局は密かに信頼を傷つけているのです。

レベル２：集中的傾聴

レベル２の傾聴とは、相手にしっかりと集中する聴き方を言います。レベル２でコミュニケーションが行われているかどうかは、お互いが相手に向かって身を乗り出しているとか、目を見つめ合っているといった姿勢から判断することができます。この状態では、お互いがあまりに相手に意識を集中しているため、２人の周りで何が起きているかにはほとんど気づいていません。

ここでもう１度、レストランで食事をする恋人たちのシーンに戻りましょう。注文が済み、メニューも下げられました。２人はお互いを見つめ合い、他のことは一切視界に入りません。まるでコマーシャルのワンシーンのように、２人だけがシャボン玉に包まれた別世界にいるような状態、それがレベル２です。

コーチがレベル２で聴く時に気づいているのは、すべてクライアントに関することです。コーチは、発する言葉はもちろんのこと、顔の表情や外に表れる感情など、クライアントがこのコーチングに持ち込んでいるあらゆることに耳を傾けます。クライアントが何を言ったのか、それをどんなふうに言ったのか、何を言わなかったのかにも注意を払います。クライアントの声の中に、彼らの微笑みを見て、そして涙を聴き取ります。また、クライアントが大事にしていることは何か、どんなビジョンを持っているのか、世の中をどのように見ているのかも聴き取ります。さらに、コーチング・セッションの中で何がクライアントを生き生きとさせるのか、あるいは逆に何が生気を奪い取ってしまうのか、退けてしまうのかを聴き分けていくのです。

エネルギーや情報はクライアントからやってきます。それはコーチによって受け取られ、伝え返されます。レベル２の傾聴では、気づいたことの恩恵を受けるのはクライアントです。コーチは、受け取ったものから何も吸収せずすべての光を照らし返す鏡のように、クライアントから来たものをそのまま返します。レベル２では、つねにコーチは自分の聴き方がクライアントに与えている影響を認識しています。コーチはつねにその影響を監視するわけではありませんが、それに気づいているのです。コーチングにおいて次にどこに向かうのかを知るために必要なことは、たった今起こった１秒前のことだけです。そのためにはコーチはちゃんと聴いていて、何が起きたかということに気づいている必要があります。

レベル２の傾聴は、コーチとクライアントが共感し、協力し合って、何かを明らかにしたり、生み出したりするレベルです。それは、まさにコーチとクライアントが有線で直接つながっているようなものです。このレベルでは、コーチは自分自身、自分の議題、考えや意見にとらわれていません。レベル２では、コーチは焦点を完全にクライアントに当てるため、心の中のおしゃべりがほとんどなくなり、コーチングが自然に進みます。コーチとして、もはや自分が次に何をすべきか考え出す必要はありません。実際、あなたの注意が次にどんな質問をしてクライアントを感心させようかなどと考えることに向いていたら、それはあなたがレベル１の状態であることを示しています。それはクライアントではなく、あなた自身の経験の中にいてコーチングしているということなのです。

このように、コーチがレベル２で聴く時には、クライアントの言葉だけでなく、声の調子や抑揚、ペース、あるいはにじみ出る感情など、あなたにやってくるすべての情報を網羅していきます。そして、そのうちのどの情報に対して、どのように応答するかを選択するのです。その上で、自分の応答がクライアントに与えた影響を認識し、それもまた情報として受け取ります。コーチはクライアントが言葉を発してから次の言葉を発するまでの間、２度傾聴していると言えます。つまり、まず最初にクライアントの話を聴き取り、そして次にあなたの応答に対するクライアントの反応を聴き取るわけです。この２つの両方のタイミングで情報を受け取るのがレベル２の傾聴なのです。

　このレベルで聴くことは個室で行われる１対１の守秘義務に守られたコーチング・セッションに限られるものではありません。リーダーやマネージャーが、同僚や部下と行うどんな会話にも活用できるものです。このように聴くためには意識的に行うことが求められます。練習も必要でしょう。その中で大事なことは意識的であるということ、そして気づいていることです。あなたが意図的に注意を相手に向けている時は、時間がゆっくりと流れ、周りの騒音が弱まったような感じになります。レベル２でつながっていると、次のようなメッセージが伝わります。「私にはあなたのための時間があります」。これは「私はその問題に取り組むための時間があります」ではなく、「あなたのための時間があります」というメッセージなのです。

　ところで、レベル２の傾聴について説明する時、便宜上どうしてもコーチ１人にクライアントが１人の例を使いがちですが、レベル２の傾聴であるかどうかは何に対して気づいているかどうかであり、この例にとどまりません。ビジネスパートナーたちやカップル、さらにチームなどを対象にした場合でも、複数の相手にレベル２で聴くことが十分に可能です。

>>> レベル２の傾聴の例

クライアント：新しい家が全然片づかなくて、めちゃくちゃなんですよ。もう玄関からトイレまで行くのも大変なくらい段ボールが散乱していて足の踏み場もないくらいです。それなのに、私はこれまでの人生で最大の提案書を今週の金曜日までに仕上げなければならないんです。

コーチ：それはどんな感じですか？

クライアント：段ボール箱の山の中に住むことが、ですか？

コーチ：そうではありません。あなたが感じているジレンマについてです。大事な仕事の機会を尊重したい一方で、家族へのコミットメントも一方にあって気になっている……。

クライアント：その通りです。だれかをがっかりさせるような気がするんです。がっかりさせる相手を選ばなければならない、という感じです。もし私が引っ越しを手伝わなければ、私は近いうちに一人暮らしすることになるかもしれません。これ、どういうことかわかりますよね。私が出張ばかりしていた先月、ほとんどすべての梱包を妻がしてくれていたんです。

コーチ：あなたは今、二者択一の状態ととらえているように聞こえます。２つしか選択肢がなくて、どちらを取るにしてもあなたは失うことになる、というような。

クライアント：まさにそんな感じです。

コーチ：大事な選択をしようとしている中でも、あなたが様々な配慮をされていることが伝わってきていますよ。そして、今、あなたは２つの選択肢の間にはまり込んでいるように聞こえます。

クライアント：落とし穴にはまった感じです。まるで出口がないような。

コーチ：それでは、一歩下がってみましょう。第３の選択肢はなんでしょう？　枠にとらわれないで考えてみましょう。

ここでは、コーチはレベル２でクライアントの話を聴いています。クライアントが問題にどのようにアプローチしているかに意識を向け、その深い道筋をたどりながら聴いています。コーチは現在の板挟みの状態に対処するだけでなく、未来に起き得る板挟みやジレンマにも活かせる気づきをここから導くことができると感じています。リーダーやマネージャーにとって、たとえこのような短いやり取りでも、部下やチームメンバーが人として成長するサポートの機会になり得ます。人がこのように聴いてもらっていると、深いレベルで意識を向けてサポートしてくれていて、励ましてもらっている感覚が伝わります。もしあなたのリーダーとしての目標が、メンバーのエンゲージメントを改善することであれば、レベル２の傾聴の実践を意識的に心がけることも１つの選択肢となるでしょう。

レベル３：全方位的傾聴

レベル３の傾聴とは自分の周り360度すべてに意識の焦点を当てる聴き方を言います。この状態で聴いている時というのは、あたかもあなたとクライアントが宇宙の中心にいて、あらゆるところから同時に情報を受け取っているような状態で聴いています。あなたとクライアント、そして様々な情報を包み込む力場（フォース・フィールド）に囲まれているようなものです。レベル３には、目に見えるものや耳に聞こえるもの、肌で感じられるもの、あるいは感情的なものなど、すべての感覚で感じるものが含まれます。コーチとクライアントがやり取りする中で起きたすべての言動だけではなく、それ以外のすべてのことも認識するのです。

もしもレベル２が、コーチとクライアントをしっかりとつなげる線、もしくはレーザー光線のように意識を向ける聴き方だとすると、レベル３はまるで電波のようなものだと言えるでしょう。電波は目に見えませんが、ラジオから聞こえてくる音楽から、その存在を確かめることができます。ラジオの電波はアンテナを通じて受信され、私たちに役立つ情報を与えてくれます。しかし、このレベル３で情報を受け取るためには特別な受信機が必要であり、多くの人にとっては訓練が必要でしょう。というのも、通常はコーチのようにレベル３で傾聴する必要がなく、多くの人にとってはまったくの未知の領域だからです。

レベル３で聴くことの１つの利点に、それによってより直感が働くようになるということがあります。直感によって得られた目に見えない情報は、クライアントが言葉にした情報と同じくらい、コーチングにおいて役に立ちます。つまりコーチとして、その他の情報と同様に直感から得た情報を受け取り、それに対して応答することでコーチングに活用していきます。すると、クライアントに何らかの影響があるのに気づくでしょう。「あなたの投げかけはどのように受け取られたか？」「そしてあなたは何に気づいたか？」ということをさらに聴き取ります。

レベル３は、時に「環境的傾聴」とも言われます。部屋の温度、雰囲気や明るさに気づき、時には比喩的にもそれを感じ取ります。クライアントから発せられるエネルギーは高揚しているのか、沈んでいるのか。あるいは、落ち着いているのか、よそよそしいのか、熱狂しているのか。まるで飛び立たんとする蝶のようか。力強く爪を立てる鷹のようなのか。これらのことは、レベル３で聴いているとわかります。自分の感覚を信じ、質問するといいのです。たとえば、「なんとなくあなたから落ち着かない感じがしますが、どうですか？　この感じは、いったい何でしょうか？」

人前で何かを演じるような人は、レベル３の傾聴を鍛えています。たとえば、漫才師や音楽家、俳優、あるいは研修の講師といった職業の人たちは、皆その部屋で起きているすべてのことをレベル３で察知し、自らの言動によって部屋の雰囲気がどう変わるかも敏感に感じ取っています。これは自分の影響に気づいている素晴らしい例です。人に影響を与えている人というのはレベル３の傾聴に長けています。これらの人たちは自分の与える影響を読み、それに合わせて自分の言動を調整する能力を持っているのです。

人を奮い立たせるような印象的なリーダーを思い出してください。そのリーダーたちは、レベル３の傾聴に優れているのはほぼ間違いないでしょう。すなわち、気づくことができ、影響を与え、そして、今起こったことが何であれ、そこから創っていく能力です。環境を読むということは極めて重要なリーダーシップ・コンピテンシーなのです。

コーチがレベル３で聴くためには、意識を広く開き、柔らかく焦点を保ちます。あなたを取り巻く環境、クライアントを取り巻く環境のほんの小さな刺激にも気を配り、すべての感覚からくる情報を受け取る準備ができている状態です。時には、クライアントは１人だけではなく、チームの場合もあります。たとえ感じていることをすぐに言葉にできない時でも、コーチングの中であなたが使える情報が環境から与えられています。時には大きな声で叫ぶように、時には耳元でささやくように。

>>> レベル３の傾聴の例

クライアント：新しい家が全然片づかなくて、めちゃくちゃなんですよ。もう玄関からトイレまで行くのも大変なくらい段ボールが散乱していて足の踏み場もないくらいです。それなのに、私はこれまでの人生で最大の提案書を今週の金曜日までに仕上げなければならないんです。

コーチ：何か警報の鳴るのが聞こえたように思うのですが。

クライアント：本当ですか？

コーチ：いえ、文字通りの意味ではないんです。ただ、あなたがとても早口で話していて、息を切らしているように聞こえたので。いつもの感じではないですよね。私には、あなたも家にある段ボール箱と同じように、パンパンに詰め込まれている感じがしますよ。

クライアント：そんなにはっきりと感じますか？

コーチ：壁が迫ってくる感じです。それに合わせた音楽も鳴りそうな。

クライアント：まさにそんな感じなんです。それも出口がなく、窮地に追い詰められたような。妻との関係でも、仕事でも。

コーチ：それについてどうしたいと思われますか？

クライアント：私はこれまでただその周りをうろうろしたり、気づかないふりをしたりしてきましたが、どれもうまくはいきませんでした。たぶん、今度こそ腰を据えて取り組む時が来たんだと思います。それこそ、箱を全部開けてしまうような気持ちで……。

ここでは、コーチはレベル３、すなわちコーチとクライアントの間にあるスペースの微妙なニュアンス、言葉を超えたものに焦点を当て、言葉にされていたものも、されなかったものも含めたエネルギーや感情に周波数を合わせています。ここで紹介した３つの例は、傾聴の３つのレベルの違いを明らかにすべく、あえて分けてお伝えしましたが、実際のコーチングの会話では、当然のことながらコーチはレベル２と３の両方をつねに行ったり来たりしながら傾聴しています。そして、もしもレベル１の状態に陥った時には、できるだけ早く立て直します。

このようにレベル２とレベル３を行ったり来たりすることは、リーダーやマネージャーがコーチング的な会話をする時でも同じです。もちろん、会話の途中で「ここでレベル3にスイッチしよう」というように、意識的に選択することを勧めているわけではありません。選択しようとすることによって、あなたと部下とのつながりが切れてしまいかねません。それはレベル1の傾聴で、相手とのつながりが切れてしまいます。目指しているのは、レベル2・レベル3でつながり直して立て直すことです。

コーチは傾聴する

コーチングは、傾聴ですべてが決まるといっても過言ではありません。クライアントは自分のビジョンや価値観に沿って生きているだろうか？　今日はどんなところにいるのだろう？　コーチはクライアントの人生に現れる兆しを聴いていきます。クライアントが選択したことは願っていることに近づくものなのか、はたまた遠ざけるものなのか。コーチはクライアントの人生の中で起きる抵抗や乱気流を聴くこともあるでしょう。クライアントの人生において重要なことを念頭に置きながらコーチングを進めていくには、クライアントの発する合図を聴きもらさないよう注意深く耳を傾ける必要があります。

コーチングは傾聴から始まります。ある意味、他の資質すべてがうまく活かせるかどうかは、レベル2およびレベル3の傾聴にかかっています。つまり、傾聴はすべてのコーチングの「入口」なのです。

リーダーにとって、傾聴とはメンバーの成長の道筋に焦点を当てるという特有な側面があります。トレーニングを受けたコーチとクライアントの間のコーチングの関係では、成果はクライアントの目標に置かれます。リーダーとマネージャーの場合、手にするものは2つです。つまり、部下やチームメンバーが重要な成果を達成するのを助けること、そして同時に、メンバーと組織両方に役立つことにつながる自分自身のリーダーシップ・スキルと能力を高めることです。

ここで重要なのは、目の前の問題に対処することと相手をコーチングすることを区別することです。これは追求する方向性が潜在的に2つあり、その両方の選択肢に耳を澄ますという聴き方が求められます。これはリーダーが傾聴するに当たって重要な部分です。自分自身に問いかけてください。「私のリソースや答えを使って効率的に対処する必要があるのは問題のどの部分か？」「この会話の中で、どこに成長や学習の機会があるのだろう？」

どんな会話においても学習の機会はあります。どの瞬間もコーチ／リーダーの役割を取ることができるのです。コーチングのマインドセットを持つことで本質的な変化を呼び起こすのです。リーダーとマネージャーが「問題のマネジメント」から「人のマネジメント」にシフトした時、企業文化に及ぼす影響はとてつもなく大きなものになります。それはメンバーの成長と貢献に向けた明確な組織の価値観を創り出します。メンバーは組織とより深く結びつくようになり、さらに率先して、もっと責任を引き受けるようにもなります。これはメンバー、マネージャー、そして組織の３者にとってウィン・ウィン・ウィンの関係をもたらします。

以下に２つの選択肢がどのように使われていくか、簡単な例を出して説明します。

>>> 問題に対処するケース

メンバー：選択肢として可能性のあるサプライヤーは３社です。そのうち２社とはこれまでに付き合いがあります。３社すべてが資格要件を満たしていて、最も使ってきたのはモントゴメリー社です。

マネージャー：価格は同等なの？　納期に間に合わせられるのかな？

メンバー：モントゴメリー社は少し価格が高いです。しかし、配送実績は優れています。

マネージャー：それはいいね。製造部門からはどんなフィードバックをもらっているの？

>>> 人をマネージ／コーチングするケース

メンバー：選択肢として可能性のあるサプライヤーは３社です。そのうち２社とはこれまでに付き合いがあります。３社すべてが資格要件を満たしていて、最も使ってきたのはモントゴメリー社です。

マネージャー：この意思決定のどの部分を助けてもらいたいかな？
メンバー：正直に言いますと、私はモントゴメリー社をまた選ぶことに不安を感じています。
マネージャー：何が不安なの？
メンバー：最近の注文で問題があったんです。直接申し入れはしていませんが、私は今でも水増し請求されたと思っています。
マネージャー：それは難しいやり取りになりそうだ。これについては、あなたにとって何がチャレンジなのかな？

この短い会話例の中でも、マネージャーが選択できる２つの異なる道が明らかにあります。１つの道はサプライヤーの選択を整理するために重要な要素を直接的に導くもの。もう１つの道は、このメンバーが成長し、もっと自信を持ち、さらに優れた意思決定者になることをサポートする機会に焦点を当てるものです。後者の道を進めば、現在の問題が解決し、このメンバーはもっとエンパワーされ、将来は自分で対処できるようになるでしょう。マネージャーは、可能性のある両方の道に気づいていて、聴くことから始めるのです。

コーチやリーダーは話を聴きながら、何に焦点を当てるのかを選択していきます。そして、その選択がコーチングの方向や焦点を変化させます。これが傾聴の「影響」という言葉が意味しているところです。さらにこの影響は、コーチが次にどのコーチング・スキルを使うかを自然な流れで選択することによって顕著に表れてきます。

コーチング・スキル

これから取り上げるコーチング・スキルは、一般的に傾聴の資質と特に関わりが深いものです。もちろん、これ以外のコーチング・スキルも、効果的に傾聴できて初めてうまく活用できるわけですが、ここでは、傾聴している時に特によく使われるスキルを紹介します。

◆反映のスキル

このスキルは「起こっていることを明確にする」スキルです。レベル２とレベル３で十分に傾聴していると、コーチの気づきの感覚は俄然高まります。クライアントにその時何が起きているのかを感覚的につかむことができます。まさに今何が起こっているかをつかむ感覚と、クライアントについて知っていることが組み合わさると、かなり多くの情報が得られます。反映のスキルとは、今何が起きているのかを簡潔に言葉にすることを指します。クライアントは自分が何をしているのか、あるいは何を言っているのかが自分だけでははっきりとわからなくなる時があります。また、目の前の細かいことは見えても、全体像が見えなくなる時もあります。

このスキルを使い、自分の観察したことを評価や判断を交えずにできるだけはっきりと伝えます。クライアントにあなたが見たクライアントのしていることを伝えます。時に反映のスキルは、耳に痛い真実を伝えることになり、クライアントに対峙することもあります。「あなたはここのところずっと夜や週末に仕事を入れてご家族とはあまり一緒に過ごしていませんね。以前、ご家族の優先順位は高いと言われていたことと今の状況はだいぶ矛盾するような気がしますが、何が起きているんでしょうか？」。約束したことと実際の行動の間の明らかな食い違いを曖昧にせず、コーチングへのコミットメントを貫きます。このように反映のスキルを使って食い違いを指摘するといったことは、コーチの役割です。そして、実際に食い違いを正していくのはあくまでクライアントの役割となります。

反映のスキルは、あたかもいくつかの点を結んで１枚の絵をつくるように、クライアントが行ったこと、行わなかったことを総合するとどんな真実が浮かび上がってくるかをクライアント自身が見えるようにサポートするためのスキルです。したがって、コーチには自分に見えるものをそのまま包み隠さず明確にする責任がありますが、それと同時に、他のすべてのコーチング・スキルと同様、それが正しいかどうかにはこだわらないことが重要です。このように、コーチが自分が見ていることを大胆に口にしつつも正しさにこだわらず、代替案や異なる解釈も受け入れる十分なスペースがあること、この相矛盾するような２つの要素が同時にあることがコーアクティブなコーチングのスキルと言えます。コーチがこのような態度を保つ限り、そこには真実を語るための計り知れない自由が生まれ、クライアントにとって大きな贈り物となるのです。

>>> 会話の例

クライアント／メンバー：……それで計画をいくつか修正しました。私としては極めて妥当な案だと思っています。これで、先方がフェーズ2の振り返りに向けて設定した締め切りにも間に合いますからね。

コーチ／マネージャー：今言ったことが、こちらからどのように聴こえたかお伝えしてもいいですか？

クライアント／メンバー：もちろん。何かまだ抜けているポイントでもありましたか？

コーチ／マネージャー：いえいえ、そうではありません。その計画はいいと思います。とってもよく考えられていると感じました。しかし、私が気になったのは、他の人の要求に対して、それが実際どれだけ理不尽なものであっても、自分を犠牲にして応えようとする、あなたの古いパターンを感じたことです。時にこれがチームの他のメンバーにかなりの無理を強いることにつながっていました。これは、あなたが変えたいと言っていたことの1つですよね。その意味で、今のお話はあなたの意思に逆行しているように思えます。

◆明確化のスキル

私たちは普段、曖昧でまとまらない考えや割り切れない気持ちを持ちながら何かをしていることが多いので、十分に考えずに結論を急いだり、不十分な情報からいい加減な結論を導き出したりすることがよくあります。クライアントはその中でどこに向かうともなく時間だけが過ぎ、時には自分の考えた物語の中から抜け出せなくなることもあるでしょう。あたかも霧の中をさまよい、そこから抜け出そうとするものの、流されているのかもしれません。もしかしたら、曖昧な思考や少し古びた考えに絡め取られ、古い地図でも見ているかのように身動きが取れなくなっているのかもしれません。そういった時、コーチの役割はクライアントが物事をよりはっきりと見られるようにサポートすることです。

明確化のスキルは、傾聴を土台としながら、質問したり、言い換えたり、視点を転換したりといったことを組み合わせたスキルです。たとえば、「あなたのおっしゃっていることは……のように聞こえますが、違いますか？」とか「あなたが本当に求めているのは……のように感じますが、どうでしょうか？」といったような感じです。明確化のスキルは、クライアントが漠然と抱いているイメージをより鮮明にし、細部を詰め、最終的にそれでいいかどうかを確かめたい時に使います。その結果、クライアントが「そう、そうなんです」または「いえ、そうじゃなくて、こうなんです」とはっきり言えるようになることが目的なのです。そういう意味で、明確化のスキルは、クライアントが霧の中をくぐり抜け、本来の道へ戻れるようにするためのものだと言えるでしょう。

>>> 会話の例

クライアント：もし彼が一緒にニューヨークに行くと決めてくれないのであれば、私は少なくともしばらくはここに残ろうと思います。

コーチ：何となくあなたは２つ、もしくは３つの異なる意思決定を同時にしようとしているように聴こえます。そして、どのような意思決定をするかは、あなたがどうしたいかよりも、彼がどうするかにかかっているように聴こえるのですが、どうでしょう？

クライアント：確かに、彼の出方を待ってから自分の意思決定をしようとしていますね。

コーチ：あなたがここで決める必要があることは全部で３つあるように聴こえます。１つは、あなたが本当にその仕事をしたいのかどうか。２つ目は、その仕事をすることが、あなたの生活をそっくり別の場所に移すほどの価値があるかどうか。そして、おそらく３つ目は、彼との関係を続けられるのかどうか、といったあたりでしょうか？

クライアント：なるほど、どのような条件であれば彼との関係を続けられるのか、そこが一番気になっているんだわ。わかりました。ちょっとそのことについて考えてみたいと思います。

◆俯瞰のスキル

クライアントとヘリコプターに乗って、上空3000メートルくらいまで上がり、そこからクライアントの人生を眺めている姿を想像してみてください。これがコーチングでいう俯瞰のスキルです。このスキルは、クライアントが「井の中の蛙」状態にある時、特に役立ちます。なぜなら、このスキルによって、クライアントは物事の全体像をとらえ、異なる視点から物事を見るきっかけを与えられるからです。コーチは、ここで次のように尋ねることができます。「このような高いところからあなたの人生を見渡すと、何が見えますか？　下にいた時には見えなかったことで、今初めて見えたのはどんなことでしょうか？」

俯瞰によって、クライアントは自分のビジョンや生き生きとした人生のイメージを再び思い出すことができます。山のふもとで、これから登らなくてはならない山を見上げてひるんでいるような時、いったんその山の上空からあたりを見下ろすことで、新鮮な目で物事を見ることができるようになります。

俯瞰はまた、コーチ自身が高い台の上に立ってクライアントの人生に起きているあらゆることを見渡しているというイメージでとらえることもできます。コーチが高いところにいれば、クライアントが見ていること以上のものを見ることができるはずです。実際、クライアントの人生の全体像を把握するのはコーチの役割です。高い台の上に立つことで、コーチは会話の詳細にとらわれず、客観的な観点から発言することができるのです。

マネージャーは、部下のある特定の状況への対処にパターンがあることに気づくことがあります。それは、以前にも気がついて話したことがあることかもしれません。そんな時、コーチング的に関わるとすれば、このマネージャーは次のように働きかけることができます。「この話が今後どう展開していくかは想像できるし、喜んでサポートしたいと思っているんだが、ここで一時停止ボタンを押してみようじゃないか。このプロジェクトの全体像からとらえてみよう。君がもっと主導権を握ってリーダーシップを発揮したいと言っていたことからすると、君の最大のチャレンジは何だろう？」

別の例としては、非常に努力しているように見えるのに、まったく成果の出ないクライアントがいるとします。こういった場合、バタバタ動いてはいるものの、成果につながる動きをしていないことがよくあります。こんなケースでは、コーチは次のように言って俯瞰することを促すことができます。「あなたはいつも苦しんでいるように見えますが、これはあるパターンかもしれません。これだけの苦しみからあなたが得ているものは何でしょうか？　この苦しみの見返りは何でしょうか？」

これらの例は、俯瞰することによって、その時々の会話だけでなく、クライアントの人生に繰り返し現れるテーマをコーチがつかんでいることを示しています。そういう意味で、俯瞰とは、人生という旅のパノラマをクライアントに見せることだと言えるかもしれません。

俯瞰のスキルは、クライアントの意識が問題の細部にとらわれがちな場合などに、その問題の文脈や背景を明確にする上で効果的です。たとえば、あるクライアントが近々職場のスタッフを１人解雇しなければならず、それに対して本人や他のスタッフがどのように反応するかを心配していたとしましょう。そのような場合、コーチはクライアントに対して、相手の気持ちを傷つけるかもしれないとか職場に混乱が生じるかもしれないといったことに焦点を当てるのではなく、次のような質問を投げかけることでクライアントが今置かれている状況を俯瞰するよう促します。すなわち、「その人を解雇しないことでその組織が支払う代償は何でしょう？」とか「長い目で見て、この解雇はそこで働く人たちの信頼やコミュニケーションにどんな影響を与えるのでしょう？」といった質問です。このような質問をコーチが投げかけることで、クライアントはその職場でそもそもどのような文化を築きたいと思っているのかといった、より大きな観点から物事が見られるようになるのです。

◆比喩のスキル

比喩のスキルとは、感覚やイメージを使うことで、クライアントが体験していることをより速くより容易に理解できるようサポートするスキルです。たとえば、「混乱していますか？」というクライアントの知性に語りかける問いよりも、「霧の中をさまよっている感じですか？」というクライアントの感覚に訴えかける問いのほうが効果的な場合も多いでしょう。なぜなら、後者のほうが、クライアントが実際に霧の中でさまよっているイメージを想像することができるからです。比喩のスキルは、クライアントが自分に起きていることを全身で感じ、さらにそれを掘り下げるための豊かなイメージを与えてくれます。そして、もし使った比喩があまりピンとこなかったとしても、また別の比喩を試してみればいいのです。

◆認知のスキル

認知のスキルは、クライアントに揺るぎない自信を与えます。本当に認知されたと感じた時、それこそクライアントの背筋はピンと真っすぐに伸びるはずです。コーチが認知するのは、クライアントの人となりであって、その行為ではありません。賞賛やほめ言葉は、「ジャネット、今回のレポートはよくできていたね」というように相手の行為に焦点を当てます。また、「あなたのプレゼンテーションは考え抜かれていて、大変刺激になりました」というように、賞賛する側の意見や感想を述べるだけの場合もあります。

これらに比べ、認知は受け手の内なる特性を認めるものです。実際にその人が何をしたかや、それが自分にどんな影響を与えたかではなく、その人がどんな人なのかに焦点を当てるのです。たとえば、次のような感じです。「ジャネット、あなたは何かを学びとろうという強い意思を持っていますね」「勇気を持って大きなリスクを取りましたね」「あなたがどれだけ愛情深く、思いやりを持った人なのかがよくわかります」。また、認知をするに当たっては、クライアントがその行動を取る中で、本人のどのような価値観が表れていたかに焦点を当てることもあります。たとえば、「楽しむ」ことを価値観とするクライアントに、「本当に楽しみながらやりましたね」と伝えたり、「誠実である」ことを価値観とするクライアントに、「誠実であるということ、自分に正直であるということを貫くあなたを見ています。それは簡単なことではないですよね」と伝えたりするわけです。

認知する能力は、コーチの基本的な資質に加えてもいいくらい、重要な能力です。なぜなら、コーチはクライアントが創り出したいと言った変化を起こすためにどういう人であるべきか、つねに心に留めておく必要があるからです。たとえば、クライアントは望む変化を起こすために勇敢でなければならないかもしれませんし、恐れに対してひるまずに立ち向かう強さが必要かもしれませんし、人間関係における粘り強さが求められるかもしれません。

認知とは、クライアントの内に秘めた強さを称えることでもあります。このスキルによって、クライアントが卑屈になるあまり見落としていることや、そもそもまったく気づいていないことに気づくきっかけを与えるのです。コーチであるあなたがクライアントの強みを認めることで、クライアントはその強みをその後も活かしやすくなるわけです。クライアントは、認知がコーチの本心から出たものかそうでないかをすぐに察知します。クライアントがあなたの指摘したことが真実であると認識すると、それは将来に向けて大きな力となります。

たとえば、次のような認知の仕方もあります。「あなたは自分でも驚いたようですね。でもこの４ヶ月の間にどれだけ歩みを進めてきたか考えてみてください。あなたが今回示してくれた明確に自分の立場を表明する力は、あなたが自分自身に見たいと言っていたリーダーシップのあり方そのものです」。このように、認知はまさにクライアントの中で成長しつつある部分、強くなりつつある部分に向けて投げかけられるものです。というのも、まさにそういった部分こそがもっとも栄養を必要としているからです。認知のスキルによってクライアントは力を得て、さらなる成長の肥やしにすることができるのです。

認知のスキルには、実は２つの側面が存在します。１つはすでに述べた通り、認知をクライアントに伝えるという側面です。２つ目は、その認知がクライアントにどんな影響を与えたかに気づくという側面です。これは、認知が相手にきちんと届いたかどうかをよく確かめる方法でもあります。認知をした時は、クライアントの反応にしっかりと目を向けておいてください。レベル３で聴いていれば、その認知が適切であったかどうかがきっとわかるはずです。なぜなら、認知がクライアントの心をとらえたかどうかは、聴いたり、感じたり、見たりすることができるものだからです。クライアントにとって、このような形で自分が人から理解してもらえることはめったにないことであり、それゆえ極めて感動的なことでもあります。そして、これこそが認知の持つ力なのです。

>>> 会話の例

クライアント：やっぱり黙っていたほうがよかったのかなぁ。いつも自分が発言するとやっかいなことになるんですよ。

コーチ：揺さぶりをかける、それがあなたのしていることであり、あなたという人です。あなたは無関心な人ではないですし、嵐が過ぎ去るのを隠れて待っているような人ではありません。以前あなたが言っていたように、時にはあなたが避雷針になるということですよね。

クライアント：ありがとうございます。私は決してあのチームで一番の人気者にはなれないかもしれませんが、私が進んで避雷針になろうとする姿勢が、チームのための真の貢献であるということがはっきりとわかりました。

演習

1. レベル１の傾聴

この演習の目的は、徹底的にレベル１で聴くことにあります。完全に自分の考えや気持ちに集中し続けるということです。友人や仲間に頼んで、レベル１の傾聴ゲームに付き合ってもらいましょう。

まずは、レベル１の傾聴とは何かを相手に説明してください。次に、その人がどこかに旅行した時のことを思い出してもらい、その旅行でよかったこと、よくなかったことについて話をしてもらいましょう。あなたの役割は、相手の話をできるだけ自分なりの解釈をしながら聴くことです。そして、途中で頻繁に話を差しはさむのです。たとえば、もしあなただったらどんな旅行をしたか。自分が経験した旅行の話を含めるといいでしょう。

そして自分自身に問いかけてください。この話を聴いて自分自身の人生のどんなことを思い出したか？　そんなことを考えながら話を聞いて、コメントをはさんでいきます。

５分か10分ほどしたら（実際にはここまで話を引き伸ばすのは難しいかもしれませんが）、レベル１で聴くことがどんな感じだったか、また逆にレベル１で聴いてもらうことはどんな感じだったかについて、お互いに話し合ってみてください。

2. レベル２の傾聴

同じ相手に同じ話を５分から10分間でしてもらうように頼みましょう。今回は、レベル２で聴くのですが、レベル２とは何かを相手に説明する必要はありません。ただ、相手に好奇心を向けてください。途中で質問したり、明確化のスキルを使ったり、見えたことを相手に伝えたりしてみましょう。また、相手の価値観が話の中でどのように表れているかにも注意を払ってください。完全に相手に焦点を当て、とにかくレベル２で聴き、応答することに集中するのです。

時間になったら、レベル２で聴くことがどんな体験だったか、また逆にレベル２で聴いてもらうことがどんな感じだったかについて、お互いに話し合ってみてください。また、レベル１の時とどのように違っていたのでしょうか？

3. レベル３の傾聴

起きていることをレベル３で比較的感じやすい場所に行ってみましょう。たとえば、図書館やホテルのロビー、レストランなどがいいかもしれません。そして、そこにいる人たちがどのように感じているかをレベル３でただただ感じ取ってみてください。怒り、喜び、退屈、安心、イライラ、不安など、どんな感情が伝わってきますか？　他に、その場で起こっていることで何か気づくことはありますか？　その場はどんな音であふれていますか？　人々が出たり入ったりする時、その場のエネルギーはどう変わりますか？　これらについて、気づいたことや感じたことをノートに書き留めてみましょう。そして、今度は目をつぶってみてください。レベル３で何か違うことを感じますか？　目を開けていた時には気づかなかったことで、何か気づくことはありますか？　教会の礼拝堂とファーストフードレストランを比べてみてください。レベル３で聴いた時にどんな違いがあるでしょう？

別の方法として、次のような演習もあります。友人にイライラした状態で部屋の中に入ってきてもらい、それが部屋全体にどのような影響を及ぼすかをレベル３で感じ取ってみるのです。あるいは、２人の友人に声を荒らげて言い争いをしてもらい、それが部屋全体にどのような影響を及ぼすかをレベル３で感じ取ってみるのもいいでしょう。

4. 俯瞰のスキル

俯瞰とは、大きな絵をとらえることです。それは、人生のテーマを切り出して見せてくれたり、今現在の位置づけが見えたり、ビジョンを見せてくれるものでもあります。俯瞰を練習する簡単な方法は、「私は……」もしくは「私の人生は……」と文章を始めることです。

例として、次のようなものが挙げられます。

私は……

- 新しい人生の門出にいる
- 移行期の中にいてはまりこんで動けない
- 刑務所に入ることから逃れているような状態だ
- 変化の渦中にいる
- 新たな組織文化を創っている

私の人生は……

- 電光石火の行動マシン（いくつかの部品が抜け落ちている）のようだ
- 穏やかに展開している
- 答えのない問題に満ちている

さて、あなたの人生を俯瞰した時、現在はどのように見えるでしょうか？

また、親しい友人や知人の名前を10人挙げてください。この人たちの人生を俯瞰した時、現在はどのように見えるでしょうか？

5. 比喩のスキル

クライアントの置かれた以下のような状況について、比喩を考えてみてください。

- どちらも魅力的な2つの選択肢の間で悩んでいる
- 先がどうなるかわからないが、ワクワクするようなことを新しく始めようとしている
- 長い間何も起こらなかったのに、急にすべてが動き出した
- 職場の環境が混沌としている
- 同時に2人の人を好きになってしまった
- 仕事を管理できず、金銭的に損を出してしまった
- ほとんど運動していなかったのに、急に運動し過ぎてしまった
- とんだ邪魔が入るまでは、ビジネスが順調に成長していた
- 思いがけない幸運が次から次へと続いた
- 成功
- 悲しみ
- 疲弊
- 拒絶

6. 認知のスキル

友人や職場の同僚の名前を5人挙げ、それぞれの人となりを紙に書き出してみましょう。彼らはどんな人で、今日の彼らに至るまでにどんな人であったのか。彼らのよいところ、素晴らしいところはどんなところでしょうか？　また、自分に対しても同じように書き出してみましょう。

第4章

直感

Intuition

誰にでも、次のような経験をしたことがあるのではないでしょうか？標識がはっきりしない田舎道を車で走っていて、分かれ道に来た時に自分の方向感覚だけを頼りに本能的に右折したり、友人と夕食をとりながら、表面的にはいつもと変わらない様子で会話を交わしているのですが、何気なくその友人に「何か私に言いたいことがあるんじゃない？」と聞きたくなったり、というような経験です。何か感じたけれども、表現する言葉は見つからなかったり、ちょっと違うなあと感じること……。それをあなたは直感と呼ぶかもしれません。

直感は仕事においても生まれます。こんな状況を想像してください。仕事上重要なポジションがあり、３人の優秀な候補者がいます。履歴書を読む限り、そのうちの１人が資格や経歴において抜きん出ているのですが、あなたは何かしっくりきません。あなたの直感は、３人目にインタビューした候補者が正しい選択だと告げています。あなたには信じるに価する強い感覚がありますが、その直感を裏付ける論拠が必要だと感じることでしょう。あなたはどうやってこの直感を人事や上司に対して説明しますか？

こういったことは、直感に関してよく起こるものです。つまり、データや分析、そしておなじみのメリット・デメリットが整理されたリストよりも、その瞬間の直感が信頼できると感じるケースです。それは論理的でないため、信頼できるように見えず、たいていの場合、その衝動は無視されたり、疑われたりして片づけられます。

それにもかかわらず、直感は強力でさらなる情報のチャンネルとして、とても大きな価値を持っています。このため、コーアクティブ・アプローチの５つの資質の１つに含めているのです。このチャンネルが利用できて、これに開かれていれば、時には驚くような形でプロセスを加速させたり、会話を深めたりする可能性があります。問題に取り組む際には、分析や評価を構造的にとらえて進めていくものですが、そこに「直感」という近道を生み出す新たな道具を加えるのです。

直感とは何かを言葉で説明できたとしても、実体験がどのようなものか、すなわち「これはどこから来たのか？」ということを説明するのは難しいため、受け入れるのが難しい人もいます。それは、直感の正当性を立証しようとして多くの人が最初に突き当たる壁と言ってもいいでしょう。

直感から導き出された結論には、通常、目に見える明確な根拠がありません。むしろ、それは目に見える情報から推測されるものとはまったく逆のことを示すほうが多いでしょう。したがって、直感にもとづいて行動する人は、「自分の直感はこういったことについてはよく当たるので、わかるんだ」というような曖昧な説明をするしかありません。

直感に懐疑的な人たちは、それを単なる推測や偶然として片づけようとします。彼らにとっては、直感を理解するのはおろか、それを使ったり、信じたりすることなど到底できない相談なのです。ほとんどの人は計測や記録、検証可能な吟味されたデータを欲しがりますし、これが重要な意思決定をするに当たって広く認められている方法です。人はこのプロセスのほうが安心できるのです。

一方、直感はあまりにも不可解で、プロフェッショナルらしくないように見えるでしょう。それゆえに自分が直感を使ったと認めることを恥ずかしいと感じる風潮さえあります。このような環境では、本当は直感力に優れた人でさえ、使ったことを認めなかったりするため、直感力は徐々に退化する傾向にあります。これはとても残念なことです。なぜなら、コーチングにおいて直感力はとても力強い武器となり得るからです。これは、人生全般においても同じです。

論理的知性も直感も、情報にアクセスします。どちらのアプローチが正しい、間違っているというわけではありません。異なる情報源から情報を提供してくれているのです。論理的知性は分析や論理に重きを置いており、ビジネスや人生においてとても有効であることは、だれもが合意するところでしょう。直感は創造的な可能性や枠からはみ出る革新的思考に重きが置かれており、こちらもビジネスや人生において有効であると言えます。人間はこの２つのアプローチの贈り物を与えられています。われわれは思慮深くあるとともに、ひらめきに満ちてもいます。私たちが最も効果的になれるのは、両方のアプローチにアクセスし、その間を行ったり来たりできる創造性に富んだ力を発揮している時なのです。

直感を言い換えると……

「私の直感によれば……」といった言葉を使うことは、多くの組織において場違いに聞こえたり、ビジネスにふさわしくないと考えられたりするでしょう。こういった状況で直感に代わる別の言葉として、「勘」という言葉が使えるかもしれません。たとえば、「私の勘が正しければ……」と言うのです。この直感という資質とその使い方を理解するためには、２つの言葉は基本的に同じことを意味していると考え、自分にとって最も使いやすい言葉を使ってください。

リーダーやマネージャーであれば、ある分野において、自身の経験に基づいた勘を信頼することに慣れているでしょう。これは認識の１つのレベルであり、１つ１つ順番に進めていくのではなく、一度にまとめて大量のデータを処理することで生まれます。

勘は、コーアクティブな会話でも役に立ちます。たとえば、医者と看護師が患者の状態を検討する際、今後の治療方針を考えたり、カルテや血圧や心拍数などの生体反応をチェックしたりすると同時に、経験に基づく直感も進んで受け入れている状況を想像してみてください。この会話では「何かがおかしい」という感覚からプロフェッショナルの勘を活用していきます。こうした場合では直感は重要な役割を果たす可能性があります。

コーチング的会話の場合、コーチやマネージャー、リーダーにとって絶対に必要なことがあります。それは、意識を「この状況についての私の勘」というところから「私たちの会話でこの瞬間に起きていること」へシフトさせることです。あなたは目の前の問題を解決するための最善の方策を出すために勘を働かせているかもしれません。しかし、直感がコーアクティブの資質の１つであるのはクライアントをサポートするためであり、アドバイスを与えるためではありません。

自分の注意が解決策を導き出すことに向いていると気づいたら、意識をあなたの目の前にいる人とその会話にシフトさせてください。そうすると、直感から次のように言いたくなるかもしれません。「私たちはまるで問題の周りをグルグル回っているような感じがします」「私の勘では何か見失っている重要なピースがあるようです。私にはそれを表現する言葉がないのですが」「私の感覚ですが、私たちは間違ったツールを使って解決しようとしているようですね」

なお、情報や洞察を得るために、勘や直感を必ずしも使う必要はありません。私たちは分析したり、仮説を設定したり、評価や判断をして行動ステップを提案するということにも長けています。しかし、「八方ふさがりの状況」というのは、あなたの勘や直感を使うには最も価値ある場所かもしれません。そこではあなたは何も失うものはありません。いつものやり方ではうまくいかないのですから、枠から出て、大胆に直感を使ってみることをお勧めします。

知の次元を広げる

現代社会では、自分たちの住む世界について、知らないことはもうほとんどないととらえられているのではないでしょうか。それは、目に見えるもの、耳に聞こえるものなど、自らの五感でとらえられるものが世界のすべてだと考えられているからです。この考えに従えば、五感でとらえられないものは、世の中に存在しないも同然だ、ということになるでしょう。

一方、直感は、直接目で見たり、手で触れたりできるものではありません。ただし、風そのものを見ることはできなくとも、木の葉が揺れている様子から風の存在を知ることができるように、たとえ目には見えなくとも、直感の存在を感じることは可能です。直感が時に「第六感」と言われるのは、それがこのように五感を超えた世界に存在するからです。たとえば、誰かが「今日はきっと雨が降りますよ」と言い、それに対してあなたが「どうしてわかるのですか？」と聞いたとします。その返答としては、以下のようなものが考えられます。
「ラジオの天気予報でそう言っていたから」
「今朝、空が赤かったから」
「気圧計が午前中下がりっぱなしだったから」
「東から風が吹いていて、西に雲が出ているから」
「骨が疼くから」

実際、世の中には本当に骨の疼きから雨が降るのを感じ取る人もいます。肝心なのは、人が何かを知るには様々な方法があるということです。科学的に検証可能な証拠がある場合もあれば、「ただそうだとわかる」場合もあるのです。上に挙げられた答えのリストを見て、あなたはこう質問したくなるかもしれません。「どの情報源が正しいのですか？」。また、「私はどれを信頼するんだろう？」。多くの人は実際に目で見えやすいものほど真実味があると言うでしょう。つまり、自分が直接体験したことしか信じない、というわけです。そして、直感は信頼度ではかなり下のほう、信憑性ゼロと言う人もいるでしょう。

しかし、何かを知るのにたった１つの方法しかないと固執する代わりに、２つの方法があると考えてみましょう。１つは従来の目に見える形で知に触れる方法、直感はもう１つの形です。これら２つの次元が合わさることで、あらゆるテーマが深みと奥行きを持つようになるのです。

直感は正しいか？

直感を受け入れづらくしている理由の１つは、それが正しいかどうかを事前に知る方法がないからでしょう。実際、直感そのものは正しくも間違ってもおらず、むしろちょっとつつかれたような感じだととらえることができます。試しに、次に続く質問に答えてみてください。「明日は何曜日ですか？」「明日は何月何日ですか？」「今は季節でいうと何に当たりますか？」「この季節は、通常どのような気候ですか？」「今年のこの季節におけるあなたのテーマは何ですか？」

それぞれの質問に答えるに当たり、毎回あなたは、自分の中の異なる場所から答えを導き出したはずです。記憶をたどって答えたものもあれば、論理立てて考えたものもあったでしょう。また、人生を振り返ってその中から答えたかもしれません。そして、もしかしたら直感で答えたものもあったかもしれません。直感とは、あまり馴染みがないけれど、記憶と同様に何らかの答えを求めている時に、それを探しにいく場所の１つと言えます。そこに行くとちょっとつつかれるのを感じて、それを表現するのです。

直感を言葉で表現しようとする時、私たちは感じ取ったことに解釈を加えます。そして、時にはその解釈が的外れな時もあります。直感そのものに当たりはずれはありません。たとえば、次のようなケースを考えてみてください。あなたのクライアントが、あなたとの約束を先週すべて実行し、しかもすべてがうまくいっているという報告をくれたとします。彼女はまさに言ったことをすべて実行したのです。しかし、あなたの直感はそのエネルギーにある引っかかりを感じ、あなたはそれを「彼女が何かを隠している」と解釈しました。そこであなたは、びっくりするような達成の数々にもかかわらず、次のように問いかけます。「私の直感なのですが、何か先週のことでまだ話していないことがあるように感じます。どうでしょうか？」

あなたの直感はあなたをつつき、それに対してあなたはクライアントが何かを隠しているのではないかという解釈を言葉にしたわけです。あなたの解釈が正しい、間違っているかは重要ではありません。もし、クライアントが何かを隠していたのであれば、あなたは閉ざされていた扉を開け、クライアントにそれについて話すきっかけを与えたことになります。もし、クライアントが何も隠していなかったのであれば、より成功談が引き立つことになるでしょう。いずれにしても素晴らしい働きかけです。コーチングで大事なのは、直感がズバリ響かず、的外れだった時でも、つねに行動を進め、学習を深めることです。

直感はコーチングの中で、たいがい予期せぬ形でやってきます。時に、虫の知らせだったり、絵として頭に浮かぶこともあれば、感情やエネルギーの変化として感じられることもあるでしょう。コーチングにおいて大事なことは、自らの直感に対してつねに門戸を開き、それを信頼し、その存在に気づいていながらも、その解釈にはまったくこだわらないことです。

結局のところ、直感が役に立ったかどうかを決めるのは、それがクライアントの行動を進め、学習を深めることにつながったかどうかなのです。あなたの直感が「正しい」かどうかは、まったく重要ではないのです。

>>> 会話の例

例A：クライアントが見過ごしているもの

クライアント：最近、毎日のように面接に出かけては、同じような人たちに、同じような履歴書を見せるということの繰り返しです。面接する相手の顔や名前が変わるだけで、あとは何の変化もありません。もうヘトヘトです。

コーチ：私の直感では、他に何かがありそうな気がするのですが……。何かを見落としているような。まるで目の前にあるものが目に入らないといった感じがするのですが、何か心当たりはありますか？

クライアント：わかりません。ただ、確かに私はあまりにも長い間この道を歩いてきたため、そこから抜け出せなくなっているような感じはします。

コーチ：道というのはいいイメージですね。ちょっとその道に沿って歩いているところを想像してみましょう。道に沿って柵があり、その先には門があるとします。これはいったい何の門でしょう？

クライアント：今までに歩いたことのない道につながっている門です。

コーチ：では、その道はどこに向かっているのですか？　想像力を使ってイメージしてみてください。

クライアント：何だかコネチカットにある祖父母の家を思い出します。私の祖父は、家族の中で唯一自営業を営んだ人です。彼はとても頭のよい人で、私はその自立した姿勢を心から尊敬していました。

コーチ：その門は、あなた自身の人生にとってどういう意味があるのでしょうか？

クライアント：門はいつもそこにあったような気がします。でも、私はつい安心感を手放せなくて、その門をいつも素通りしていたんです。そろそろ立ち止まって、私自身が独立して自営業を営み、それを通じて安心感を手に入れる可能性を真剣に考えてみる時期が来たようです。

例Ｂ：クライアントの関心事を引き合いに出す

クライアント／メンバー：実は第３四半期の終わりまでに、昨年に比べて２倍の成果を上げる必要があるんです。私としてはそれを達成したいという気持ちを強く持っているんですが……。いや、本当ですよ。ただ、どうやればできるのかがわからないんです。

コーチ：マラソンのランナーだったらどうすると思います？

クライアント／メンバー：どこから、その質問が出てきたんですか？

コーチ：直感、とでも言うんでしょうか。確か以前に、あなたはマラソンをやっていたと言っていましたよね？

クライアント／メンバー：はい。数年前ですが。

コーチ：それでは、これからやるべきことを長距離レースにたとえてみると、あなたにとって必要なことは何だと思いますか？

クライアント／メンバー：それは明白です。まさに長距離レースに向けたトレーニング計画を立てる時のように、本番に向けて徐々にペースを上げていくスケジュールをつくることだと思います。

直感という知性

直感は、ある意味、音楽的な才能や視覚的な能力と同じように、その人が持つ知性や能力の１つだと見ることができます。私たちは何らかの色覚の障害がない限り、色を何の苦もなく判別できます。幼稚園児の頃から、赤、青、緑と色を覚え始め、次第にその種類を増やし、たくさんの色を認識できるようになります。画家にいたっては、微妙な色合いの違いまでも認識し、それらに名前をつけて区別しています。直感もそれに似ていて、誰しもある程度までそうした知性を最初から持ち合わせています。そして、画家や音楽家が才能を伸ばすように、私たちも直感を磨くことができるのです。

画家や音楽家にたとえるのがぴったりなのは、彼ら・彼女らは創造するプロセスをリアルタイムで表現するからです。特に瞬間、瞬間に音を創り出していく即興音楽はまさに直感そのものです。組織の仕事にこれを応用するには、チームやチームメンバーは創造するプロセスに対してオープンである必要があると認識することから始まります。直感はもともと創造性豊かな性質を持っているのです。

チームが困難な問題に直面している時こそ、枠の外に出て考えること、すなわち即興で新しい選択肢や可能性を生み出していく力が重要です。今チームが直面している困難に取り組むのに、それをもともと創り出した思考や問題解決プロセスのままで取り組むのでは十分ではありません。革新的で触発される直感的知性へのチャネルを開き、思い切ってイメージをし直すことが時には必要です。

直感のおもしろいところは、そのとらえどころのない性質にあります。というのも、それをとらえようと一生懸命になればなるほどとらえられないのが直感だからです。したがって、直感をとらえようと必死になると、どうしても注意が自分自身や自分のやっていることに向いてしまいます。そのような時には、むしろ注意を問いやクライアントに向け直し、心を開いた状態にしておけば、もっと簡単に直感をとらえることができるでしょう。

その鍵は目の焦点を絞らずにぼんやりと全体を眺めること、開いていることにあるようです。直感はそこにあり、直感があなたに送っているメッセージやヒントを目に見える事象の裏に見出すことができるでしょう。そして、直感のパラドックスとも言えるのは、手を開いているとつかめるのに、つかもうとすると拳からすり抜けてしまうのです。

直感と意見の違い

すでにお伝えしたように、直感はどこかをつつかれているような働きかけを感じるところから始まります。具体的に何を察知したかははっきりしないかもしれませんが、何かを察知し、感じたと気づきます。「私は何か感じます」とか「私にはこう見えます」、もしくは「直感なのですが……」と言えば、ニュートラルな言い方になるので角が立ちません。それはあなたの感覚、察知したもの、直感です。

そして、その次に起こるのがそれらに対する解釈です。私たちはこの主観的なサインを言葉で伝えます。直感に意味付けするのは自然なことです。そして、はずれてしまうのはこの直感の解釈なのです。

たとえば、クライアントの話に耳を傾けている時、何か落ち着かないような躊躇を感じたとしましょう。それは、クライアントの逃避を感じているのかもしれません。もしくは抵抗かもしれません。感じた躊躇はこの会話のテーマに関係しているのかもしれませんし、テーマにはまったく関係のない何らかの個人的理由で気を取られていただけかもしれません。あなたの質問の仕方によってかもしれませんし、話していたのが人目につかない場所ではなく休憩室で、しかも同じチームのメンバーがいるという状況のせいかもしれません。その躊躇にはたくさんの説明が可能です。そしてあなたの直感はそれが光を当てるべき重要なものであることをあなたに伝えています。ただ、最初のどこかつつかれたような感覚はその説明とセットになってやってきているわけではありません。これはどこかつつかれた感覚であり、衝動なのです。

直感を言葉を使って話す時、あなたはその感覚を表す最大限の努力をしています。そしてあなたは察知したことを伝え、同時にその解釈も伝えています。例えば、その躊躇を何かを隠しているように聞こえると言ったとします。もしあなたが自分の解釈に飛びついたら、多くの場合それは結論、非難、意見になってしまいます。クライアントの役割は、直感が提供した情報を受け取り、自分のいるところに使えるようにすることです。何が合っているのか？　何が合っていないのか？　最終的に、結論を導き出すのはクライアントなのです。

ここで大事なのは、直感を効果的に使うためには、自分の解釈にこだわってはいけないということです。直感を当てたいという思いがあることで直感を口に出さないことがよくあります。すなわち、「もし間違っていたらどうしよう」とか「ばかにされたらどうしよう」と恐れているのです。

そこで、直感を口にする時には、クライアントが必ずしもそれに同意しないかもしれないと心づもりしておくといいでしょう。また、あなたの言ったことがたとえ的はずれだったとしても、ピタリと的中した時と同じくらい、クライアントの学びを深めることができると知っていれば、もっと気楽に直感を表現できるかもしれません。さらに言えば、クライアント自身もあなたの直感を頼りにしているのです。もし、あなたが遠慮して直感を口にしないと、きわめて重要な情報源や感覚を使わないことになります。大事なことはあなたがどれだけ確かだと感じても、自分の直感にこだわらないこと。そして、正しいかどうかにこだわるのは、あなたのために行っていることであり、コーチングとはクライアントのために行うものなのです。

直感をどこで感じ取るか

私たちが才能を伸ばしたり、身体の筋肉を鍛えるのと同じように、直感にアクセスする力も鍛えることができます。筋力に強弱があるように、直感力にも強弱はありますが、幸いコーチングそのものが直感力を鍛えるための「フィットネスジム」のような役割を果たしてくれます。問題は、どうやったら直感を感じ取ることができるかということです。特に普段、直感を使い慣れていない人の場合、どのようにそれを感じ取ったらよいのか、初めはとまどうことでしょう。身体のことであれば、上腕三頭筋がどこにあるかはすぐにわかります。なぜなら、それは誰にとっても身体の同じ場所にあるからです。しかし、直感の場合、人によってそれを感じ取る場所が異なります。

多くの人は、身体で直感を感じます。「胸騒ぎ」や「腑に落ちる」という表現にもあるように、胸であったり、胃で感じたりします。また、人によっては、額のあたりが熱くなったり、指先が疼いたりします。一方、身体ではなく、頭上に何かを感じたり、自分の周りの空気で直感を感じ取る人もいます。イメージの形で感じたり、動く感覚で感じたりするかもしれません。中には、立つことで直感にアクセスしやすくなる人もいます。また、言葉以外にないという人もいるでしょう。今度、直感や勘が働いていることに気づいたら、身体やその時の経験に耳を傾け、どこから伝わってきているか、その場所を見つけてみてください。

直感の感じ取り方は人によって様々ですが、いずれにしてもそれを言葉で表現する必要があります。なぜならば直感は言葉に置き換えられて、初めて意味を持つからです。コーチとしてのあなたの責任は、直感があなたに教えてくれたことを口にすることであって、その何が使えるかを選ぶのはクライアントなのです。

直感は、あなたのコーチングにおいて強力な資産となります。この力を伸ばす練習をするだけの価値があります。そして、よい知らせは、直感はつねに使える状態にあり、利用可能だということです。直感は生み出す必要がありません。職場や家庭で照明をつけるのにその場で電気を生み出さなくていいのと同じです。あなたはただ、スイッチを入れるのを思い出せばいいだけなのです。

◆感じたままを口にする

たとえ直感を感じても、口にするのをやめたり、それが正しいかどうか、また今それを口にすべきかどうかを考えたり、適した言葉を探したりするのは自然な反応です。ですが、そうやって直感の有効性を検証しようとしている間に、会話は先に進んでいってしまいます。もはや後の祭りです。直感は、稲妻のように一瞬光ったと思ったらすぐに消えてしまうので、光を感じた最初の瞬間が肝心なのです。そこで怖がったり、恥ずかしがったり、ためらったりして口にしないでいると、それはあっという間に過ぎ去ってしまいます。これはあまりにももったいないことです。なぜなら、直感を感じたまま口にすることは、コーチングの会話において一挙に話の核心へとクライアントを導く力があるからです。

コーチングをしていると、つい問いと答えをきれいにつなぎ合わせながら、論理的に話を展開する必要があると思ってしまう時があります。確かに、これはクライアントに新しい学びと発見をもたらす有効な方法ではありますが、決して唯一の方法というわけではありません。コーチが何の脈絡もなく直感を口にすることで、論理的に話を進めていたらおそらく考えられないような方向へコーチングが展開することがあります。

もちろん、コーチの直感がその瞬間その場面で見事にはまるか、それともまったくの的外れに終わるかは実際にそれを口にしてみるまではわかりません。このように失敗することを厭わず、直感が外れた時もそれにこだわらず前に進み続けることで、もっと自由に直感を使えるようになります。

◆ひらめきを感じる

直感を感じるきっかけは様々です。時には言葉で、時には形や音、感情や身体感覚として受け取ることがあります。重さ、痛み、気分といった感覚を通して受け取るかもしれません。時には直感のヒントが会話自体にあることもあるし、周りの環境から現れたりもします。オフィスの窓の外の風景が直感のきっかけになるかもしれません。

たとえば、自分が所属する部門で近々予定されている組織変更によって、どんな影響があるかを心配しているクライアントがいたとします。コーチングの中で彼女が何とかして進むべき方向を見定めようとしているその時、ふとあなたが窓の外を見ると、澄みきった秋の日の光景が目に飛び込んできました。何かひらめきを感じたあなたは、次のような質問をします。

「今あなたの話を聞いている時に、空気が冷たくなり、木々が紅葉し始めた秋の日の光景が目に入ったのですが、何か思い当たることはありますか？」

それは、季節の移り変わりと同じく彼女の人生に何かしらの変化が起きていて、彼女にその変化の意味を考えさせるきっかけとなるかもしれません。また、冬になる前にやっておかなければならないこと——大きな変化に備えた準備のための行動——を、彼女が思い出すきっかけとなるかもしれません。ここでは、何がその直感のきっかけになったのかはさして問題ではなく、クライアントに何が起きるかが重要なのです。

◆直感をどう表現するか

それでは、直感を表現するコツをいくつか挙げましょう。直感のひらめきを口にする時は、以下のような言い方で切り出してみてください。もちろん、これが唯一の表現ではありませんが、以下のフレーズの１つを使ってみるのです。それは素晴らしい練習になります。どんな言葉がこれらのフレーズに続くかがわからなくても、話していく中で直感が後の部分を埋めてくれるはずと信じて行うのです。

「私の感じでは……」
「ちょっと感じたことをお話ししてもいいですか？」
「私の勘なのですが……」
「ちょっと伺ってみたいことがあるのですが、よろしいですか？」
「もしかしたら……」
「たとえばこういうのはどうでしょう……」

そして、中でももっとも単刀直入な言い方は「私の直感によれば……」です。

直感が「当たった」時には、確かに魔法のように感じられるかもしれませんが、決して魔法ではありません。直感は傾聴同様、クライアントの行動を進めること、もしくは学習を深めることを助ける強力な資質なのです。

コーチング・スキル

直感に関連したコーチング・スキルを以下に紹介します。ただし、これらのスキルは直感という資質においてのみ使われるものではなく、ただ直感とつながりやすくしたり、口にしやすくするという意味で、取り上げているに過ぎません。ちなみに、第３章で取り上げた比喩のスキルも直感から出てくることが多いです。

◆中断のスキル

コーチングは、通常、短い時間で実施されることが多いため、クライアントがいつまでも長々と直接主題とは関係のない話をしている時は、それをあえてさえぎり、問題の核心へと話を戻さなければならない場合もあります。この時、どのタイミングでクライアントの話をさえぎればいいかは、傾聴のレベル３の気づきを使います。礼儀正しく振る舞おうとしてそのタイミングが来るのをじっと待つのではなく、会話を中断し、流れを変えたり、問いを投げかけたりするのです。直感があなたに中断を促すこともよくあります。相手の話を中断するのは失礼だと考える人もいるでしょうし、国や文化によっては無礼であるとさえ思われることもあるでしょう。しかし、これは必ずしも失礼だったり無礼なことではありません。

また、クライアントは自分が意味のない話をいつまでもだらだらとし続けている時には、それをわかっているものです。そのような時に、もしコーチが中断しなければ、クライアントはコーチング・セッションとはただたわいもない話をするだけで、行動に結びつかないものと感じ始め、ついには不満を感じて、コーチング自体をやめようと思うかもしれません。

どのクライアントも、「それから私はこうして……」とか「そうしたら彼女は……」といった物語を語るだけでコーチング・セッションを終わりにしたくはないはずです。クライアントによってはあなたが何かを言うまで話し続けるかもしれません。よいクライアントでありたい、あるいはきちんと話したいと思うあまり、つい話が止まらなくなってしまうことがあります。そんな時にクライアントはコーチが話を中断し、会話を元の軌道に戻してくれることを望んでいるのです。

一般的に言って、中断については導入セッションの際にクライアントと話し合っておくことが望ましいでしょう。つまり、コーチングのセッションは友人とコーヒーを飲みながら交わす日常会話とは異なるので、コーチが途中で突然、話をさえぎることがあるかもしれないことをしっかりと伝え、あらかじめ理解を得ておくのです。さらに、もし実際に中断したことでクライアントが不快に感じた場合は、その場で正直に言ってもらうよう頼んでおけば、よりよい中断の仕方について2人で話し合うこともできるでしょう。こうした許可を最初にとっておけば、コーチが必要と感じた時はいつでも中断できる環境が整います。

それでもまだ、クライアントの話を途中でさえぎるのは自分の主義やスタイルに反すると抵抗を感じる人がいるかもしれません。ここで知っておいてほしいのは、あなたがさえぎっているのはクライアントそのものではなく、クライアントを主題から遠ざけ、本当に大切なことは何かをぼやかしている「物語」だということです。

あなたにとって、クライアントが本当に大事なことについて話せるようサポートすることと、自分が礼儀正しい人だと思われることのどちらが大事ですか？　答えは明らかなはずです。コーチングはあくまでもクライアントのためにあるのであって、コーチのためにあるのではないということをここでもう１度思い出してください。臆病になっていては、決してよいコーチングはできないでしょう。

コーチであるということは、自分の話したいことやエゴを脇に置いてクライアントが用意した主題に沿って話を進めていくということです。しかし、もしも話がクライアントにとってあまり役に立たない方向に流れている場合は、あえてその流れを変えることもコーチとしての責任です。あなたの経験やコーチとして積んだトレーニングがクライアントにとって役に立つために必要な権威を与えてくれるはずです。

このような時、遠慮したり、お人好しになることは、決してクライアントのためにはなりません。たとえば、回りくどいクライアントに話の核心を求めたり、煮え切らないクライアントに要望や挑戦を投げかけたり、自分から逃げているクライアントに耳の痛い真実を伝えたりするために、コーチにはいつでも中断する心構えが必要です。そして、そのタイミングややり方に特に明確なルールがあるわけではないので、いつでもあなたの直感を試すよい機会となるでしょう。

場合によっては、コーチがクライアントの話を中断して何らかの問いを投げかける前に、相手が置かれている状況や話の背景についてもっとたくさんの情報が必要だと感じ、なかなか話に割って入れないということもあるかもしれません。確かに、状況や背景を理解するためにクライアントの物語に耳を傾けることが重要な時もあります。また、そうやってコーチがクライアントの物語に耳を傾けることで、クライアントが自分の話をしっかり聴いてもらったと感じ、コーチングの関係がよくなるということもあるでしょう。しかし、多くのコーチはすでにクライアントの話を聴くことには長けており、それよりも中断するスキルを身につけることが必要な場合がほとんどです。

まとめると、中断のスキルは、クライアントをまるで曇りガラスのようにして擁護している「無駄話」を取り除き、より重要なことに焦点を当てるのに大変役に立つスキルだと言えます。中断することで、クライアントの行動を進め、学習を深めるという、コーチング本来の目的にすばやく立ち返ることが可能になります。

>>> 会話の例

例A：中断のスキルの使われ方が未熟な例

クライアント／メンバー：またしてもメアリーの話なんですが、本当に彼女は何から何まで私の言うことに反対するんです。私が東に行こうと言えば、西に行くべきだと言うし、納期を守るために外部の力を借りるべきだと言うと、そんなことは私たちのチームワークをよくすればできるはずだって言うんです。

チームワークですって！　そんなもの偽善以外の何物でもありませんよ。だって、私はこれまで何度も彼女にもっとチームのメンバーとして協力してくれって頼んできたんですよ。でも、彼女は自分のことばかりで、チームのことは無関心、コミュニケーションもとらない。そして「そんなことは聞いてない！」と言うんですから。ほんとにイライラしますし、チームをダメにしています。

コーチ／マネージャー：それはさぞかしイライラするに違いありませんね。前にも同じことを聞かせてもらったことがありますから。

クライアント／メンバー：本当にイライラします。最近の彼女のこと話しましたっけ？　さらに上を行くような出来事があったんです。

コーチ／マネージャー：きっと同じようなことの繰り返しなんでしょうね。

クライアント／メンバー：そうなんですよ。全然変わらなくて、ブツブツ……。

例B：中断のスキルの使われ方が適切な例

クライアント／メンバー：またしてもメアリーの話なんですが、本当に彼女は何から何まで私の言うことに反対するんです。私が東に行こうと言えば、西に行くべきだと言うし、納期を守るために外部の力を借りるべきだと言うと、そんなことは私たちのチームワークをよくすれば……。

コーチ／マネージャー：何だか際限のない意地の張り合いのように聴こえますね。

クライアント／メンバー：その通りです。
コーチ／マネージャー：何がこのゲームの展開を変えると思いますか？
クライアント／メンバー：すみません。何を言いたいのかがわからないのですが……。
コーチ／マネージャー：この悪循環を断ち切るには何が必要なんでしょう？
クライアント／メンバー：わからないです。彼女と話そうとはしてみましたが。
コーチ／マネージャー：（直感）ではこの質問はどうですか？　あなたたち両方が気にしていることは何ですか？

◆感じたままを口にする

感じたままを口にすることの重要性については、すでに触れました。妙に聞こえるかもしれませんが、とにかく感じたままを口にすることは、コーチとして磨く価値のあるスキルだと言えます。私たちは、まず状況を分析し、把握しなければと躍起になるあまり、遅れてしまい、割り込むタイミングを逸してしまうことがよくあります。

コーチングでは、どうしたらいいかを考える前に、まずはうまくいかなくてもいいから、とにかくクライアントの前に身を投げ出してみることが、結果的にクライアントのためになることが往々にしてあります。皮肉なことに、少しくらい「抜けている」ほうが、かえっていつも冷静でしっかりしているコーチよりもクライアントの信頼を勝ち得たりするものなのです。それは、コーチが格好悪いところを見せることで、より人間として親近感を覚えるからかもしれませんし、コーチが自分を格好よく見せなければ、クライアントも自分を格好よく見せる必要がなくなるからかもしれません。たとえば、「どう表現すればいいかよくわからないのですが……」とか、「ちょっと思いつくままに話させてください。何が言いたいのかはっきりしているわけではないのですが……」といった出だしで始めてみるのもいいでしょう。

クライアントの直感

コーチが直感を使っているのを見て、クライアントも自らの直感をリスクを取って試してみようと思うことがよくあります。実際、クライアントがコーチングのスキルや考え方を学ぶことで、役立つことがたくさんあるはずです。たとえば、レベル２やレベル３の傾聴を修得したクライアントは、職場や家庭においてより効果的な人間関係を築くスキルを身につけることになりますし、俯瞰のスキルや明確化のスキルを活用することで、自らの人生をより大局的かつ明瞭にとらえられるようにもなるでしょう。

クライアントが直感を活用できるよう支援するには、まず自分の直感に気づき、それをいろいろな場面で試してみるように勧めることです。ただ実験してみるように頼んでみてもいいでしょう。そうすることで、「正しく」直感を使おうという気負いがなくなります。また、直感を使うようになると、周囲の人からいつもと違ったようにとらえられたり、クライアント自身の中で懐疑心が湧いてくることも可能性としてあるので、あらかじめ伝えておくといいでしょう。

演習

1．直感

俗に「第六感」と呼ばれる直感は、通常、何らかの問いへの反応として出てきます。こうした問いは、直接投げかけられることもあれば、誰かと話している時に何となく頭に浮かぶこともあります。コーチングの中では問いが、つねにコーチとクライアントの間を行きつ戻りつしています。

直感力を鍛えるために、次のようなことを試してみましょう。まずは誰にも邪魔をされない静かな場所を選び、あなたの友人や知人の１人にそこまで来てもらいます。最初に、その人の人生に関する問いで、「はい」や「いいえ」で答えられないものを書き出してもらいます。そして、その中から１つを選んでもらい、はっきりとした声で数回続けて読んでもらいます。この際、問いと問いの間に短い間隔をとってもらってください。次に、

２人で２、３分ほど沈黙し、選んだ問いに意識を集中させます。あなたにやってほしいことは、その問いに対する集中力を高め、直感が語りかけてくるものすべてに心を開くことです。

少し経ったら、あなたはその間に起きたことをすべて相手に伝えます。とりとめのない考え、感じたこと、浮かんだイメージ、音、におい、触感、そのほか気づいたことは何でも、さらにあなたの気を散らしたものも伝えてください。あなたが直感にもとづいて伝えたことの中には、おそらく相手の心に響くものがあるはずです。もしも相手の中に何か直感的にひらめくものがあった場合は、何がひらめいたのかを尋ね、それについて掘り下げ、気づきを深めます。

この演習をよりおもしろくするには、相手が問いを書いた紙を２つ折りにして問いが見えないようにし、その中からどれか１つを適当に選んでもらうというやり方もあります。そして、先ほどと同じように、２人で２、３分ほど沈黙し、どんな問いが書かれているかわからないその紙切れに意識を集中させます。時間が経ったら、その間に直感で感じたことを相手にすべて伝えます。その上で、紙切れに書いてある問いを確認し、相手がどんなことを感じたかを話してもらうのです。質問と話していることがどこでつながっていると感じましたか？　また、それはどんなところに連れて行こうとしているのでしょうか？

2. 中断のスキル

まずは誰か相手を見つけてください。中断のスキルを練習するために、途中で話をさえぎるつもりであることをあらかじめ相手に伝えます。そして、これまでの人生の中で特に意義深いと思われる時期について話してもらいましょう。学生時代にどんな勉強をしたかということについてでもいいですし、親友とどのようにして知り合ったかということについてでも構いません。

ポイントは話し続けていられるようなテーマを選んでもらうことです。というのは、話が止まらないぐらいどんどん進んでいくことが重要だからです。ここでのあなたの役割は、相手が話している間、以下に挙げるようなコーチング・スキルを使いながら、相手の話を中断し、話の流れを変えることです。

- 相手に話を要約してもらうよう依頼する。
  例：「それはあなたにとってどんな意味を持つのですか？」
- 相手に深く考えさせるような（さらなる情報を求めるものではない）質問をして中断する。
  例：「その体験からあなたは何を学んだのですか？」
- まさに話をしている時に起きていることを言葉にして中断する。
- 相手に何かを要望することで中断する。
- 中断する意向を伝えて中断する。
  例：「ここでちょっと中断させてもらいますが……」

中断するための枕言葉として、「すみません、あなたは今……」「ちょっとお伺いしたいのですが……」と言い始めるのもいいでしょう。

第5章

好奇心

Curiosity

好奇心とはコーチングにおけるすべての起点となる資質であり、継続させるエネルギーそのものです。優秀なコーチは、もともと好奇心が旺盛であり、クライアントが新しい可能性の扉を開く助けとなるように、自分の好奇心を高め続けています。コーチがつねに純粋な好奇心を持ち、たとえ何が起きても関わり続けていくことがコーアクティブな関係の核心と言えるでしょう。

好奇心から生まれる質問とは

好奇心から質問が生まれます。質問のおもしろいところは、投げかけられると私たちは自動的にそこに意識を向け始めることです。たとえば、あなたは次の質問を読みます。「今日、外は寒いですか？　暑いですか？」。すると、即座に外の天候について考え始めるでしょう。このように、私たちは自然と、自動的に、質問に対して反応します。質問は私たちに答えを見つけるよう働きかけます。ただ単に質問を投げかけるだけで、会話の流れが変わるのです。コーチングが変化に向けて力強く働きかけることができる理由の１つは、好奇心とそこから生まれる質問にあります。

好奇心豊かな質問は、オープンで広がりを持ち、挑発的であり、そして探求させるもので、時にはたくさんのことを思い起こすような問いになります。このような質問はわれわれを探求、内省、そして発見へといざないます。もちろん情報を探すことも促しますが、お決まりの情報収集型の質問よりも深いところに働きかけます。

私たちは学生時代、答えを導き出すような具体的な質問を投げかけ、情報収集することを鍛えられてきました。そうした質問に対しては具体的な答え、「正解」があると学んできました。論文形式の問題においてさえ、明確かつ具体的で、採点可能な正しい答え方があると教えられてきました。このような経験を通して、私たちは、質問とは可能性を狭めるために使われるものであると学んできたのです。これは、いわゆる演繹法です。私たちは空欄を埋めることや、どれだけ正解を出せるかで評価されることに慣れ切ってしまっているのです。

こういった考え方と習慣は、仕事のやり方にも持ち込まれています。会議や１対１のやり取りにおいて、質問は多くの場合、情報、データを導き出すために使われています。広がりをもたらすような質問はめったにありません。ゆえに、コーチングにおいて好奇心にあふれた質問をすることが、重要な転換をもたらすことにつながります。ところが、このシフトはいつも快適であるというわけにはいきません。

クライアントは表面的なところ、つまり、簡単にアクセスできる「知っている」データベースから質問に答えることに慣れています。それはクライアントが準備できていて、聞かれると思って予期していることであり、すぐに答えられます。クライアントの立場からすれば、意見を言ったり、より深く探求したりすることは自分の弱さをさらしているように感じる場合があります。また、「正しい」答えを考え出さなければというちょっとしたプレッシャーを感じるかもしれません。特に、質問が上司からされた場合はなおさらです。

もしそうであったとしても、コーチングの質問は、表面的なレベルの情報交換から、より深く、内省から生まれる発見へとシフトをもたらすことになり、クライアントにとって力強い経験となります。情報を引き出すための従来型の質問と、自己探求を呼び起こす好奇心にもとづく質問には、大きな違いがあります。その違いを以下の例文で見てみましょう。

情報収集的な質問	好奇心にもとづく質問
• その市場分析にはどの商品と地域を含めるつもりですか？	• その市場分析からどんな洞察を得ましたか？
• 毎週どれくらいの運動をしなければならないのですか？	•「身体の調子がいい」というのはあなたにとってどのような状態ですか？
• 次の引っ越し先の候補リストにはどんな街があるのですか？	• あなたにとって住む場所に関して重要だと思っていることは何ですか？

情報収集的な質問の中で、もっとも極端なものは、「はい」「いいえ」という二者択一の答えを求める閉じられた質問です。こういった質問を投げかけることは、会話の途中で巨大な「止まれ」の標識を立てるようなものです。まるで道が突然行き止まりになったかのように、コーチは初めから会話をやり直さなければならなくなってしまいます。しかし、好奇心にもとづく質問の多くは「開かれた質問」です。こういった質問はクライアントを旅に連れ出すような作用があり、会話は途切れることなく進んでいくはずです。次に挙げる２種類の質問を見てください。それぞれその問いによって引き出される答えを想像し、その違いを考えてみてください。

閉じられた質問	開かれた質問
• これは効果的な戦略だと思いますか？	• あなたにとってこの戦略のどの点が効果的だと思いますか？
• ここでさらに学ばなければならないことはありますか？	• この経験に学びが２倍あるとしたら、それは何ですか？
• あなたはこの２つの選択肢の間で行き詰まっているように聞こえます。合っていますか？	• 目の前の２つ以外に、どのような選択肢が考えられますか？

これらの例を見ると、２つの異なる形の質問がもたらす違いがわかるで

しょう。閉じられた、「はい」か「いいえ」で答えられる情報収集的な質問は制限的に感じ、好奇心にもとづいた質問は開放的に感じられます。

また閉じられた質問でよく使われるものには、誘導的な質問があります。誘導的な質問とは質問自体に正しい答えや結論をほのめかすような何かが埋め込まれた質問です。答える側に選択の余地はほぼありません。生徒に対して先生が求めている答えを考え出すよう強制するようなものです。質問している人は実際には好奇心を持っておらず、質問は見せかけであり、その中に意見が隠されています。いくつか例を挙げましょう。

- 営業エリアを分割することで、より公平になると考えたことがありますか？
- 大学に戻って博士号を取り、キャリア上の夢を達成することを考えるのにあたって、家族が被る感情的な犠牲や、借金の負担について考えたことがありますか？

ここで明確にしておきたいことは、情報収集の質問にも、間違いなく価値があり、役割があるということです。日々の生活や仕事において必須であり、これなしでは生きてはいけません。お伝えしたいのは、あなたが行う質問の影響、特にコーチングにおける質問がもたらす影響に気づいてほしいということです。ぜひ「この質問はクライアントをどこに向かわせたのだろう？」ということに意識を向けてみてください。

コーチングの中でも、情報収集的質問が重要な場合はあります。誤解や混乱しそうな時に、この質問をすることでテーマを見失わないようにしたり、明確にすることができます。ただし、情報収集的質問への答えは、扉がどこにあるかは教えてくれますが、その中に入って豊かで充足する会話の経験には導いてくれません。これができるのは好奇心にもとづいた質問だけなのです。

◆文化を築く

コーアクティブの資質の１つである好奇心は、組織においても特別な位置を占めています。これはコーチング・スキルであると同時に、リーダーシップ・コンピテンシーでもあるのです。これは、会話が組織文化に与える影響を目の当たりにした経験から出てきた知見です。人々の会話の仕方は組織文化を表しています。そして、その会話の仕方が組織文化を同時に創り出しているのです。あなたの経験を思い出してください。非難することにたくさんのエネルギーを使っている組織は、だれも責任を取らない有害な文化を創り出します。そこでは、物事が計画どおりに進まないと、それはいつもほかの誰かの責任、誰かの失敗ということになります。

情報のやり取りを厳格に部署ごと、組織の機能にもとづいてコミュニケーションするような組織やチームは、業務的な文化を創り出します。これらの文化の良し悪しを評価判断しているわけではないのですが、どんな文化をあなたは創り出したいですか？（これは誘導的な質問かもしれません）。コーアクティブな文化は、つながりと行動の両方を重視し、実践を通じて創り出します。物事を成し遂げる、前に進むという意味では、やることを重視した業務尊重型であり、同時に関係を重視し、互いの利益のための器とサポートを創り出します。

好奇心の価値

コーアクティブ・モデルにおける好奇心には、私たちが尋ねる質問という意味と、会話に持ち込む好奇心豊かなマインドセットの両方の意味が含まれています。好奇心いっぱいのコーチは、すべての答えを持ち合わせているわけではないですし、答えにつながる糸口さえも持っていません。コーチが好奇心を持つと、もはや答えを持つ専門家ではなく、いったいどのような答えが見つかるのかをクライアントとともに探る旅の仲間となります。コーチは、自分の世界をクライアントの世界に投影することなく、まるで子供のような好奇心いっぱいの眼差しで、彼らの世界を一緒に探検していくのです。

世にいうコンサルタントは、適切な提案を考え出すために情報を収集します。専門知識を持ち、どこに向かうかを決めるために情報を選り分けます。それは、ちょうど自分が現場に持ち込んだ資材を使い、増築するために雇われた現場監督のような存在と言えるでしょう。対照的にコーアクティブ・コーチングでは、ただひたすら好奇心を持ってクライアントに関わります。建物を建ててきた経験や専門知識を持つ協力者として関わり、そこにある資材を使って建物を築き上げることに協力するのです。情報はクライアントの中にあります。コーチの好奇心によって、クライアントはそれを探ったり、見つけたりできるようになります。また、より自由になるので、可能性の幅が広がります。好奇心は、クライアント自身が解決策を探すことに招き入れるのです。

クライアントは、コーチやマネージャーの中にではなく、自分の中に答えを発見することでますます力をつけていきます。自ら答えを見つける効果としては、クライアントがエネルギーに満ちあふれるということも挙げられます。なぜなら、大事な学びは答えを探したり、見つけるプロセスの中で起きるからです。好奇心は探求を生み出し、見つけたものを明確にし、そちらに向かうという流れを生み出します。そして、探求すること自体によって学びは創り出されます。その学びは内面から生まれるものであるため、クライアントの心に深く刻まれるのです。

正しい、もしくは明確な事実についての答えを求める質問に対しては、私たちは持ち合わせたデータを探り、それに適した対応、つまり正解を探します。一方、好奇心にもとづいた質問では、探求し、覆いを取り、周囲を掘り返し、考え、内省するといった経験をします。これは継続的な変革および成長へとつながる学習です。

このアプローチの価値がはっきりわかるのが、職場です。マネージャーが好奇心から質問することで、責任は従業員に移ります。その過程において、従業員が単なる業務を代行する人から、貢献する人になります。このアプローチは彼ら自身のリソースと創造性を引き出します。そして、達成した成果は自らがもたらしたものだと思うはずです。マネージャーにとってのよい知らせは、依存を減らし、より主体的かつ責任をまっとうするチームを築くことにつながるということです。

もちろん、これと同じ効果はプロフェッショナルなコーチとクライアントの関係でも起こります。コーアクティブ・モデルにおける本質的な変化をもたらす核心部分であり、好奇心が創り出すこの関係なくしては、コーアクティブな関係とは言えないのです。

◆好奇心は信頼関係を築く

コーチが示す純粋な好奇心は、クライアントとの関係を力強いものにします。コーチングにおいて、好奇心という側面は真に価値のあるものです。たとえば、あなたがあるパーティーに出席していると想像してみてください。そこで、隣り合わせた人があなたに底なしの好奇心を示し、仕事や趣味のことに始まり、あなたがどんなことに興味を持ち、どんなことが気になっているのかなどいろいろと聞いてきたとしましょう。このように好奇心を持ってもらうと、おそらくうれしいだけでなく、何となく元気が出てくるはずです。自分のことについて気兼ねなく話すうちに、あなたは相手と自然に打ち解けていくでしょう。

では、先ほどと同じパーティーであなたと隣り合わせた人が、同じようにいろいろな質問を投げかけているのを想像してください。ただし、今度はその人が将来あなたの義理の母となるかもしれない人で、単なる好奇心というよりは、むしろあなたから何かを探り出そうと尋問調で質問してきたとしましょう。そのような時、たとえ質問自体は最初の人と同じであっても、おそらくあなたは安心して話せるどころか、かえって防衛的になってしまうことでしょう。

このように、好奇心は信頼感を生み出しますが、尋問は不信感を生み出します。コーチングでは、何よりもクライアントが安心して自己探求できる環境をつくることが大切であり、そのためにはコーチの好奇心が欠かせない要素となるのです。

好奇心とその質問は、「コーチング」という特定の状況に限定されるものでは決してありません。組織に好奇心が存在すると、より深いつながりが創り出され、人間関係がよくなり、さらには従業員のエンゲージメントが高められます。どの組織でも喫緊の課題となっていることに応えるものだと言えるでしょう。

◆好奇心を意図的に活用する

コーチが投げかける問いは、クライアントがどちらに向かって答えを探しに行くか、その方向を提案するようなものです。クライアントの注意は自然とその方向に引き寄せられます。コーチが投げかける新たな問い１つ１つによって、同じ道をさらに先に進むことを促したり、あるいは異なる道へ方向転換したりするわけです。

どこを見ていくかは好奇心にゆだねられます。そしてコーチングで好奇心を発揮するということには２つのことが含まれます。１つは、ある特定の道や方向にこだわらないこと。もう１つは、こだわらないながらも、意味を探し出す、重要な洞察を明らかにする、そしてクライアントの学びを発見するという意図をつねに持つことが含まれます。こうした意図を持たずにただ聞いているのは、好奇心を活用したコーチングではありません。

ここで改めて強調したいのは、好奇心とはあくまでもクライアントが自分にとって大切なものを発見したり、意思決定したりするためにあるのであり、コーチが何かを発見したり、問題解決したりするためにあるのではないということです。この区別はとても重要であり、多くの場合、その違いは明らかです。

確かに、クライアントが何について話そうとしているのか、また何を願っているのかをつかむために、コーチがある程度情報収集をすることも重要です。しかし、実際には、コーチが思うよりもはるかに少ない情報で十分な場合がほとんどです。特に背景情報に関してはそうです。コーチはこれまでの経緯について知る必要はほとんどありません。クライアントはすでに背景に関しては知っていますし、選択をし、行動していくのは、まさにクライアント自身なのですから。

過去に関して好奇心を持ったり、背景について調べることで、現在の会話に役に立つパターンやテーマを探ることにつながることもあるでしょう。それは何が起こったかコーチの理解を深めるためではなく、クライアントが自分が何を大切にし、どのように意思決定するのか、そして、どのように我慢する傾向があるのか、内なる声がどう邪魔するのかということについて理解を深めるためなのです。こういった洞察は現在の状況に対して役に立ちます。

◆好奇心の筋肉を鍛える

傾聴や直感と同様に、好奇心もある種の才能と言えます。生まれながらにして好奇心の強い人はいます。そしてまた傾聴や直感と同様、訓練を積むことで高めることができます。

まず最初のステップは、自分の状態に気づくことです。そしてただ単純に好奇心を持つよう意識してみることです。私たちが何か質問をする時、あらかじめ答えを知っていなくてはならないと思っているため、答えを知らずに質問することなどとてもできないと感じてしまいます。しかしながら、コーチングにおいては、何でも知っている専門家のごとく、後で使うために情報を収集、分析、整理するための質問ではなく、単純に好奇心から湧き上がってくる質問をすることを学ばなければなりません。

コーチが心の中にすでに「正しい答え」を持って質問すると、クライアントはそれを察知します。その時、クライアントは２つの選択肢があると感じます。すなわち、コーチに抵抗してその答えを口に出さないか、それともコーチが求めるものを察知して答えるかのどちらかです。同様に、コーチが好奇心を持って質問すると、クライアントはすぐにそれを察知します。その時、クライアントは自分なりの答えを自分の中から見つけるよう質問されていると感じるのです。

好奇心を鍛えるためのコツは、質問する際に、「好奇心からお伺いしたいのですが……」という言い回しから始めてみることです。すると、コーチのクライアントに対する意識の持ち方が変わり、それと同時にクライアントの意識も変わり、答えを見つけ出すことに伴うリスクを低めるので、より楽に答えを探せるようになるでしょう。

そのような時、クライアントは「よくわからないのですが……」と前置きしながらも、自分なりの答えを話し出したりします。好奇心がある時、クライアントは楽しみながら答えを探すことができ、どのような答えが出てきてもその答えは自分自身のものなので、自分にとっては正しいんだという感覚があります。

しかし、だからといって、その答えに対してさらなる質問をしてはいけないというわけではありません。クライアントの出した答えは本人にとって正しいものであり、さらにコーチングを進めていくきっかけとなります。たとえば、クライアントに「営業の電話をする件はどうなりました？」と問いかけたところ、「毎日４本の電話をかけて、満足しています」という答えが返ってきたとします。そこで、コーチがさらに次のような質問をすることは可能です。「当初の計画では毎日８本でしたね。何か変化があったのですか？」

また、好奇心のもう１つの鍛え方としては、レベル３の傾聴を使って、クライアントのエネルギーの変化に気づくことです。たとえば、クライアントが何かに躊躇しているのを感じたら、そこに好奇心を向けるのです。もし怒りや抵抗を感じたら、それについて聞いてみましょう。クライアントの話のペースの変化、たとえば、元気になったり、冗談や笑いが増えたりといった変化に好奇心を向けてみてください。これらのことは、コーチが好奇心や直感を発揮するための手がかりとなるはずです。

◆好奇心の位置づけ

好奇心は、人に関わる職業に就いている人にとって、共通して大切な要素であると言えます。特に、コーチングでは、頭の中にある余計な情報を迂回して、本当に重要な情報にたどり着くために好奇心は欠かすことができません。単なるデータを集めるだけの問いを投げかけても、クライアントから出てくるのは、状況の分析だったり、理由や論拠、そして説明でしょう。

一方、好奇心から出た問いは、クライアントの意欲や感情に関わる、より深くて生々しい情報を引き出します。このようにして引き出された答えは、注意深く練り上げられたものではなく、整然とはしていないものの、その分、よりリアルである場合がほとんどです。

コーチは、最初に出会うところから好奇心をフルに発揮します。クライアントからすると、コーチが示す純粋な好奇心ほど、魅力を感じさせるものはないでしょう。たとえば、クライアントの価値観や何を大切にしているか、人生の中で何がうまくいっていて、何がうまくいっていないのかといったコーチの好奇心です。

もちろん、好奇心は継続的なコーチング・セッションにおいてもつねに必要ですし、コーチングの枠にとらわれないやり取りにおいても必要です。答えはクライアントの中にあるとコーチが信じながら探求していくことで新しい答えを引き出し、新しい領域の扉を開いていく手段が好奇心です。コーチは答えを持っている必要はなく、好奇心にあふれていることが仕事となります。

>>> 会話の例

コーチ：いつも運動をして体重を減らしたいと、あなたはずっとおっしゃっていますね。また先日もおっしゃっていましたが、実際には何もなさってないようですね。好奇心で伺うのですが、何があなたを止めているんですか？

クライアント：明らかに、時間がないのが大きな原因です。あなたもここ数ヶ月の私のスケジュールをご存知ですよね。

コーチ：あなたが忙しいことはよくわかっています。でも、一歩下がって、このことを考えてみましょう。もしかしたら、あなたにとってこのテーマはそれほど重要ではないんじゃないですか？

クライアント：つまり、それはたった今、これは気にする必要がないことで、もうジムには二度と行かないと決められるということですか？

コーチ：そう言った瞬間、元気になりましたね。何が起きたのでしょう？

クライアント：私はジムに行くのが嫌でたまらないんです。あの雰囲気も嫌いですし、つい他人と自分を比較してしまうのも嫌で……。

コーチ：では、あなたにとって、何が大事なんですか？

クライアント：健康は重要です。私の父親は太り過ぎで、身体の調子を崩しました。そして、わずか68歳で亡くなったんです。

コーチ：では、あなたが健康で体力がある状態を想像してみてください。それはどんな気分ですか？

クライアント：とてもいいですね。

コーチ：では、どうしたらそれが可能になるのでしょう？
クライアント：何だったらうまくいくかなぁ……。前に1回うまくいったことがあるのですが、誰か仲間を見つけて一緒に運動するのがいいと思います。
コーチ：それでは、どうやってそのような仲間を探しますか？
クライアント：きっとお昼の休憩時間であれば一緒に運動したいという人が会社にいると思います。会社の掲示板に貼り紙をしてみようと思います。

コーチング・スキル

これから紹介する2つのスキルは、ともに好奇心という資質を活かす上で、まさに理想的なスキルです。両方とも、クライアントが内にある答えを発見するのに役立つような、深く考えさせる、開かれた質問のいい例を示しています。

これらのスキルは好奇心の本質を強化するものです。それは、より多くの情報を収集することではありません。クライアントが頭だけでなく、心や魂、そして直感などを使って、見慣れた場所を別の眼で見ること、そしてこれまで見たことがない場所を眺めることにいざなうということです。

◆拡大質問（パワフル・クエスチョン）のスキル

好奇心は拡大質問（パワフル・クエスチョン）という形をとって表れます。コーチは話すのではなく質問するのがコーアクティブ・コーチングの基本ですが、その質問の中でも特に重要なのがこの拡大質問です。なぜ拡大質問が重要なのかは、何が質問を力強くするのかを理解するとわかります。誰かから質問された時、特にその質問が個人的なものであった場合、あなたはその質問の方向に向かって答えを探りに行くでしょう。

ここで、拡大質問をコンパスの針のようなものだと想像してみてください。それは、クライアントを特定の目的地へと連れていくのではなく、発見の可能性と謎に満ちあふれた方角へとクライアントを送り出します。

また、拡大質問は、クライアントの内省を促し、それまで考えもつかなかった解決策や、さらなる創造力や洞察力をクライアントにもたらします。それは、たいていクライアントの意識を内側に向けるか（たとえば、「あなたが本当に望んでいることは何ですか？」など）、もしくは未来へと向けます（たとえば、「半年先の自分を想像し、そこに立ってみてください。どんな姿が思い浮かびますか？」など）。このように、拡大質問に対する答えを探ることで、クライアントの可能性は広がり、未知なる世界が開けてくるのです。

拡大質問は前へと進んでいたクライアントをいったん立ち止まらせる効果があり、突然の静寂が訪れることがよくあります。そんな時はクライアントがじっくりと考えてから答えを出せるよう、時間を取ってあげてください。束の間の沈黙をまるで無意味な隙間であるかのように言葉で埋めたり、クライアントが質問を理解していないと考えたりしがちです。

実際には、その静かな空間の中にこそ、深い気づきや発見が満ちあふれています。ただ耳を傾け、待ちましょう。クライアントは、自分がすでに知っている事柄、あるいは考えたことのある事柄について話すことには慣れていますが、その反対に、未知なる領域に踏み入れるような、ハッとする力強い質問をされることには不慣れです。

コーチが拡大質問をしているかどうかは、クライアントがじっくりと深く考えて答えようとしているかどうかを見ればわかります。そして、実際、コーチング・セッション全体を拡大質問だけで行うことも可能です（巻末の「ツールキット」では、拡大質問の例を数多く紹介しています。ぜひ参照していただき、拡大質問の使い方についての感覚をつかんでください）。

>>> 会話の例

クライアント：今の仕事にあまりやりがいを感じないんです。

コーチ：「あまりやりがいを感じない」とは、どういう意味ですか？

クライアント：退屈だし、自分の仕事が役に立っているとは感じられないんですよ。

コーチ：まずは「退屈」というところについて見ていきましょう。それはあなたが求めているものではないですよね。あなたが求めているものは何なのですか？
クライアント：朝、目覚めた時、その日１日が楽しみだ、と感じたいですね。また、もっと創造的なことをしたいです。そんなエネルギーを持ち、仲間と協力していた頃が懐かしいです。
コーチ：他にはどうでしょう？
クライアント：自分の持っている力が活かされて、自分のやっている仕事に何か意味があると感じたいです。自分が何かに貢献しているという実感が欲しいのです。
コーチ：どうしたらそのような状態を今の仕事の中で創り出すことができますか？
クライアント：よくわかりませんが、これまでそんなことが可能だと考えたことすらなかったように思います。
コーチ：それでは試してみましょう。どんなことが可能なのでしょう？

拡大質問を使う：拡大質問のスキルは、最初の導入セッションから最後の完了セッションに至るまで、コーチングのありとあらゆる場面で使えるスキルです。拡大質問を最も効果的に使うためには、前章で紹介した「中断のスキル」を進んで使う必要があります。状況によっては、クライアントの話に間ができるのを待っているのではなく、素早く割り込む必要があります。

たとえば、あるクライアントが、いつものように、いかに自分の仕事量が多くて耐えられないか、不満を言ったとしましょう。これは不公平であり、十分なサポートがなく、誰も面倒を見てくれず、自分では何も変化させることができないと言っています。コーチであるあなたは、すぐにこの繰り返されるパターンがこれまでと同じ不平不満の非生産的なサイクルだと気づき、彼女が息をつくために話を中断した時、次のような問いを投げかけます。「何を我慢しているのですか？」もしくは、「この状況に居続けることで何を得ているのでしょう？」といった質問です。

拡大質問をするには、コーチはクライアントのために人一倍の好奇心と勇気を持たなければなりません。そして、答えるのが難しい、単刀直入な質問をしてもクライアントは対峙する力を持っていると信じる必要があります。

単純で無邪気な質問をする：拡大質問の中でも特に効果的なのは、ばかばかしいほど単純で無邪気な質問だったりします。ばかばかしいという言葉に違和感があれば、簡潔で深みのある質問と言い換えてもいいかもしれません。こういった質問はクライアントの防御網をかいくぐる効果があります。クライアントは、複雑な質問に対しては十分な備えをしています。説明したり、正当化するのは慣れているのです。しかし、単純で無邪気な質問はそんな防御網の霧を一気に吹き飛ばしてしまいます。

こんな状況を想像してください。クライアントは決心して前に進めていくことがどれだけ複雑なことなのか、いかにも筋の通った言い訳を用意しています。しかも、判断・考慮しなければならない、相互に絡み合う要因があること、そのことにまつわるたくさんの物語があります。さらには、協力の欠如や限られた資源、頻繁な人事異動などなど、話のネタは尽きることはありません。そんな話をしている最中に、あなたは一言、問いかけるのです。

「では、あなたはいったい何を求めているんですか？」

その瞬間、クライアントの言い訳は一気に吹き飛んでしまうことでしょう。ここで、クライアントの言い訳を論理的に解きほぐしたり、視点を広げたりするなど、何か別の方法も考えられるでしょうが、所詮は表面をなぞるくらいの効果しかないはずです。むしろ最も単純で無邪気に見える質問のほうが核心を突くことができるのです。

以下に、よく使われる「単純で無邪気な」質問を挙げてみます。

- 成功とはどんなふうに見える（感じられる）のですか？
- 次は何ですか？
- それはあなたにとってどういうふうに重要なのですか？
- 他には？
- 何を学びましたか？
- あなたは何をしますか？　それをいつしますか？

• あなたはどういう自分である必要がありますか？

答えが明らかなので、質問するのはあまりにばかばかしいと思うかもしれません。それでも、とにかく質問をしてみてください。きっとその結果に驚くはずです。たとえ、あなたの思った通りの答えが返ってきたとしても構いません。なぜなら、そもそも私たちが質問をするのは、コーチが答えを聴くためではなく、クライアントが自らの答えを聴き、そこから学べるようにするためだからです。単純で無邪気な質問をすることで、クライアントは真実や新たな発見、もしくは自分自身につき続けていた嘘に耳を傾けることができるでしょう。そういう意味で、拡大質問にはクライアントが学んだことを強く心に刻む効果があり、それによってまた前に進むことができるのです。

効果的ではない拡大質問とその例外：質問を力強いものにしたいのなら、単純で率直であればあるほどよいと言えます。ここまでに挙げた質問がいかに短かったのかがいい例です。英語では７単語以下、日本語では５文節以下を目指しましょう。込み入った複雑な質問をされると、クライアントは答える前に、まずその質問の核心部分を選び出さないといけないため、その過程で混乱してしまいます。拡大質問が効果的なのは、事の核心に切り込んでいくからです。

一方、「閉じられた質問」は狭いトンネルのような空間を創り出します。そのトンネルは、通常「はい」か「いいえ」、もしくは何らかの事実が得られたところであっけなく行き止まりになってしまいます。このような質問ではクライアントは十分に深い気づきが得られず、探求も中途半端なものになってしまいます。このような理由から、コーチングでは「閉じられた質問」を使わないことをお勧めしています。たとえば、次のような質問について考えてみてください。「冒険は、あなたにとって重要ですか？」。答えは「はい」「いいえ」「とても」「時には」などでしょう。これはまるで複数の選択肢から１つを選ぶ択一式問題です。では、次の質問と比べてみてください。「あなたの人生のどこで、もっと冒険が欲しいですか？」。これは、記述式問題と言えます。

また、この例は「はい」「いいえ」で答えられる質問が活用できる例外も示しています。コーチは時に明確にすることを意図した質問も投げます。前述の最初の質問では、コーチは冒険がクライアントの価値観なのかどうかを尋ねているわけです。このように、時にはコーチとクライアントが同じ場所に立っているかどうかを確認する必要があります。

「どうして」や「なぜ」から始まる質問も、クライアントの弁解や分析を招いてしまいがちなので、あまり効果的ではない質問の１つです。たとえば、「どうしてベルリンに引越しすることに決めたのですか？」といった質問です。「どうして」とか「なぜ」という質問は、意図していなくてもクライアントを防衛的にすることがあります。クライアントは自分の意見や決断を説明したり、正当化する必要性を感じるのです。もし先ほどのクライアントに対して、もっと力強い拡大質問を投げるとすれば、「あなたは何に進もうとしているのですか？」とか「ベルリンへの引越しへとあなたを駆り立てた価値観は何ですか？」などが考えられるでしょう。

ところで、ここで「効果的でない質問」を指摘しているのは、「閉じられた質問や『なぜ』から始まる質問をしてはいけない」とルールにしてほしいからではありません。あなたが投げかける質問がクライアントにどんな影響を与えるのかに、もっと注意を払ってほしいからです。たとえば、次のような「はい」「いいえ」で答えられる質問や「なぜ」から始まる質問は力強い質問になる可能性があります。

「分析をやめて、行動を起こす時期が来たのではないですか？」「あなたはなぜ彼に『はい』と言って、自分との約束を破るのですか？」。このように、適切な状況とそれに合ったトーンであれば、「はい」「いいえ」で答えられる質問や「なぜ」から始まる質問であっても、クライアントに劇的な効果をもたらし、決意を促すような問いとなり得るのです。

◆設問のスキル

設問も質問の一種であり、言葉としては拡大質問と同じと言えます。通常は宿題という形でセッションの最後に投げかけられますが、これはクライアントがコーチングの後も継続して内省・探求する時間を持つことを意図するものです。

たとえば、お金の問題について苦闘しているクライアントを想像してください。働く時間を増やすあまり、家族との時間が少なくなっています。でも、「いつかお金持ちになる」という小さい頃に心に決めたことから逃れられません。そこであなたは、次のような設問を投げかけます。「あなたにとってお金持ちになるとはどういうことなのでしょうか？」。また、部下とのコーチング的会話の中で、キャリアパスをテーマに取り上げているマネージャーであれば、「あなたにとって、リーダーシップとはどんな意味があるのですか？」といった設問が考えられるでしょう。

設問は、セッションの中で話したこととまったく関わりがなくても構いません。なぜなら、質問が思いもよらないところから飛んでくることで、思いがけない核心を突く結果を生み出すことがあるからです。たとえば、コーチング・セッションの最後に「あなたはいつもどのような気分でいますか？」という設問を投げかけたとします。そして、翌週、いつもの気分を探求することで学んだことについてクライアントと話をした後、再び次のような設問を投げかけてみるのです。「その気分はあなたにどんな影響を与え、あなたにどう役立っていますか？」

設問は、クライアントが自らを深く探ったり省みたりするのを促す目的で使われる質問です。拡大質問と同様、設問においても正しい答えというのはありません。それは、正解のある質問ではないのです。設問が設問であるゆえんは、その探求の広がりと深さ、そして、数日、１週間、さらにはもっと多くの時間をかけて熟考することができるという点にあります。

人はすべての質問には正解があるべきだと、つい考えてしまいがちなので、クライアントに対して設問にはとにかく好奇心を持って取り組むことだと強調しておくといいでしょう。設問は時が経つ中で、より深い理解へ、問題に対する新しい視点へ、そしてより多くの行動の可能性へと導くことができるのです。

以下に、設問の例をいくつか挙げます。

- 奥深くにある願いは何でしょうか？
- あなたがここで本当にすることは何ですか？

- あなたは何に抵抗していますか？
- 触発されるとは、どういうことですか？

クライアントが日常生活でも設問を意識することを助けるため、コーチが何らかの行動を設問に付け加えても構いません。たとえば、スクリーンセーバーに設問をのせたり、設問の中の言葉を１週間か２週間、ログイン・パスワードとしてもいいでしょう。他の仕組みとしては、その設問について感じたことや気づいたことを日記に書いたり、絵に描いてみたり、友人に話したり、散歩をしながら考える、などが考えられます。また、ここに次章で取り上げる自走化のスキルを組み込んで、設問について感じたことや気づいたことを次回のセッションまでに電話や電子メールでコーチに報告してもらうのもいいでしょう。

このように、設問は、クライアントがコーチングをセッションの外でも継続し、クライアントの日常生活に統合するためにとても役に立つスキルと言えます（設問のさらなる例は巻末の「ツールキット」を参照)。

>>> 会話の例

コーチ：前回のセッションの終わりに、様々なレベルからいろいろな答えが考えられる設問を投げかけましたね。

クライアント：そうです。「あなたはどこで自分自身を諦めてしまいますか？」でした。

コーチ：どうでしたか？

クライアント：最初は何も浮かびませんでした。でも、考えているうちに自分のスケジュールに関して何か諦めている部分があることに気づきました。いろんな人たちが私のスケジュールにどんどん予定を入れてしまうため、いつも十分な時間がないような感じがするのです。

コーチ：自分の時間を他人に明け渡している、という意味で自分自身を諦めているように感じているのですね？　自分の時間を他人に明け渡すというのは、どんな感じですか？

クライアント：私は「スケジュールが一杯だから何もできない」と口癖のように言っていることに気づきました。でも、これって自分のスケジュールなんですよね。だから、どんな予定を入れるのかは自分で決められるはずだということに今さらながら気づいて、実践し始めました。

コーチ：それ以外に、どこであなたは自分自身を諦めていますか？

クライアント：妻との関係ですね。彼女が私に対して怒っている時、私はただ黙り込んでしまうか、その場を立ち去るか、あるいは降参しています。少しずつ自分の立場も主張できるようになってきましたが、これは昔から繰り返している古いパターンなんです。

コーチ：この設問に関して、他に気づいたことはありますか？

クライアント：ええ、とにかくひたすら考えました。そうしたら、周りの人たちが自分の力を諦めている場面に気づきました。

コーチ：それはどこでしたか？

クライアント：先週の会議のことです。事業部長が見通しを確認するために出席していたんですが、出席者の何人かはまるで校長先生の前で萎縮している子供のようでした。自信や威厳はすっかり影を潜めていました。これにはびっくりしましたね。

コーチ：あなた自身もそうだったのですか？

クライアント：認めたくはありませんが、そうだったと思います。自分が思っていた以上でした。

コーチ：まだありますか？

クライアント：いいえ、十分だと思います。ありがとうございます。

コーチ：では、次の１週間で考えてもらいたい設問があります。「あなたが妥協しない立場をとるのはどこですか？」

好奇心を持つことの力

好奇心を持つことによって、コーチはクライアントの様々な面を知ることができます。あなたは何かを知ると、そのことに好奇心を持ちます。それがさらなる好奇心につながり、それは続いていきます。今度はクライアントも内面に向かい、あなたの好奇心に応えます。自らの答えを探し、内なる世界を探求します。何が自分を動かし、かきたてるのか、何が自分を止めるのかということを理解しようと試みるのです。

こうしてコーチがクライアントの内なる仕組みに詳しくなっていくと、やがてコーチがクライアントの声となり、クライアント自身が問うべき質問をコーチが投げかけるようになるでしょう。というのも、コーチは、クライアントのように、自分を邪魔する声にとらわれません。そしてこれまでの経緯、周囲の意見、そして愛する人の気持ちといったことに気を取られないので、こうした問いを単刀直入に投げかけることができます。

このように、好奇心から発せられた設問はクライアントの心深くに入り込み、拡大質問はより効果的になります。そして、この過程で、クライアントは自身に対する好奇心を発揮するようになり、評価判断しないでただただ内なる世界を探求する喜びや楽しさに気づき、コーチングの能力を身につけていきます。

演習

1．好奇心

喫茶店で30分ほど過ごし、周りにいるすべての人に対して好奇心を向けてみましょう。まずは誰とも話さず、ただ好奇心のおもむくままに、次の問いを自分に問いかけてみてください。

「この人たちはいったいどんな夢を持っているのだろう？」「人生でバランスがとれていないところはどんなところだろう？」「どんな価値観を持っているのだろう？」「どんなことで笑い、どんなことで悲しむのだろう？」「どんなことに限界を感じているのだろう？」「今、心の中でもっとも欲していることは何だろう？」「今日はどんな１日を過ごしているんだろう？」「どんなことがこの人たちを力づけるんだろう？」「一緒にいる人のどこが好きなんだろう？」

30分経ったら、その中の１人に対して、少し時間を割いてもらえるよう依頼し、実際に好奇心からくる質問をしてみましょう。そして、その時、相手がどのように反応するか意識を向けてみてください。

あなたが好奇心にあふれていると、この人はどんなふうに応えてくれるでしょうか？　そしてこの会話で自分がどんな役割を行っているのか、考えてみてください。また、レベル1、2、3でそれぞれ何が起きているのか感じてみてください。さらに、相手と話し終わった後、自分の好奇心に対して好奇心を向けてみましょう。好奇心を持つということについて何を学んだのか？　好奇心を持つ上で簡単だったこと、あるいは難しかったことは何か？　どうすればもっと好奇心を持てるか？　そして、好奇心を持つことによって何が得られるのか？

2. 拡大質問のスキル

拡大質問の威力を体験するための最も単純で、チャレンジングな方法を試してみましょう。それはある人と10分間話し、その間、拡大質問しかしないというものです。つまり、意見を述べたり、アドバイスしたり、自分の話を持ち出したり、要約したり、結論づけたりといったことを一切しません。あなたの仕事は拡大質問を投げかけるだけです（巻末の「ツールキット」にある拡大質問の例を参照）。10分経ったら、相手からフィードバックをもらいましょう。拡大質問だけをひたすら投げかけられるのはどうだったか？　また、逆に拡大質問しか使えないというのは自分にとってどのような体験だったのかを相手に伝えてください。あなたにとって何が助けになり、何が難しかったのでしょう？

3. 設問のスキル

設問とは、ある一定期間、通常は1週間かそれ以上かけて、クライアントが自分の人生において大事なことを探求できるよう投げかけられる「開かれた」拡大質問のことです。この練習をするに当たっては、まず巻末の「ツールキット」にある設問の例に目を通すことから始めましょう。次に、第3章の最後で取り上げた俯瞰のスキルの演習であなたが挙げた友人や知人10人のことを、ここでもう1度思い出してみてください。そして、それぞれの人について俯瞰したことやその人に関して知っていることにもとづき、1人ひとりに対する設問を考えてみましょう。

第6章

行動と学習

Forward and Deepen

「行動」は最も目に見えるコーチングの成果であり、クライアントがコーチングにやってくる最大の理由でもあります。クライアントは変化を求め、結果を求めます。彼らは前に進みたいのです。また、一口に「行動」と言っても、クライアントによって意味するものはかなり異なります。ある人にとって、それは特定の目標を達成することや業績を上げることを意味するかもしれません。また、ある人にとって、それは日々の生活に何か新しいものを取り入れたり、しっかりと習慣化することを意味するかもしれません。さらに、人によっては自分自身と深く向き合うということだったりもします。たとえクライアントがどのように定義したとしても、行動はコーチングにおける重要な焦点です。

コーアクティブ・コーチングにおいて、行動と並んで重要であり、かつ行動と補完関係にあるもう1つの成果が「学習」です。クライアントがコーチングを通して学んだことは、自らが焦点を当てている分野において、よりよい選択をし、最終的にはより高い力量を身につける糧となります。実際、行動と学習を相互に繰り返すことが、クライアントの人生に効果的かつ持続的な変化を呼び起こします。すなわち、クライアントは行動を起こすことから学び、そこで学んだことをもとにさらなる行動を起こす、という一連の循環が続いていくわけです。

コーチングはこの循環するプロセスを作り出すのに理想的な仕組みです。なぜなら、コーチングの関係は継続的であり、また、行動と学習という密接に関係し合う2つの要素に焦点を当てるようにデザインされているからです。あらゆるコーチング・スキルは、すべてクライアントの行動を進め、学習を深めるために使われます。

ちなみに、「行動を進め、学習を深める」と言った時、クライアントの立場から見れば、「行動」および「学習」に力点がありますが、逆にコーチの立場から見れば、「進める」および「深める」に力点があります。つまり、行動と学習はクライアントが経験することであり、コーチの役割はそれらを進め、深めることなのです。

硬貨を想像してください。1つの面には、クライアントの顔があり、刻まれている言葉はクライアントの焦点、すなわち「行動を起こす」と「その行動から学ぶ」です。硬貨の逆の面には、コーチ、もしくはコーチの役割にあるリーダーの顔があります。そこには、コーチの役割を示す言葉、「行動を進め、学習を深める」が刻まれています。それぞれの側面の焦点は別々ですが、共通の接点があります。それらは同じものの2つの側面であり、共通の目的を持った関係なのです。

この協働的なパートナーシップがもたらす影響を、通常のコーチングにおけるコーチとクライアントの関係で見てみましょう。ここではコーチはクライアントがある結果を達成するのをサポートする触媒です。それぞれの役割ははっきりと異なります。そして、クライアントの主題のために意図的な協働関係を築いています。

一方、チームリーダーがメンバーとの関わりにコーチング的な会話を取り入れた場合では、協働関係はそんなにはっきりとはしていません。しかし、それには価値があり、その影響が持続する可能性があります。リーダーはこのアプローチを取り入れることで、結果（行動）と成長（学習）の両方に焦点を当てるマインドセットを得ます。

結果と成長に焦点を当てるのはそもそもリーダーの役割であり、リーダーシップには行動と学習両方のレンズから物事を見ることが必須なのです。そうすると、すべての取り組みや生じてくる問題は、チームメンバーが行動を起こし、そのプロセスの中で学習する機会となります。同時に、リーダーにとって、リーダーシップの視野を広げる経験となります。

行動を進めることと学習を深めることに等しい価値が置かれている時、クライアント/メンバーは強みを伸ばし、より価値ある貢献者となります。そしてまた、作り出す結果と自らの学習の両方に責任を持つことを学びます。リーダーが行動と学習の両方に意識を持ち実践することで、リーダーシップの能力に磨きをかけ、組織はより関わりの濃い、効果的な文化となり、その恩恵を受けることになります。

コーアクティブ・モデルが持つ協働的な性質は、行動と学習をサポートする理想的な構造を提供します。また、コーチングの関係、仕事の関係を創り出し、花開かせます。そこにはこのモデルに欠かせない４つの属性が存在しています。４つの属性とは「ありのまま」「つながり」「生き生き感」「思い切り」です。

ありのまま

ロッククライミングで、ロープを固定する道具をアンカーと呼びます。アンカーは岩壁の割れ目や穴などに一時的に固定され、後で取り外すことができる非常によくできた道具です。アンカーは、万が一クライマーが落下した場合でも、その人の全体重を支えられるように設計されています。コーチは、まさにこのアンカーのような存在だと言えるでしょう。つまり、アンカーとなるコーチが存在することで、クライアントは安心して人生という山を登るために必要な危険を冒すことができるのです。クライアントがこのアンカーに頼ることができること、そして、そのアンカーが揺るがず、しっかりとした存在であり、何があっても必ず支えてくれるという信頼感が重要です。

人間に置き換えれば、コーチが自分らしく、ありのままの姿でいるのが必須であることを意味します。それによって、クライアントはコーチの率直さと誠実さを感じることができます。コーチは、リスクを取るとはどういうものなのか、ありのままで正直でいることはどんな意味があるのか、クライアントのモデルとなるのです。

コーチが、いかにも「プロのコーチ」らしく振る舞うのではなく、ありのままの自分でいる時、より深い信頼関係を創り出し、クライアントはその人生においてより大きなチャレンジに立ち向かう勇気を得るのです。クライアントがコーチングの関係に100％身を任せることが本当に必要になった時、彼らは見せかけではない、正真正銘のアンカーに身を任せたいと思うでしょう。

リーダーとマネージャーにとって、「ありのまま」は信頼を築くカギとなります。急速な変化と不確実性に象徴される現代において、人々にとって重要なのは、自分たちが頼りにできるものは何か、そしてそれは誰なのかということです。リーダーがありのままでいることは、効果的な協働を可能とする頼りになる土台になるのです。

「ありのまま」というのは、実際、様々な形で現れます。たとえば、あなたが誰かと一緒にいる時に自然とにじみ出る個性もその１つです。もし、ユーモアや奇抜さがあなたならではの個性だとしたならば、ぜひそれらをコーチングやリーダーシップに活かしてください。

コーチはつねに真面目でなければならないと思ってしまうかもしれません。確かにコーチングは真剣なものです。大変な状況を真摯に受け止め、プロとして振る舞うことは重要です。しかし、たとえそうであったとしても、明るく関わる余地は十分にあります。ユーモアは、それが絶妙のタイミングで使われれば、雰囲気を明るくし、クライアントを前に進める原動力ともなるでしょう。

つながり

仮にコーチとクライアントのつながりの強さを測る装置があったらどうでしょう。たとえて言えば、携帯電話で電波の強さを示すアンテナ表示のようなものです。この電波のように、目には見えないつながりが存在し、電波の力が強く、コミュニケーションが非常に緊密な時もあれば、互いに話はしていてもアンテナ表示が「非接続」となっている時もあるでしょう。

コーチの役割の１つは、クライアントと可能な限り強いつながりを築き、そのつながり具合を確認し、維持することです。特に、クライアントがその仕事や人生において新しく、未知なる領域へと踏み込もうとする時ほど、強いつながりが重要となります。コーアクティブ・モデルでは、このつながりをレベル２の気づき・つながりと呼びます。そして、このつながりを維持するべく、コーチはレベル３の傾聴によって、電波の強さを確認し、必要があれば調整するわけです。

コーチングをしていると、コーチがあえてリスクを取り、クライアントに対して挑戦したり、耳が痛い真実を率直に伝えたりする場面があります。このような時、もしもお互いのつながりが強ければ、信頼と関係の中で、そのような関わりが実を結ぶ可能性も大きくなります。

生き生き感

コーチングにはDoingとBeingがあるとよく言われます。コーチングのDoing、すなわち「何をするか」はコーチが使うスキルや方法論を指します。一方、コーチングのBeingとは「どうあるか」を指し、コーチングが行われる環境に影響を与えます。

なお、ここで「環境」と言うのは、必ずしも物理的な環境を指しているわけではありません。物理的な環境もコーチングにおいて重要な役割を果たしますが、ここでいう「環境」とはコーチとクライアントの間にある空気感や雰囲気を指しています。それはとても「生き生き」と感じられるものです。

コーチングのセッション中、コーチであるあなたの感覚は研ぎ澄まされ、同様にあなたのクライアントの感度も極めて高くなっているのを感じることでしょう。その場の感情的な雰囲気は、悲しみや怒り、興奮や穏やかさをはじめ、様々なもので満たされている可能性があります。

ちなみに、「生き生き感」とは、必ずしも元気で喜びにあふれた状態を指すわけではありません。それはありうる「生き生き感」のうちの１つに過ぎません。この「生き生き感」の対極にあるものを言葉で表すなら、「死んだような」「停滞している」「よそよそしい」「淡々とした」といったものが挙げられるでしょう。

「生き生き感」はとてもドラマチックな時もあれば、とても静かな時もあることを覚えておいてください。本当に素晴らしい音楽では、音の鳴っていない静寂が、信じられないほどの「生き生き感」をもたらしています。それは「強烈」でさえあります。なぜなら、それがドラマチックな音の動きと対照となり、引き立つからです。

コーチとしては、ついコーチングの会話は上品かつ滑らかで、さらには気が利いたものでなければならないと考えてしまいがちです。もちろん、そうあっても構わないのですが、そのために生き生き感を犠牲にしてはなりません。あなたにもおそらく経験があると思いますが、たとえ会話の内容自体は大変居心地の悪いものであったとしても、その会話の場は非常に生き生きとしているということがあります。クライアントが居心地のいい場所から飛び出すためには、コーチングがとても生き生きとし、同時にとても居心地が悪い状況も必要なのです。

思い切り

居心地が悪いということにつなげて話をすると、あなたはコーチとして、クライアントが本当に望むことを手にするために、どれくらい思い切った関わりをする覚悟がありますか？　クライアントのためにどれほど勇気を奮い起こす意思があるのでしょうか？

コーチが勇気を奮い起こす姿は、クライアントにとってよい模範となり、鑑となります。コーチがクライアントの成功に向けて本人と同じか、時にはそれ以上の決意や勇気を持って臨めば、それは間違いなくクライアントを奮い立たせるはずです。クライアントが思わず音を上げたくなったまさにその時、コーチであるあなたが勇気を持って彼らを恐れや諦めから呼び起こす必要があるでしょう。

それは、クライアントを評価したり、叱ったり、辱めたりすることとは異なります。むしろ、クライアントの自己制限的な声に耳を貸すことなく、クライアントの中に潜む勇気ある部分に対して強く呼びかけることを意味します。これは決してコーチのエゴを満たすためではなく、クライアントの人生と成長に奉仕するために行うのです。

これはまた、何も恐れないという決意、すなわち、好かれたり、承認されることよりも、クライアントの願いを大事にする決意です。これは時に大きなリスクを取ることにつながるかもしれません。クライアントの非難や怒りを買ったり、場合によっては解雇されたりといったリスクです。このように、コーチングにおける「思い切り」とは、クライアントとともに行けるところまでとことん行くというコーチの決意なのです。

コーチングのハンドルを握る

コーチの役割は、クライアントの行動を進め、そして学習を深めることにあります。コーチングのセッション中、コーチは様々な選択をします。たとえば、どのスキルを使うか、クライアントのフルフィルメント、バランス、プロセスに向けて、どの方向で進めるかなどを選択するわけです。コーチングでどんな主題に焦点を当てるかはクライアントが選択しますが、時間を管理し、ツールを選択し、セッションを組み立てるのは、あくまでコーチの役割なのです。

クライアントは自分の行動と学習に責任を持ちます。そして行動と学習の多くは、コーチング・セッションの最中ではなく、セッションとセッションの間で起こります。コーチングが最高にうまくいった時、コーチとクライアントのやり取りはあたかもダンスを踊っているように感じられることがあります。ペースを上げたり、下げたり、動きにも幅があり、前に出たり、下がったりしながらともに踊るのです。そして、ダンス全体としては時にうまくいっているようにスムーズに見えたり、つながりがなく、ぎこちなく見えたりといったこともあります。

コーアクティブ・モデルでは、答えはクライアントが持っていて、コーチはそれにこだわらないことを強調しています。そして、主題に対して責任を持つのはクライアントであることも強調しています。しかし、行動を進め、学習を深める責任はコーチが第一に負っており、これがコーチがコーチングの「ハンドルを握る」ということを意味しています。コーチが責任を持つのは具体的な成果ではなく、プロセスに対してなのです。

クライアントはコーチがコーチングのハンドルを握ってくれていることを期待し、頼りにしています。したがって、コーチであるあなたは、クライアントが出した答えと「ダンス」しながら、彼らが前に進み、深められるよう、コーチングを新たな方向に展開していきます。コーチは、クライアントが動いていくためにハンドルを握るのです。

クライアントは目的を持って行動します。その目的はクライアントにとって重要なものです。コーチはクライアントが自ら選んだ道に沿って動き続けられるよう、コーチの専門性を駆使していきます。もしもコーチがコーチングのハンドルを握っていなければ、コーチングはまさに漂流し、その日の主題への関わりも日和見的なものに過ぎなくなってしまうでしょう。

クライアントは、理由があってコーチングにやってきています。自分にとって重要な人生の領域でのサポートや変化を求めて来るのです。したがって、コーチにはこのかけがえのない機会とその決意を最大限に生かすために、コーチングのハンドルを握っていく責任があるのです。組織において行われる場合、たとえば、迫ってきた締め切りについてのコーチング的な会話は、人生に変化を起こすように感じられないかもしれません。しかし、実際にはこういった会話が、最も重要である人生の質を向上させることに役立ち、関わる人の可能性を開く糸口になるのです。

コーチングにおける自走化

コーチングをよく表している特徴の１つに、クライアントの自走化を創り出すということが挙げられます。具体的には、行動を確認し、学びについて報告する仕組みを創るのです。コーアクティブ・アプローチにおける自走化とは、簡単に言うとクライアントが自分の行動と学習について責任を持ち、説明をすることです。そこには評価判断、非難、もしくは叱責もありません。クライアントは自分が決意したことについて説明を行います。結果はどうだったか？　何がうまくいって、何がうまくいかなかったのか？　もう１度やるとしたら、どのようにやるのか？　ということについて説明するのです。

自走化はクライアントが計画し、行動すると決意したことに意識を持ち続けることにつながります。また、行ったり、行わなかった行動から何を学んだかということに意識を保つことにつながります。このことによって、コーチングに継続性や一貫性をもたらすことができます。コーチは、クライアントが説明する責任を持てるようサポートします。つまりクライアントが実行したかをチェックしたり、また、どれだけうまく実行したかを測るのではなく、クライアントが起こしたい変化を起こすように力づけるのです。その過程で、コーチはクライアントの達成を祝福したり、出くわした障害を掘り下げることもします。自走化というコーチングの土台を支える構造によって会話は自然と進み続けるようになります。

クライアントがやろうとしていることがかなり具体的なものであれ、主観的で抽象度の高いものであれ、クライアントが何に取り組むのかについてコーチとクライアントがお互いに理解しておくことが重要です。クライアントの決意を明確にする基本的な質問は、単純で明確なものです。

「あなたは何をやりますか？」

「あなたはそれをいつ（までに）やりますか？」（継続的に行うようなことであれば、「どのようなスケジュールでやりますか？」と尋ねます）

「その結果を私はどのようにして知ることができますか？」（継続的に行うようなことであれば、クライアントがその進捗をどのように記録し、どのように報告するかを尋ねます）

仮に、計測が難しい抽象的な目標であったとしても、具体的な確認をすることは可能です。たとえば、クライアントが創造性という価値観に焦点を当てたいと考えていて、もっと決断力のあるマネージャーになりたいとしましょう。その場合の確認は、「創造性は私の人生に何をもたらすのか？」や「決断力のあるマネージャーの特徴は何ですか？」といった設問に対して毎日ノートに書くという形をとるかもしれません。

また、違うやり方としては毎日の終わりに次のような文に答える形でレポートにまとめるというのもいいでしょう。「今日、私が創造性を発揮した時は……」「今日、私が決断力を発揮した時は……」あるいは「今日、私が決断力を発揮できなかった時は……」。このように１日の終わりに振り返ったり、その作業を通じて発見したことを毎日メールでコーチであるあなたに送ってもらうというのもいいかもしれません。

失敗を祝福する

「失敗」と「祝福」という２つの言葉を組み合わせて使うのは、ちょっと奇妙に思われるかもしれません。しかし、これはコーチングにおいて、もっとも重要な考え方の１つだと言えます。失敗を恐れる気持ちは、壮大な計画や素晴らしい考えの多くを容赦なく闇に葬り去ってしまいます。クライアントの前に立ちはだかり、その足を止めてしまう最大の障害は、知識やスキルの不足、あるいは明確な戦略や行動計画の欠如よりも、失敗を恐れる気持ちなのです。

私たちの多くは幼い頃から、失敗とはよくないものであり、さらには恥ずべきものであると教わってきました。そして、私たちは失敗を隠したり、失敗の言い訳をしたり、まるで失敗などなかったかのように無視したりすることを覚えるのです。さらに、それよりも恐ろしいことは、私たちがリスクを取ろうとしなくなることです。失敗する可能性さえも避けるべく、より注意深く慎重に生きるようになってしまうのです。そして、ほぼ成功が約束されている行動だけを選び始めます。そうするうちに、私たちの選択肢は限られたものになり、人生という舞台の大きさはどんどん狭くなってしまいます。しかし、いつまでもこのように生きる必要はありません。

失敗は学習するための一番の近道です。よちよち歩きの幼児を思い浮かべてみてください。彼らは夜遅くまで「歩き方マニュアル」を読んで、その手順を学んだりはしません。尻もちをつき、倒れ、ハイハイし、また立ち上がり、また尻もちをつき、ハイハイし、と繰り返します。たとえ目の前に段差があり、成功するよりも失敗する確率のほうが高かったとしても、だからといって幼児の挑戦への意欲がくじけることは決してありません。クライアントが自分の人生を自分の足で歩き、走ることができるようになるためには、リスクを取り、幼児と同様、自ら倒れたり、尻もちをついてはまた立ち上がり、その体験から学ぶ必要があります。ここで鍵を握っているのは「学習」です。ある行動が失敗に終わったり、そもそも行動できなかったりした場合でも、それは豊かな学びの機会なのです。コーチがクライアントとともに失敗を祝福し、探求するのは、こうした学びの機会が得られるからなのです。

行動は学習につながりますが、その過程では、クライアントは失敗を経験することが必要になるかもしれません。そこで、コーチングで失敗の体験に関わる際に意識をしておくべき重要な区別があります。それは、何かに失敗することと、失敗者であることの区別です。人はもともと創造力や才知にあふれ、欠けるところのない存在です。たとえ失敗することはあっても、失敗者ではないのです。

実際、クライアントが人生で大きな変化を起こすためには、自らの能力や力量の限界に挑む必要があります。そして、時には限界を超えて失敗することもあれば、逆に挑戦が足りずに機会を失うという失敗をすることもあるでしょう。失敗か成功かにかかわらず、つねに目指すのは体験から何を学んだかということです。ゆえに失敗に価値があるのです。クライアントがリスクを取って失敗するということは、それだけの勇気と決意を持ってチャレンジしたということでもあるので、クライアントは称えられるべきなのです。うまくいった体験からよりも、むしろうまくいかなかった体験からクライアントは多くを学ぶものです。コーチが積極的に「失敗を祝福」できるのは、こうした理由があるからです。

同時に、「失敗を祝福する」と言っても、それは失敗に伴う落胆の感情を無視して通り過ぎるということではありません。クライアントがそこにある学びを掘り下げられるようになるには、失敗の痛みが和らぐための時間が必要かもしれません。要するに、ここで「失敗を祝福する」と言っているのは、クライアントの体験に対して敬意を払い、価値あるものとして賞賛することを意味しています。自ら進んで失敗する可能性に飛び込む人はそれほど多くはありません。ゆえに失敗した時には、十分に祝福するに価するのです。

クライアントの本来の姿を呼び覚ます

コーチというのは、人の役に立ちたいという願いをもともと持っている人たちです。もちろん、コーチとして力を発揮し、成功したり世間から評価されたいという気持ちもあるでしょうが、心の奥底には人の役に立ちたいという強い想いを抱いているはずです。これは、プロのコーチだけでなく、コーチ的な役割を担っている人たちにも共通するでしょう。したがって、クライアントの問題解決を助ける機会に飛びついてしまうのも不思議ではありません。問題を発見し、それを解決して、綺麗さっぱりとなくすのは、役に立つためのわかりやすい方法です。メンバーに対する「コーチ的な関わり」を身につけようとしている企業の経営者や管理職によく見られるのは、コーチングとは従来の問題解決手法を優しく、柔らかくした婉曲的なものであると混同してしまうことです。これまでの問題解決的な習慣や期待があるのですから、この誤解は無理もありません。ただ、残念ながら、こういった姿勢では、コーチやコーチ的な役割を担っているマネージャーは、問題や課題の理解にあまりにも焦点が当たり、その注意はクライアント本人から離れ、問題にシフトしてしまいます。長い目で見れば、クライアントやメンバーが自分なりの方法を見つけ、自ら選択し、困難な問題を解決し、その努力から学ぶことを助けるほうが、コーチやマネージャーにとって役に立つはずです。

そうすることで、問題ではなく目の前にいるその人そのものに再び焦点を当て直すことができます。コーチあるいはコーチ的な役割を担っているマネージャーとして私たちが覚えておかなければならないのは、自らの役割が単に問題を解決することではなく、クライアントやメンバーが仕事や人生において、もっと才知にあふれ、能力を発揮するようになることです。

私たちの仕事は、クライアントの内に秘めた力や可能性を見出し、呼び覚ますことです。コーチはクライアントに対して日々の課題に関する行動を進め、学習を深めるよう関わります。そして、クライアントがより大きな、そしてより喜びに満ちた人生を生きる満足感・恩恵を経験できるようにします。これこそが本当の意味で役に立つということになります。

コーチとしてクライアントの本来の姿を呼び覚ますためには、まずコーチである自分自身を呼び覚ます必要があります。というのも、本気を出さず、失敗しないようにうまくやり過ごそうとして、クライアントに多くを望まなかったとしたら、それは、暗黙のうちに信頼を裏切ることになります。

コーチであるからにはクライアントの本来持っている力を発揮できるよう、勇気を出して声を上げたり、挑戦する、さらには強く要求する姿勢が求められます。コーチは必要とあらば、いつでも人々の内にある最高のものを呼び覚ませるよう、自分自身を呼び覚ましておく必要があるのです。

コーチング・スキル

以下に挙げたスキルは、それぞれクライアントの行動を進め、学習を深めるのに特に役立つスキルです。その特徴を見ると、協調的で柔らかいものから断定的で力強いものまで多岐にわたっています。優れたコーチは、たとえば、どのような時にブレインストーミングのスキルを使って創造性に働きかけ、どのような時に挑戦のスキルを使ってクライアントに火をつけるべきかを心得ています。

◆目標設定のスキル

人は具体的な目標がないと、たくさんのよいアイデアの間をまるで風に揺れる木の葉のごとく行ったり来たりしながら、結局どこへ行き着くこともなく終わりがちです。目標設定をすることで、クライアントは自分が進むべき方向性を明確にし、さらにそれを具体化するための行動計画を立てることが可能になります。もちろん、目標自体は時が経つにつれて自然と変化していきますが、最初の一歩を踏み出すためにはまず何らかの目標を掲げ、それに照準を定めることが必要となります。

目標設定には大きく分けると２つの種類があります。１つは「期限付きの目標」。そして、もう１つは「継続的な目標」です。期限付きの目標とは、たとえば「12月31日までに６つのプロジェクトを完了する」とか「今後６ヶ月間は毎月１つのプロジェクトを完了する」といったものです。一方、継続的な目標とは、たとえば「新しいプロジェクトに月曜から木曜までの毎日３時間取り組む」といったものです。

ここでコーチが果たし得る役割の１つは、クライアントが漠然と頭に描いていることを具体的な目標に落とし込むのをサポートすることです。この際、クライアントによっては、目標をさらに細分化して取り組みやすくすることで突破口が開けることがあります。そうすることで、まるで大陸を１つ横断しなければならないかのように感じていたクライアントが、たくさんの小旅行に出かけるような軽い気分で取り組めるようになります。

こうして、クライアントが小さなステップを積み重ねられるよう支援することが、ひいては大きな変化へとつながっていきます。よい目標とは、具体的かつ測定可能で、その結果を何らかの形で記録し、評価することができるという特徴があります。また、仮にそれが定性的な目標であったとしても、なるべく具体的な行動につながるように置き換えることが重要です。

たとえば、「アラスカへの引越しを検討する」という目標を掲げるクライアントであれば、「アラスカに関する本を買う」とか「アラスカに住んでいる人に話を聞く」といった目標に置き換えることで具体的な行動が見えてきます。そして、これらを具体的なスケジュールに落とし込むことができれば、クライアントが行動を起こす可能性はさらに高まるはずです。

目標設定はあまりにも明白かつ基本的であるがゆえに、コーチとしてはかえってそれを当たり前のものとして軽んじてしまいがちです。しかし、その価値と重要性を過小評価すべきではありません。コーチであるあなたは、クライアントにもっとも合ったやり方をつねに模索しつつ、どのように目標設定を行うかについてクライアントと話し合い、しっかりと合意しておくことが大切です。

>>> 会話の例

コーチングは、クライアントが行動を起こし、行動し続け、それを通して学習を深めるための効果的な仕組みです。しかし、時にクライアントがもっとも必要としている行動が「何もしないこと」である場合もあります。

コーチ：電子メールを受け取りました。計画通り、水曜日の午後にお休みを取ったようですね。やってみてどうでしたか？

クライアント：なんだか変な感じでした。

コーチ：午後いっぱい、ずっとそんな感じだったのですか？

クライアント：はい。つい電話をチェックしそうになりました。まさに自動的な習慣です。しかし、その自動的な衝動を感じることができました。

コーチ：そのことから何を学びましたか？

クライアント：1つ目は、この習慣は気がつかないぐらい意識の深いところで起きているということ。２つ目は、私が４時間くらいいなくなったところで、世界はびくともしないということです。

コーチ：それは役に立つ気づきですね。他にはどうですか？

クライアント：私が採用した人たちは、皆、優秀で信頼できる人たちだということにも気づきました。

コーチ：というと？

クライアント：優秀な社員を細々したところまで管理するのは、むしろ彼らをイライラさせるということです。しかも、こうした管理には意外と時間がかかり、本来であれば会社を新しい分野へ導くために使えたはずの時間を費やしてしまっていたことに気づきました。たぶん、自分がやらねばと思っていることをいくつか手放す必要があるんでしょうね。あと、自分には元気を取り戻すための充電期間が必要だということも気づきました。さもないと、私はいずれ炎のように燃え尽きてしまうでしょう。

コーチ：だとしたら、次のステップは何でしょう？

クライアント：目標を上げるということですか？

コーチ：そうです。今回、あなたがやったことはほんの試食程度だったと思います。次はどこまでやってみたいですか？

クライアント：自分が本当は何をしたいのかは実はわかっているんです。７月に休暇を取れるよう今から計画を練りたいと思います。

コーチ：これまでではちょっと考えられないようなことですよね。そのために来週までに何をしますか？

クライアント：同じビルの中に旅行代理店があるんです。そこに寄ろうと思っていましたが……。インターネットを使って、見つけたことをあなたにメールで送ることにします。

◆ブレインストーミングのスキル

クライアントがどれほど行動を起こす意欲に満ちあふれていたとしても、具体的に何をするかについてのアイデアが出てこないために行き詰まってしまっては元も子もありません。これまでお伝えしてきたように、クライアントは自ら答えを見つける力を持っているわけですが、時にはコーチが何らかのきっかけをつくることも必要になります。

そんな時、役に立つのがブレインストーミングのスキルです。これはコーチがクライアントと協力し合いながら様々なアイデアや可能性、あるいは選択肢を生み出していくためのスキルです。このブレインストーミングを行った後、クライアントはそこで生み出された山のようなアイデアの中から、自分にとって最も魅力的なものを選び出せばいいわけです。

ブレインストーミングには、それを効果的に行うための基本原則が２つあります。

１つは、役に立たないアイデアは存在しないという視点に立つことです。ブレインストーミングの段階では、実用性についてはあまり考えず、とにかくたくさんのアイデアを出すことが大切です。この際、クライアントから出てくるアイデアは、すでに前から自分の頭の中にあったものやそれに少しだけ変化を持たせた程度のものになりがちなので、コーチとしてはあえて枠からはずれた、とんでもないアイデアを提案することで可能性の枠を思い切り広げ、この作業が創造的で楽しいものになるようサポートする必要があります。

基本原則の２つ目は、コーチは自分が出したアイデアにこだわらないことです。なお、自らのアイデアや解決策を売り込むためにブレインストーミングを利用するのは問題外であることは言うまでもありません。

ブレインストーミングにおいては、ただ単に異なるアイデアを漫然と投げ入れるだけでなく、あるアイデアをどんどん膨らませて積み上げていくという方法もあります。たとえば、重要な関係者を集めて半日の戦略会議を開くというクライアントのアイデアに対し、コーチが自然の豊かな環境の中で泊まり込みの戦略会議を開くというアイデアを乗せることで、初めは平凡だった提案をさらに創造的で魅力的なものにしていくことも可能です。

>>> 会話の例

クライアント：もう15年も誰とも付き合ったことがないので、今さらどうやって相手を探したらいいのかわかりません。素敵な男性と出会う方法を知りたいのですが、どこから始めたらいいかさえわからないのです。他の人たちは皆どうしているんでしょう？

コーチ：あなたはどうしたいのですか？

クライアント：まったく見当もつきません。何かいいアイデアはありませんか？

コーチ：じゃあ、一緒にブレインストーミングをしてみましょうか？

クライアント：ええ、ぜひお願いします。

コーチ：わかりました。では、まずあなたからアイデアを出してみてください。

クライアント：学生の頃はよくバーに飲みに行きました。でも、今さらそんなことはしたくないし……。

コーチ：実際にそれをやらないとしても、選択肢の１つではありますよね。今はとにかくアイデアのよし悪しにこだわらず、可能性を広げることに集中しましょう。さて、テーマは素敵な男性と出会う機会をつくるということでしたが、余暇にはどのようなことをしているのですか？　スキーとか、ローラーブレードが趣味だとか？

クライアント：よく日帰りでハイキングに出かけます。自然と触れ合えるものであれば、たいていどんなことでも好きです。

コーチ：いいですね。それなら、ハイキングの会に参加するとか、自分自身で会を発足するというのはどうですか？　独身者だけの会とかね。他にどんなアイデアが考えられますか？

クライアント：インターネットを活用した紹介サービスでしょうか。

コーチ：いいですね。ボランティア活動はどうですか？　あなたはコミュニティへの貢献という価値観を大切にされていますよね。ご自分の時間をボランティアに使うとしたらどの分野に使いたいですか？

クライアント：私の子供たちが通っている学校です。もっと子供たちのことに関わりたいといつも思っているので……。

コーチ：あなたが出会いの場をつくろうとする中で尊重したい価値観は他にありますか？　すでに、「自然」と「コミュニティへの貢献」という価値観が出てきましたが……。

クライアント：「自然」と言われてピンときました。そこに何か可能性があるように感じます。

◆要望のスキル

　コーチングはあくまでクライアントのためにあり、クライアント自身が答えを見つけるのをサポートするのがコーチの役割であることをこれまで何度となく強調してきました。それでも、時にはコーチであるあなたのほうからクライアントに特定の行動を要望してもいい場面があります。

　コーチングをしていると、あなた自身のこれまでの経験やクライアントについて知っていることにもとづいて、彼らがどのような行動を取ると最も多くの学びが得られるかがわかる時がおそらくあるはずです。たいていの場合、それはクライアントがすでにやろうとしていることにもとづいたものになるでしょうが、コーチがそれを要望という形にすることで、クライアントの取るべき行動およびコーチが確認すべきことが明確になります。

　たとえば、家計をきちんと整理する方法を検討しているクライアントを想像してみてください。コーチは次のような要望をすることができるでしょう。「私からあなたへ１つ要望があります。それは、あなた個人および家族全体でどれくらいの出費を見込んでいるのか、詳細な月別の予算を今週中に立てるということです。やっていただけますか？」

　このように、要望のスキルには一種独特の言い回しがあります。それは、クライアント自身が後でそれをやったかどうか確認できるように具体的かつ測定可能な要望をした上で、それに対するクライアントの決意を最後に質問の形で問うというものです。これは、クライアントに対して、ただ家計簿をつけるよう依頼するよりもずっと効果が高いはずです。このような言い回しをすることで、クライアントにとってやるべきことが何であって、それがいかに重要であるかをはっきりさせることができるわけです。

　クライアントがこのようなやり方に慣れてくると、要望に応えるのは、単にコーチからの提案を受動的に受け入れることではなく、自分の決意を示すことであると気づくことでしょう。

　効果的な要望をするための鍵は、コーチが自分の出した要望にこだわらないことにあります。自分のアイデアの素晴らしさにこだわり、それがクライアントの望む結果を得るための唯一の方法だと思った瞬間から、それはクライアントではなく、あなたの主題となってしまいます。そのようなことを防ぐために、要望をする時には、クライアントに対し、つねに「はい」「いいえ」「逆提案」という３つの答え方があることを伝えておきましょう。つまり、コーチからの要望に対し、クライアントにはその要望を受諾するか、拒否するか、もしくは何か別の提案をするか、という３つの選択肢があるわけです。

もしもクライアントがあなたの要望を拒否したとしても、別に慌てる必要はありません。あなたが提案したことがどんなふうに効果があるのか、またその価値について説明してもいいでしょう。最初提案を聞いた時には理解できなかったことが、クライアントに伝わるかもしれません。また、クライアントが提案を断ったことが、単なる恐れからの反応ではなかったこともわかるかもしれません。

また、クライアントがあなたの要望を断った場合は、単純に「それでは、あなたは何をしますか？」と聞くことで、クライアントからの逆提案を引き出してみるといいでしょう。コーチがクライアントに要望を出す目的は、あくまでもクライアントの行動を進め、それによって学習を深めることにあり、それが満たされる限り、誰がその行動を思いついたかはさして重要なことではありません。

ところで、要望することは、コーチング・スキルやコーアクティブな関係のスキルであると同時に、人生のスキルでもあります。目まぐるしいスピードで進み仕事を完了させることに関して相当のプレッシャーがある組織では、人々は「楽なほう」の道を選びがちです。不平を呑み込み、状況に我慢し、前に進むことのほうが楽だと思っているのです。しかし、時が経つにつれ、苛立ちは毒性を強め、雰囲気を害していきます。ですから、多くの場合、手遅れにならない早い時期にシンプルな要望をすることで、苦しみの連鎖を防ぐことができます。

>>> 会話の例

コーチとクライアント

クライアント：重要だと思っているのに、運動することが習慣にならない私の心の弱さについては話をしましたよね。もう1つ話したいことがあるのです。

コーチ：どうしたのですか？

クライアント：運動する動機を見つけたと言ってもいいと思うのですが。

コーチ：それは何ですか？

クライアント：今度10年ぶりに同窓会があるのですが、それまでにぜひとも5キロくらい体重を落としたいと思っているんです。

コーチ：例の運動計画のほうはどうなっていますか？

クライアント：週に1度はスポーツクラブに通っています。でも、それでは十分じゃないんですよ。

コーチ：そういえば、あなたが選んだ運動は水泳でしたよね？

クライアント：ええ、1年間、水泳のチームに所属していたことがあります。

コーチ：なるほど。では、シンプルに私から1つ要望があります。それは、週に4回、最低30分は泳ぐというものです。やっていただけますか？

クライアント：それであれば、むしろ週3回、40分泳ぐというほうがいいと思います。そうすれば、行く回数が1回減らせて、泳ぐ時間は同じです。

コーチ：わかりました。それをどのように私に教えてくれますか？

クライアント：これから毎回のコーチング・セッションの初めに、その前の週にどれくらい泳いだかを報告します。

マネージャーと部下

マネージャー：新しく入った2人のグラフィック・デザイナーとはうまく仕事が進んでいますか？

部下：ええ、まあ……大丈夫です。

マネージャー：あまり説得力がないように聞こえますが…。

部下：どちらも仕事ぶりに関しては素晴らしいですよ。

マネージャー：それで？　まだ何かあるように感じますが。

部下：彼らの創造性を抑えたくはないのですが、彼らは自分たちの考えに没頭する傾向があるんです。それで、エスカレートしてしまうんです。
マネージャー：それによる影響は？
部下：予定が遅れています。実を言うと、クライアントに提案する約束が遅れていて。クライアントもそのことに気づいています。
マネージャー：あなたにとって今は何をする機会だと思いますか？
部下：フィードバックを与えることです。支援的かつ明確な方向性を与えるのを学ぶことだと思います。私としては、もっと楽にそういったことができるようになりたいです。
マネージャー：１つ要望したいのですが……。いつものように、「はい」「いいえ」もしくは「逆提案」で答えてください。
部下：わかりました。
マネージャー：朝、立ったままで行うフィードバックのミーティングを10分程度、それぞれと行うのはどうでしょう？　前もって、メモをしておけば準備できますね。
部下：それはできます。１つ変えたい点があります。ミーティングは２人一緒に行えると思うんです。そうすると、彼らは仕事を一緒にしていますから、フィードバックしたことを、お互いに確認し合いながら仕事ができると思います。

◆挑戦のスキル

挑戦のスキルとは、クライアントが自分の限界だと思い込んでいる線を超え、ほとんど不可能と思えるようなことをやってみるよう求めることです。挑戦のスキルがうまく使えた時は、クライアントは驚きのあまり椅子から飛び上がり、「そんなことは絶対に無理です！」と反論するはずです。そうした反応があれば、あなたの挑戦は功を奏したと考えて間違いないでしょう。というのも、それはとりもなおさず、あなたが信じるクライアントの可能性が、その人自身が信じているよりもずっと大きいことを示しているからです。挑戦を受けたクライアントは、たいていあなたの挑戦の大きさに腹を立てる一方で、そこまで自分を信じてくれる人がいることに勇気づけられるという２つの反応を同時に体験します。ほとんどのクライアントはあなたの挑戦をきっぱりと拒否し、逆提案をするでしょう。そして、その逆提案は、彼らが初めに考えていたよりもずっと高い水準のものになっているはずです。

相手に合わせなければいけないと思っているあまり、たくさんのことを引き受け過ぎてしまっているクライアントを想像してください。自分にとって合理的と思えるラインを超えて引き受けてしまうため、大きなストレスとなっています。これがこのクライアントが壊したいパターンであり、コーチングの会話の中で、あなたはクライアントに挑戦します。

「今週、１日に30回、誰かから何かを頼まれても断るということに挑戦してください」。それに対して、クライアントは次のように反論します。「そんな……。それは不可能です。そんなことをすれば、１週間以内に解雇されるでしょう」。続けてあなたはこう言います。「さて、これがあなたの最初の『いいえ』になりましたね。残りはたった29回です」。これに対して、またクライアントは反論します、「１日10回ならやりますが、それが限界です」。さらにあなたは言います。「15回」。そしてこれにクライアントは同意します。どうでしょうか。

このように、これまでだったら断ることがどれだけ大変かということを説明するにとどまり、「はい」と言うことでもたらされる大変な結果の代わりに、クライアントは自分のことを尊重し、肯定する行動を１日15回も実践することになります。これが挑戦の効果なのです。

>>> 会話の例

クライアント：この半年の間、暗い雲のようなものが私の上に重くのしかかっているような感じがしています。

コーチ：あなたの話しぶりからすると、雲よりも大きなもののような気がします。もう何週間もこの暗い気分の中で過ごしていらっしゃいますね。何かの原稿を書き上げることで頭がいっぱいで、他のことに関心がいかず、十分に食事もとっていないとおっしゃっていましたが……。

クライアント：研究の論文です。実は、もう研究は終わっているので、あとはその結果を文章にするだけなのですが……。

コーチ：いつまでにそれをやり遂げるおつもりですか？

クライアント：今のままのペースだと、どれくらいかかるか予想もつきません。

コーチ：全部で何時間くらいかかると思いますか？　概算で結構ですので。

クライアント：難しいですね。おそらく30時間前後だと思いますが……。

コーチ：では、あなたに挑戦していただきたいことがあります。来週、私たちがまた話す時までに論文を完成させてください。

クライアント：来週までですって？　そんなばかな……。

コーチ：やろうと思えば１週間以内にできますか？

クライアント：まあ、もしもそれだけに時間を使えるのであればできなくはないと思います。

コーチ：それでは、何からやりますか？

クライアント：まずは大まかな草稿に取り組んでみます。

コーチ：取り組んでみます……？　それは正確にはどういう意味ですか？

クライアント：わかりました。草稿を書き終えます。いくつか穴はあると思いますが。

構造化によって行動と学習を促進する

コーチングの関係において、クライアントがやるべきことについて説明する責任を持つことが１つの仕組みである、とすでに述べました。これはクライアントの意識を大事なことに集中させ、忘れずに取り組んでもらうための手段です。このように、クライアントが自分で決めたことを確実に実行できるよう、日常の中でそのことを思い出すように工夫をすることを「構造化する」と言います。構造は日常生活に組み込まれ、目立つように工夫をされているため、注意を引き付け、クライアントを順調に進ませる仕掛けとなります。構造化はいろいろな形態が可能です。たとえば、朝起きるために時計のアラームを設定するというのは構造化のわかりやすい例でしょう。それは今何時なのか、何時に起きるのかを思い出させてくれます。

また、五感を活用することもできます。たとえば、触覚を使うとすると、取締役会議に出席する時にはピシッとしたスーツを着ていくという仕組み。視覚であれば、夢のマイホームや行きたい旅行先の絵を会社の机の上に置いておくという構造化もあります。プロジェクトを仕上げたり、運動を楽しむために、特別な曲を自分のテーマソングとする聴覚を活用した構造化も考えられます。他にも焦点を絞り込み、行動へと促す創造的な方法が無数にあるでしょう。

クライアントが何かをやる決意をしても、日常生活にはその決意を揺るがすものに事欠きません。日々お決まりでやらなければならないことに加え、家族や職場からの要望、クライアントの心の中に潜む変化に対する抵抗などが、せっかくの自分との約束や前向きな意欲の前に立ちはだかることはよくあることです。そんな時、構造化された仕組みがあると、クライアントは自分にとって大切なことは何か、そしてそのために何をやらなければならないのかをつねに思い出すことができるのです。

以下は、その他に考えられる構造化の例です。

- コーチングのテーマに関する文章やビジュアルイメージを使った独自のスクリーンセーバーをつくる
- 自宅や職場に、やることについての宣言文や思い出させるヒントを紙に書いて貼っておく
- 主要な目標に向けての毎日もしくは毎週の進展を壁に貼ったチャートに記録する
- 瞑想用の音楽やオーディオ・ブックを聴く、もしくは、自分のやる気を高めるような音声ファイルをつくる
- 営業に出かける時には、いわゆる「勝負服」を着ていく
- ろうそくを灯したり、お香を焚いたりする
- ポケットの中に何かを思い出すための石やおもちゃなどを入れておく
- 部屋の照明を明るくしたり、暗くしたり、あるいは色を変えたりする
- 部屋の塗装や家の掃除をやり終えるために、ホーム・パーティを催すことで締め切りを設定する

- 一風変わった褒美や罰を用意しておく

構造化は、セッションとセッションの間の、クライアントの行動および学習を継続的に支えるための手段です。クライアントによって、どの感覚に敏感かは異なるので、様々な仕組みを試してみて、何がうまくいくかを探し出しましょう。構造を使って遊んでみてください。ここでのキーワードは「遊び心」です。構造化する目的は、クライアントがなかなかうまく前に進むことができないでいる領域に意識を保ち、取り組むことです。構造に遊び心を持ち込むことで、クライアントがやり通す確率はぐっと高くなるでしょう。

演習

1. 要望のスキル

どんな不満でも、振り返るとほとんどの場合、不満の代わりに口に出せた要望があるものです。たとえば、あるレストランで頭上のエアコンから寒い風が吹き出していることに、あなたはどうしようもない不満を持っているとします。そこで、あなたはその不満を持ち続けることもできますし、何らかの要望をすることもできます。もしもそこであなたが適切な要望をすれば、相手方が何らかの対応策を講じ、不満が解消されるでしょう。

このことを活用して要望のスキルを練習してみたいと思います。まずは、あなたの人生で不満に感じること、自分の思い通りにいかないことを25個書き出してみてください。筋が通っていないことでも結構です。仮に天気について不満があれば、それも書いてください。たとえそれが神のなせる業であったとしても、不満や要望の対象外とはなりません。

不満が25個書けたら、次にそれぞれの不満を解消するための要望を考えてみてください。あなたの要望に対して、何らかの策を講じる権限や能力を持った人がいる場合は、なるべくその人に向けた具体的な要望リストをつくってみてください。そして最後に、書き上げたリストのうち、できる限り多くの要望を実際にしてみてください。その際、あなたの要望に対して、つねに「はい」「いいえ」「逆提案」という３つの答え方が相手にあることを忘れないようにしましょう。

2. 挑戦のスキル

第３章の俯瞰のスキルで作成した、友人や知人の10人のリストを再度見てみましょう。ここであなたに練習してほしいのは、それぞれの人が今現在、人生の中で置かれている状況に照らして、彼らを飛躍的に前進させ、大きな学びをもたらすような挑戦を考え出すことです。その際、本当の意味での挑戦、つまり、彼らだったらきっとやるであろうとわかっている水準よりもさらに高い水準となるよう留意してください。そうすれば、彼らはきっと通常よりかなり水準の高い逆提案をしてくることでしょう。

3. 構造化のスキル

わかりやすい典型的な状況を想定してみましょう。あなたのクライアントは忙し過ぎてオフィスを片づける暇もなく、そこから生じる混乱に深刻に悩まされています。それも限界に達し、何か手を打たなければなりません。このクライアントがオフィスを片付け、整理するための行動が維持できる仕組みを10個書き出してみましょう。次に、今度はあなた自身の人生の中で、焦点を当てるとよいことがわかっている領域を考えてみてください。そしてあなたにその重要性を思い出させてくれる10の構造を考え出してください。

重要なこと：コーチングを受けに来る人は、やることがそれほどないからコーチングに来るわけではありません。あまりにたくさんやることがあるので、今扱っているすべての選択肢の中から、重要なものに焦点を当てるための支援を求めてコーチングにやって来るのです。仕事をしている人たちも同様です。選別しなければならないたくさんの要求や期待があり、彼らが達成したい本当に重要なことが雑多な状況の中で失われてしまう時があります。構造化は、忙しい環境における目印となり、集中を可能にしてくれるのです。

第7章

自己管理

Self-Management

どのようなコーチングのやり取りにおいても、その理想的な状態はコーチとクライアントが100％つながっている状態です。それは、コーチがレベル２の傾聴でクライアントの言葉を一言も聴きもらすまいと一心に聴いている状態であると同時に、レベル３の傾聴でその場で起きているあらゆることに気づき、感じ取り、自分の直感を活用しながら会話の流れに乗っている状態です。それは、まるでコーチとクライアントが外界の雑音に一切邪魔されることなく、あたかも大きなシャボン玉に包まれているような状態です。まさにこれが理想です。

しかし、時にはクライアントとの会話に真剣に集中している最中に、突然電話が鳴ったり、コーチの中に何らかの考えや気持ちがふと湧き上がったりすることもあります。すると、先ほどまで２人を包んでいたシャボン玉は突然はじけ、コーチの意識はクライアントから離れて自らの考えや気持ちのほうに流れていってしまうでしょう。そうするとコーチとクライアントは離れてしまいます。

コーチも人間なので、クライアントとの会話の中で意識が離れることもままあります。クライアントの一言が、コーチであるあなたの個人的な信条や過去の経験、あるいはそれらにまつわる強烈な記憶を呼び起こすこともあるでしょう。これはとても人間的な反応であり、その瞬間、意識や感覚がたとえ一時的であっても、クライアントから離れてしまいます。また、あなたがやると約束していた夕食の予約をすっかり忘れていたのを思い出すなど、コーチングの内容とはまったく関係のないことが引き金になることもあります。さらに、コーチングそのものがコーチの気を散らせる原因になることもあります。コーチングがうまく進んでいることに内心で得意になったり、逆にコーチングがうまく進まないと感じて、あなたの注意が評価判断に向くことで、クライアント自身に向かないということもあります。また、犬の吠える声、サイレンの音、戸外で吹き荒れる嵐など、周りで起きていることに気を取られることもあるでしょう。窓が開いていて、雨が吹き込み、大事な書類が水浸しになっている……というように、あなただけが気づいている何かかもしれません。

もちろん、こういった気を取られるものを最小限にする環境や状態を創り出したいと思っていたとしても、時々は起こってしまいます。自己管理という資質は、まず第1に、コーチであるあなたの意識がどこに向いているのかに気づき、次に、もしそれが望ましくない方向に向いている場合は、立て直し、その向きを変えるという2つの要素から成り立っています。より具体的に言えば、自己管理とは、コーチの意識がクライアントから離れた時、それにいち早く気づき、そこからすぐに立ち直ってクライアントとのつながりを取り戻す力を指しています。

また、自己管理はコーチングを始める時にクライアントとつながってしっかりと関わる姿勢をも表しています。これは組織のリーダーやマネージャーにとってとりわけ難しいものです。なぜならば、彼らがコーチング的会話をする機会のほとんどは、あらかじめ計画されたものではないからです。コーチング的会話の機会は自然発生的に起こりますし、きちんとした設定をしないで行われることも多く、コーチングのやり取りであることを明確にせず、そのミーティングが行われたりします。たとえばスタッフとのミーティングが終わった後に、そのままマネージャーと部下が15分の会話を始めたとします。これは前もって計画されていたわけではありませんが、この日の最も重要なコーチング的会話の機会になるかもしれないのです。

まとめると、自己管理とは、コーアクティブな関係においてコーチであるあなたが相手に対してどれだけコミットしているかを形として表したものであり、その瞬間に最適な1対1のつながりを創り出すことです。このため、自己管理はコーアクティブの資質の中で重要な位置を占めています。コーチとクライアントは100％つながっていることが理想です。自己管理とは、何らかの事情でつながりが100％に満たない状態に陥った時に、コーチ、もしくはリーダーがその状況に取り組み、立て直して100％に戻すことなのです。

クライアントから意識が離れる時

クライアントも生きた人間です。つまり、予測できないことも多々あります。クライアントの話が何の脈絡もなく突然飛んだり、セッションのたびにテーマがまったく変わってしまったりすることもよくあります。そんな時にはまさに自己管理が求められます。コーチング・セッションでクライアントがどんな状況にあっても関わることができる力はとても重要です。効果的なコーアクティブ・コーチングの要素として、「今この瞬間から創る」を４つの礎の１つに挙げているのはこのためです。今この瞬間から機敏にクライアントとダンスするためには、高いレベルの自己認識と自己管理が求められます。

自己管理という資質は、ただ単にクライアントの話にむやみについていくことではなく、クライアントがどんなところに向かおうとしていても、コーチがある特定の焦点を保つことを含んでいます。「焦点を保ち、うまくいっているだろうか？」と自分に問うことで、ほんの一瞬の間、会話から切り離されることもあるでしょう。それはまるで、自分を外から見ているもう１人の自分が話しているような感覚かもしれません。しかし、その一瞬の中断、つまり何が起きているかを一歩引いて観察することはコーチングが順調に進み、クライアントやその主題とつながり続けるためには重要なことなのです。

自己管理がより難しくなってくるのは、コーチングの会話の内容、課題そのものにコーチが気を取られてしまうような場合です。ついていくのが難しい技術的にとても細かい話や、クライアントの仕事上の専門用語や略語を解読しようとする中で、突然身動きがとれなくなることもあるかもしれません。あるいは、クライアントが立てた行動計画に対して、思わず「待った」をかけたくなることがあるかもしれません。そうしたものは注意を散漫にします。

実際、コーチはクライアントの考えにいつも同意するとは限りません。

しかし、自己管理という観点から言えば、クライアントの行動はクライアントのものとして尊重することが大切です。そのことに取り組むことも、必要に応じて変更することも、物の見事に失敗することも、華々しく成功することも、そしてそこから学ぶことも、すべて彼らクライアントのものなのです。

と同時に、コーチが何かを口に出すことが適切な時もあります。自分自身に正直であるために、あなたが感じている懸念を率直にクライアントに伝えることもあるかもしれません。その際には、あなたが「正解」ではなく、あなた自身の経験や意見を共有したいと思っていることを前置きしてから伝えることが大切です。

マネージャーが、アドバイスを与えたり、事態の改善のために助けたくなるのは極めて自然な本能のようなものです。そこで思いとどまれるかどうかが、自己管理が試される本当の試練になるでしょう。そのような時、コーチング的会話を行う絶好の機会だと見ることで、自己管理という資質はあなたが自制することを後押ししてくれます。なお、あなたの専門性やアドバイスが必要とされる機会は必ずありますので、安心してコーチング的会話はコーチング的会話として取り組んでください。

コーチングでは、自己管理として会話の内容やその向かう方向を把握していることは大事です。他に大切な要素としては、コーチ自身の個人的な側面に取り組むことが挙げられます。コーチもまた人間です。予測不能なこともあり、感情的に影響されるときもあります。時にはコーチングをしている中で不意打ちを食らったように反応してしまうこともあるでしょう。

このようにクライアントが持ち出したテーマや発した一言がコーチの中に強い反応を引き起こすことがあります。クライアントがあなたにとって不愉快な言葉を使ったり、あなたが尊敬する誰か、たとえば同僚やチームメンバーを貶めることを言ったりするかもしれません。クライアントが持ち込んでくるありとあらゆるテーマや話の中には、あなたをムッとさせる引き金や、あなたの信念や感性と真っ向からぶつかったりするクライアントの意見もあるでしょう。

そんな思いがけない影響を受けた時には、相手を評価判断してしまう気持ちが生まれたり、防御的、または攻撃的な気持ちが生まれたりするかもしれませんし、単純にイライラするかもしれません。その反応は多岐にわたりますが、このような状態を魚が釣り針に引っかかって釣り上げられてしまうことにたとえて「引っかかる」と呼んでいます。それはまるで、この瞬間、とても大きな釣り針があなたに差し込まれて、グイッと引っ張られるようなものです。これはすなわち、レベル１の世界に引きずり込まれたコーチが、自分の考えや気持ちに振り回されて、もはやクライアントに集中できなくなってしまった状態です。

通常、こうした状態はあなたがまったく予期していない時に起こります。たとえば、こんなクライアントがいたとします。このクライアントはサービス残業や不健康な間食、あるいはつまらない雑談で大事な時間を奪う同僚、ストレスばかりたまる人間関係などに対して、「ノー」を言うスキルを練習しています。その決意と実践はこれまであまり進展していませんでしたが、ここ最近は少し取り組めているようでした。

しかし、今日のコーチング・セッションで、あなたの期待は物の見事に裏切られました。というのも、このクライアントは来たる週末の残業に同意し、毎日午後になるとジャンクフードに手を出し、うまくいっていない関係にもう一度チャンスを与えることにしたと言うのです。あなたとしては落ち着いて、我慢強く、思いやりを持って接したいのですが、もうこれ以上、彼が後戻りを繰り返すのは見るに堪えません。また、あなたにはこの選択がもたらす影響とクライアントが支払う代価がはっきりとわかります。それをクライアントが自分でわからないこと、さらにひどいことには、自分でわかりながらも、結局、自分をダメにするような行動を選ぶことに、あなたは苛立ちを感じます。そう思うと、だんだんと胸の鼓動が高鳴り始め、頭に血が上ってきます。

この怒りや苛立ちがたとえクライアントにとっての最善を願う気持ちと思いやりから来ているものだとしても、この瞬間は、怒りや落胆といった気持ちがあなたの意識をどこかへ連れ去り、２人の間にあったつながりが切れてしまいます。

また、逆にコーチが自分自身に対して次のようなことを感じることもあります。たとえば、3ヶ月にわたってコーチングをしてきたのに、コーチングを始めた時からちっとも目標に近づいていないクライアントがいるとします。何の結果も出ていません。そして今日も同じ状態です。彼女はやると決めたことがなぜできないかについていつもと同じ言い訳を繰り返し、ダラダラと話しています。あなたは考えられる限りあらゆる手を尽くしましたが、まさに「暖簾に腕押し」で、すべて水の泡に帰してしまいます。

今日は、「無力なコーチングだ」と、あなたが自分自身を評価する声がこだまします。「何か成果はあったのか？　お前は失敗したんだ。もう完全にお手上げだよ。スキルがないんだよ。お前を頼ってきている大切なクライアントに対して、この3ヶ月何もやれていないじゃないか。今だって、このことを認める勇気さえない。もっと有能で頼りになる人に助けてもらえるように、クライアントに新しいコーチを紹介する勇気もない」。そうやってあなたが自分で自分を追い詰めて惨めな想いをしている間に、クライアントはもがき苦しみ、途方に暮れることでしょう。

コーチがこのような状態に陥る時、おそらく何らかの兆候があるはずです。たとえば、あなたが自己分析の罠にはまって、防衛的になったり、批判的になったり、イライラしたりしていることに気づいた時は要注意です。あなたが個人的・感情的な反応に引っかかったり、とらわれたりしているとわかったときは、あなたはもはやクライアントとはともにおらず、あなた自身のレベル1で反応し、考えたり感情的になっていると言えます。そのような時、あなたはまるで檻にとらわれていて、その中で糸車を回し続けるハツカネズミのように、どこにも行くことはありません。あなたはクライアントの元へ戻る道を見つけ、再びつながり直す必要があります。

特にリーダーやマネージャーは、コーチングを大変なものだと過剰に心配する傾向があります。彼らがコーチング的会話に積極的に関わっていかない理由はこれがあるからです。たとえば、彼らは自分たちが間違ってしまわないか（内なる声としては「私は十分なトレーニングを行っていない」）、もしくは、自分が関わるのはむしろ悪影響なのではないか（内なる声としては「私はセラピストではない」）と恐れています。

このような思い込みはコーチングを不自由にし、レベル1の物語として影響を与えます。実際には、コーチングとは好奇心にあふれ、想いを持ってともに創り出していく会話であり、それは２人の人が共通の目的を持った会話に過ぎず、ごく普通のことなのです。

苦手な領域を探求する

自己管理については、自分がコーチングをしていてどこで止まったり、遠慮してしまうか考えておくといいでしょう。すべてのコーチングを、自分が心地いいと感じる範囲内でできたらいいのですが、現実にはそうはいきません。コーチとして自信を持てなかったり、混乱してしまうことを恐れて、踏み込みたくないと思う領域があるものです。

もしかすると、あなたはコーチングで、波風を立てたくないとか、クライアントを怒らせたくないという理由で、クライアントにとって耳の痛い真実を伝えるのを避けることもあるでしょう。また、クライアントを失いたくないという恐れや、組織においてその影響に対する恐れがあるのかもしれません。コーチはクライアントの気分を害するリスクを取りたくないから遠慮するのかもしれません。

しかし、コーチが遠慮してしまうことで、クライアントの人生が貧しいものになるリスクがあります。そこまでいかなくとも、コーチングが丁寧ではあるけれども中身の薄い雑談になる懸念があります。クライアントが腹を立て、去っていってしまう可能性は確かにあります。しかし、もし、コーチングの会話が突き動かすようなものでなければ、停滞してしまい、先ほど述べた「生き生き感」は失われてしまうのです。

皮肉なことに、あなたが居心地の悪さを感じる領域、すなわち通りたくない道はクライアントが旅する上でまさに必要な道なのです。そして、たとえコーチが十分に準備できていなかったとしても、クライアントは十分準備ができていることもあります。

あなた自身の人生において、もつれにもつれている領域、たとえば、過去から問題が繰り返されている領域にしっかりと目を向けてください。おそらく、それはあなたがクライアントとのコーチング・セッションにおいて進んで見にいこうとはしない領域と同じでしょう。それらの領域は自分を守るために、あなたにとって盲点となっているのです。おそらく、日常のほとんどの時間の中で、そのことはあなたには見えていないはずです。いつか、あなたが躊躇している領域そのものに取り組み、その躊躇から自由になる日がやってくるかもしれません。しかし、あなたが躊躇から自由になるまで待ってはいられないのです。

たとえば、あなたにとって寂しさは耐えられないものだとします。もしもそこでクライアントが寂しさについて語り始めたとしたら、おそらくあなたはすぐ、かつ無意識に、違う方向に話を持っていき、話しやすいほかの何かを見つけようとするでしょう。その話がコーチの感情をかき立てるため、クライアントにとっては有益な話となるかもしれないのに、コーチは探求しないのです。そのほかに無意識に避ける領域としては、権力を持った人に対して自分の立場から思い切って真実を伝えること、お金や恋愛にまつわる居心地の悪さなどもあるかもしれません。

まさにこれらの領域を探求することが、クライアントの行動と学習を進める上での鍵となるのです。要するに、自らの苦手とする領域を認識した上で、クライアントのためにあえてその領域に分け入っていくことも自己管理の１つなのです。このように、コーチとしては進んで自らにとって心地よい領域から出てコーチングを行う必要があります。

不当な自己評価と正当な自己評価

コーチは、もともと学びと成長に高い価値を置く人たちであると言えるでしょう。そして、自分に対してはもちろん、クライアントや人生で出会うその他多くの人たちに対しても同じように学びと成長を願っています。その結果として、コーチにはつい自己分析をしてしまう習慣が身についていることがあります。時には、それが何の根拠もない不当な自己評価となって現れることがあります。

この不当な自己評価も自己管理の対象になります。頭の中に浮かんでくる自己評価に気づき、その上でそれが果たして建設的な自己分析なのか、もしくは破壊的な自己批判なのかを区別するのです。ここでの鍵は、まずは気づくことです。あなたの内側で起きていることに意識を向け、しっかり記録してみてください。厳密に言うと、何が批判で、何が観察だったのか？　それらを明確にし、説明できるようにし、経験していることに対して丁寧に注意を向けるのです。続いて次のように自問してみるといいでしょう。「この中で自分にとっての真実は何か？」「ここで自分が学ぶべきことは何か？」。いずれにしろ、あなたを「引っかけ」たり反応を引き起こす何かが起きたのであれば、そこに注意を払う価値は十分にあるはずです。

その経験について考えられる最悪の解釈をする前に、自分自身にじっくりと振り返る余裕を与えることです。言うまでもありませんが、振り返りをするのは自分がコーチとして行うコーチング・セッションの中ではなく、コーチ仲間、もしくは自分のコーチと一緒に行います。重要なのは、こういった自分を混乱させるような経験もコーチとして、あるいは１人の人間として学び、成長するためには欠かせないものだということです。コーチであるあなたが自らの不当な自己評価を認識し、それに働きかけるのがうまくなればなるほど、クライアントが不当な自己評価に取り組んでいくための、より有効なサポートができるようになるでしょう。

一方、本当にあなたの手に負えない状況を認識するのも自己管理の１つです。このような時は、自らに寛大に接しましょう。こういった状況で、あなたがクライアントのため、そしてあなた自身のためにとれる最善の方策は、クライアントに他のコーチや他のサービスを紹介することです。あなたのクライアントは、キャリア・カウンセラーやセラピスト、あるいはもっと客観的に見られる他のコーチとやっていくほうがうまくいくかもしれません。時には相性がよくない、何かしっくりこないということもあり、これはコーチングを始めてからしかわからないこともあるのです。

チームメンバーと働くマネージャーにとって、自己管理が必要な状況は、最大限の努力をしているのに、コーチング的な働きかけがうまくいっていないときです。その理由は、たくさんあることでしょう。自己管理の資質から大事なこととして言えることは、まずは気づいていること。そして、押し付けない、評価判断しない、相手にとって他に考えられる選択肢を探すというスタンスです。

マネージャーにとって、自己管理の気づきが高まることで、さらなるメリットも生まれます。どんな会話にでもしっかりとそこにいられるようになりますし、気になるいつものパターンにもっと気がつくことができるようになります。自己管理を実践することで、反応的な習慣を自覚し、探求する機会となるほか、状況を認識することで創造的な対応ができるようになるのです。

実践

◆つながっていないと感じたら、そう言いましょう

現実には、あなたがどんなに強い意思を持ってコーチングに集中し、関わろうとして臨んでいても、意識がクライアントから離れてしまうことはあります。それには、重要なことからちょっとしたことまで、たくさんの理由があります。たとえば、たまたま机に目をやったらカレンダーに書かれていた重要な約束を忘れていたことに気づいたとか、誰かがドアをノックしたとか、クライアントが口にしたある言葉であなたの同僚との腹立たしい会話を思い出したなどです。このようにクライアントから意識が離れてしまった時に効果的なことは、離れてしまったことをまずは認めることです。「すみません、今ちょっと頭が真っ白になってしまいました。もう１回先ほど言われたことを繰り返していただけませんか？　聞きそびれてしまったので」

このように、自分の意識が離れたことを認めることで、逆にクライアントとの信頼が築かれ、クライアントに対するあなたの決意はさらに強くなります。あなたはクライアントから意識が離れたことを隠し通せると思うかもしれませんが、クライアントは口に出さないとしても、あなたの意識がどこかに行ったことに気づいているものです。むしろ、正直さが２人の強い関係を築くことにつながるということを、あなたがモデルとして示すのです。

クライアントは起こったことに対するあなたの正直さ、すなわち、あなたがそれを取り繕うとか、注意を向けていないのに向けているふりをしようとしなかったことに敬意を払います。そして、あなたがそのことを言っ

てくれることで、コーチが自分に対して真にコミットしていることを知るのです。

◆準備する

重要な会話の前には準備を行います。同様に次のコーチング・セッションに向けての準備について考えてみましょう。直近のコーチング・セッションのメモを見て振り返るという簡単なこともあるでしょう。それだけではなく、コーチング・セッションに全身全霊を傾け、準備万端でいられるよう、多くのコーチはコーチング・セッションの前に何らかの「儀式」を行っています。同時にいくつもの作業を並行させて、その１つから次の作業へとすぐに飛び込むというやり方ではなく、立ち止まり静かに内省する時間を数分持ち、自分の意図と目的を思い出すのです。これは、あなたをコーチングに向かわせる１つの仕組みとなります。つまり、肉体的、精神的、そして気持ちの面においても準備し、さらには自分を超えた存在とつながることまでも含めて、クライアントのために準備をするわけです。

自己管理の実践として、こういった準備は、あなたの人生がうまくいっていない時、特に重要となります。あなたはコーチであると同時に１人の人間です。時には、クライアントのことよりも自分自身のことに注意が向いてしまうこともあるでしょう。

たとえば、あなたがオフィスに車で戻る途中で渋滞に巻き込まれ、約束に間に合うかどうか心配しながら、焦りながら急いで帰ってきたとしましょう。このような状況では、クライアントと話す前に自らの気持ちをクリアにし、地に足をつける必要があります。そうすることで、あなたは自分のトラブルや感じているストレスではなく、クライアントに完全に集中することができるわけです。

コーチングの前に起こるこうした日常的な苛立ちで気持ちが揺らぐ場合もあれば、時にはもっと重大な出来事が起きる場合もあります。たとえば、精密検査を受けた友人から癌と診断された旨の知らせを受けたばかりだったり、パートナーともう解決したと思った問題を巡って激しい言い争いをしたばかりだったりということもあるでしょう。

このような状況では、クライアントに完全に集中する方法を見つけるのはとても難しいものです。こんな時、あなたは仲間やあなた自身のコーチと話をしたりするかもしれませんが、個人としても、プロフェッショナルとしても、精神状態をもとに戻すのは簡単なことではありません。時には、どうしても気持ちが入れ替えられないこともあります。そのような場合は、約束を別の日に変えてもらう必要があるかもしれません。

あなたがコーチング・セッションを始める際に投げかけたい質問があります。それはシンプルなものですが、非常に重要な問いです。「あなたは準備ができていますか？　もしくは、準備できるでしょうか？」。確かにあなたはコーチとして、クライアントのために強くある必要があります。状況が厳しい時も、歯を食いしばって頑張るのは立派なことですが、それもある程度までです。その程度がどこかを知ることも自己管理なのです。

意見とアドバイス

◆マネージャーのジレンマ

リーダーやマネージャーにとって、自己管理が必要になるよくある場面について考えてみましょう。解決しなければならない課題、もしくは複雑な問題を抱えている部下がいます。あなたは、結果を出し、プロジェクトを前に進め、意思決定するよう絶え間なく駆り立てられ、プレッシャーの大きな世界で働いています。そしていつも時間に追われています。

あなたは、コーチングが必須のリーダーシップ・コンピテンシーであり、チームの能力を伸ばすツールであると固く信じています。また、部下をコーチングすることに時間もとり、その価値を理解しています。それにもかかわらず、時に問題を解決したりアドバイスを与えたくなるような衝動に襲われます。これは間違いなく、自己管理が必要となる瞬間です。その時あなたは、その問題の本質は何か？　どうすれば最も役に立てるのか？ということを懸命に探し出そうとしています。そして、あなたは自分自身に問いかけます。「今、私はいったい何者なんだろう？　上司なのか？このテーマの専門家？　信頼できる友人？　それともコーチ？」

マネージャーにとって究極的な質問は、「この瞬間、そして未来に向けてこの人にとって何が最も役に立つのか？」ということです。この質問に答えるには、多くのことを考える必要があります。たとえば、その部下の育成、チームの成長、チームの業務遂行能力の向上といったポイントです。今現れているこの機会にどうアプローチするかは、「ここで学ぶべきことは何か？」ということと「解決すべきことは何か？」のバランスです。最終的には、あなたの直感を信頼する必要があるでしょう。そして、あなたのいつもの反応や衝動的な反応に気づくことです。時には、最も効果的で、好ましく、正しいと思われる対応が、新たな拡大質問をすることではなく、これまでの自分の経験に基づいた解決法を提供することになることもあります。これが自己管理の資質を発揮しているということなのです。

◆コーチのジレンマ

本書の中で、人はもともと創造力や才知にあふれ、欠けるところのない存在であり、答えを持っている、もしくはどうやって答えを見つけるかを知っていると繰り返し強調してきました。しかし、あなたの知識や経験が明らかにクライアントの役に立ち、それを伝えることでクライアントの時間やお金や労力を省くことができ、抱えている不安をサポートできそうだと思える時、その知識や経験を伝えないのはおかしいと感じられることがあるかもしれません。クライアントは、部下がマネージャーに答えを求めるのと同じようには、あなたの専門性を求めないかもしれません。しかし、たとえ求められなくても、あなたが何か貢献できることがあると思う時はあります。

その際、伝えるべきポイントは以下の点です。あなたが伝える話はあくまであなたの経験であると位置づけ、クライアントがベストな道を見つけるように励ましながら、たくさんの選択肢を探求するのです。するとあなたの経験はあくまで１つの選択肢となり、「専門家」の意見として受け取られないはずです。つまり「コーチは決して意見を言ったり、ちょっとしたアドバイスもしてはいけない」というルールを作らないことです。自己管理は、つねに「どうすることがクライアントにとって最も利益になるか」を尺度として判断・行動する資質なのです。

コーチが自分の話を共有することについても、同じようなことが言えます。ほとんどの場合、コーチが自分の話をしないほうが望ましいと言えます。コーチとクライアントの関係は、友達同士の関係とは異なります。コーチング・セッションにおける関係は、職場における同僚や上司との関係とも異なります。

コーチング・セッションにおいて、コーチであるあなたの意識はクライアント自身やその人生、テーマに向けられるべきで、あなたが個人的な話をするのは、ほとんどの場合不適切であり、クライアントの時間を無駄にします。ただし、ここで「ほとんどの場合」と書いたのは、コーチが自分の話をすることが、クライアントとの深い信頼と関係を築くのに役立つことがあるからです。コーチも血の通った１人の人間であるとクライアントが感じることで、２人の協働関係は力強いものになるでしょう。

ここでのキーワードは「関係」です。コーチとクライアントが力強い関係を築けば築くほど、２人の間の信頼感や安心感、そして率直さが増していきます。クライアントが極めて大胆で力みなぎる選択をしたり、またチームに貢献する人としてその才能を伸ばすためにより大きなリスクを取れるのは、この深い関係のおかげなのです。こうした関係がすでにあれば、コーチが意見やアドバイスを伝える余地があるでしょう。コーアクティブ・モデルにおいては、最終的に「長い目で見た時にクライアントにとって何が最善か」ということを基準に意思決定されるのです。

◆クライアントにとっての恩恵

さて、これまで主にコーチに与える影響から、自己管理とは何かについて説明をしてきました。しかし、コーチが自己管理の資質に磨きをかけることは、クライアントにも恩恵をもたらします。というのも、コーチが自己管理の様々な側面を身をもって示すことで、クライアントは今この瞬間に自分の中で起きていることを敏感に自覚できるようになったり、コーチとのつながりが切れた時にもすぐに気づけるようになるでしょう。また、気まずくても、ありのままを口に出すことを学び、早く立ち直って、再びつながりを取り戻すこともできるようになるでしょう。これは、コーチング・セッションに限らず、人生のあらゆる場面で役立ち、力強い関係を創り出すことにつながります。

実際、クライアントがコーチングにどっぷりと浸かることで聴くスキルを伸ばしたり、直感をもっと信じることができるようになるのと同じように、クライアントは人生における自己管理についても学ぶのです。それによって、クライアントは自分の中で何が起きているのかをもっと自覚できるようになるでしょう。特に、これまでであればつねに引っかかったり、自分を見失ったりしていた状況においても自覚できるようになります。このように、クライアントが自己管理の資質を鍛えることで、こういった状況に気づき、より早く認識できるようになります。そして、自らの力を知り、もっと才知を発揮できるようになるのです。

コーチング・スキル

多くのコーチング・スキルが自己管理と関連しています。これらのスキルを使うことで、関係に働いている力をさらに明瞭にすることができるため、コーチとクライアントは双方の強みを活かすことが可能になります。

◆立て直しのスキル

自己管理の資質ともっとも関連が深いのは、間違いなく立て直しのスキルでしょう。これは、コーチングがうまくいっていなくて混乱したり、クライアントとのつながりが切れてしまったことに気づき、再びつながりを取り戻す力です。つながりが切れるのは、コーチがクライアントの話の筋を見失ってただ混乱してしまった時だったり、クライアントが持ち出したテーマや発言に反応して強い感情が湧き起こった時だったりします。そのような時、コーチは次に挙げる３つの段階を踏むことでクライアントとのつながりを取り戻すことができます。

気づく：この「気づく」という段階は欠かせないステップです。この時、何が起きたかを正確に知る必要はありません。また、この瞬間においては、なぜ起きたのか、何が引き起こしたのかを知る必要はまったくありません。

単純に、クライアントとの間にできた溝や変化、つながりが切れたことに気づくことが重要なのです。

言葉にする：たった今起きたことを言葉にします。たとえば、「ちょっと見失ってしまったんですが……」とか、「少しの間、他のことに気を取られてしまいました」と伝えるのです。クライアントと共有するかどうかはあなた次第ですが、伝えることをお勧めします。そうすることでクライアントはあなたがどういう状態にあるかを知ることができます。ただ単純に自分の中に起きたことを口にするだけで、驚くほど早くコーチングを元の軌道に戻すことができます。

つながりを取り戻す：つながりを再び取り戻す方法は、人によって様々です。そして、状況にもよるでしょう。基本的には、離れてしまった意識をもう１度クライアントに向けます。傾聴のレベル２でつながり、しっかりと意識を持って今ここにいるという状態です。

◆許可取りのスキル

コーチングの方向性に責任を持っているのはあくまでもクライアントであることを思い出してもらうために、コーチが使うもっとも重要な方法の１つとして、許可取りのスキルがあります。

たとえば、次のように言います。「このことについて取り上げてもいいですか？」「私からどう見えるかをお伝えしてもいいですか？」「それについて私が感じたことをお話ししてもいいですか？」。コーチが許可を取ることで、関係においてクライアントに力があることが明らかになります。また、コーチが関係における自分の力の範囲を知っていることも示せるでしょう。

また、許可取りのスキルは、コーチが自己管理をしている証しにもなります。これによって、クライアントは関係や自分のやるべきことに取り組む責任を持つことができるのです。あなたが許可を取ることで、クライアントは、尊重されていることを感じ、誇らしく思うでしょう。さらに、このスキルはクライアントにとってかなり個人的なことや不快に思うかもしれない問題をコーチが取り上げたい時に、特に重要となります。そのような時は、次のような感じで許可を取るといいでしょう。「あなたがこのことにどう対処してきたのか、私が感じたことをお伝えしてもいいでしょうか？」

>>> 会話の例

クライアント：私がやると言った計画ではとにかくうまくいかないことに気づきました。でも、とにかく思いつきでもいいから何かしなくてはと思い、私なりにうまく取り繕ってしのぎました。昔のように、つじつまを合わせながら、進めていくという……。

コーチ：まず、最初に伝えておきたいのは、私たちが立てた計画は絶対に変えられないものではないということです。あなたは自分がベストだと思う方法を選んでいいということです。私はあなたが何が正しいかを知っていて、前に進み、すると決めたことは何であれ学ぶ機会にすると信じています。それで、どうすることにしたのですか？

クライアント：基本的にやったことは先ほど話した通りです。私は行動を起こしました。ただ、計画とは違った行動だったということです。

コーチ：話を先に進める前に、あなたが話をしてくれたこの状況への対処方法について私が感じたことを伝えさせてもらってもよろしいですか？

クライアント：何だかあまりいい話ではなさそうですが、もちろん聞かせてください。何か価値あることを学べる機会であれば、ぜひ聞かせてください。

◆核心のスキル

　クライアントの話がどんどん膨らんだり、次々と脱線したりして、コーチング・セッションの話が進まないまま、時間だけが過ぎてしまうことがあります。これがクライアントの話し方のスタイルだったりすることもありますが、多くの場合、難しい話や率直に話をするのを無意識に避けるために起きています。核心のスキルは要点に迫るスキルであり、クライアントに話の要点を明確にするように頼むスキルでもあります。

クライアントに初めて核心のスキルで要点を話すよう働きかける時には、驚かせないように、事前に核心のスキルを使うことを説明しておくことをお勧めします。これは決してクライアントの話がつまらないから使うのではありません。むしろ、話自体は大変興味深いものかもしれません。しかし、話は背景であり、背景情報はあまり重要ではないのです。コーチング・セッションの限られた時間の中で、長々と、詳細な話をする時間はありません。

あなたは本質的なことに関わる必要があり、クライアントに核心に迫るように依頼することで、クライアントが話の核心を発見するのを助けます。

核心のスキルはコーチにとっても大切なスキルです。コーチが話し過ぎてはだめです。核心を突いた話を心がけなければなりません。話すのはクライアントなのです。

>>> 会話の例

クライアント：自分でも、まるで壊れたレコードのように同じことを繰り返しているのはわかっていますが、本当に今週は時間がなかったんです。週に１日か２日は出張で出かけていますし、夜のクラスも週１回はありますし、家族と過ごす時間も必要ですし……。

コーチ：トム、あなたがここで言いたいことの核心は何ですか？

クライアント：私は、父が母の面倒を見るのをなんとしてもサポートしたいと思っています。彼自身、高齢で、健康に問題を抱えているのでサポートを得られればと思っています。でも、それを実現するための時間を捻出するのは、なかなかできそうもないのです。

コーチ：それで、あなたが本当に決意することは何ですか？

クライアント：出張については自分でどうにかできるものではないですし、家を留守にすると何もできないんですよね……。そんな中でどうやって時間をつくればいいのか……。

コーチ：トム、核心を話してください。あなたが決意することは何ですか？

クライアント：わかりました。週に１回はなんとかします。そして、出張に出ている時でも、父に電話を入れることはできるので、もっと電話をします。そうしたら、父もきっと喜ぶと思います。

◆励ましのスキル

第３章で、認知のスキルを紹介しました。認知のスキルは、クライアントの内にある輝く特性や人柄を言葉にするものです。コーチがそれを認知として言葉にすると、クライアントは自分に対して大事な見方をしてくれて、尊重されているように感じます。励ましのスキルもいくらか似ていますが、クライアントの特徴を明らかにするというよりは、クライアントを後押しすることに焦点を当てています。

困難な仕事を引き受けられる能力があるか、クライアント自身が疑問を持っている時に、コーチがクライアントのために立ち上がり、励まします。これは単に空虚な応援の言葉を投げかけることとは違います。コーチとして、あなたは確かに真実だと知っていることを伝えて、励ますのです。もしもあなたが心から励ましていなければ、クライアントはすぐにそれを察知するでしょう。もしあなたが心から励ましていなければ、励ましの効果がなくなるだけでなく、コーチとしての信頼を失うことにもなりかねません。しかし、あなたがクライアントの持つ力や強み、才知を伝え、あなたがそれを信じていることを知らせることで、クライアントの中に何かが呼び覚まされます。

もしかしたら、それは本人も持っていることに気づいていない能力だったり、過小評価している強みかもしれません。道が険しく、クライアントが疲れてしまっている時こそ、コーチは励まします。それによってクライアントに熱意を再充電するのです。

「あなたはこのことについて強い決意を持って臨んでいます。あなたなら絶対にできます！」「あなたがどれほど思いやりがあり、強い人であるか、私は何度も見てきました。それをここでも見せられるはずです！」「あなたにはあふれんばかりの想像力という贈り物があります。そんなあなたならこれができます！」

励ましのスキルは断言することです。これはクライアントが持つ器の大きさをつねに見出し、それを信じるコーチの能力であり、未来を見通す形で表現されます。あなたはゴールラインや山頂に達したクライアント、すなわち目標を達成したクライアントを見るのです。

>>> 会話の例

クライアント：以前から強く望んでいたこのポジションに挑戦するのは、かなり大きなチャンスであると同時に、とてつもない大きなリスクがあります。それに向かって努力しても、結局、世界一の愚か者で終わるかもしれません。

コーチ：オリンピック・スローガンではないですが、「愚か者を目指せ！」と私なら言いたいですね。まあ、それは冗談として、金メダルを目指しましょう。金メダリストになるには何が必要でしょうか？

クライアント：思い切り正直に言うと、私には金メダルは見えません。それればかりか、銀や銅ですら見えないのです。他の候補者がわかった今、自分がレースに参加しているのかさえも定かではありません。

コーチ：今度は冗談じゃなく、私はあなたならやれると知っています。これはあなたの心からの願いとあなたが自分で創り上げてきた道が完全に1つになるものです。そのポジションを務めるのに必要なスキルと十分な資質をあなたは持っています。もちろん、これにはリスクを伴います。アドレナリンが出て、危険と隣り合わせだと感じるでしょう。私はあなたがこの準備のためにどれだけ頑張ってきたかを知っています。あなたなら絶対にやれますよ！

クライアント：あなたがそう思ってくれているのは感じています。あまり自信がなかったのですが、そう言ってもらえることで自信が湧いてきました。

◆浄化のスキル

浄化のスキルとは、心の中にあることを吐き出すことでしっかりとその場に意識が向けられるようになり、コーチングに対してもオープンでいられるようになる価値あるスキルです。

コーチング・セッションが始まる時、クライアントは無数の様々な感情や考えの中にいる可能性があります。昇進を見送られたばかりかもしれませんし、友人が深刻な交通事故に遭ったばかりかもしれません。また、個人情報が不正利用されてしまったり、パートナーや同僚と白熱した議論をした直後にコーチングに臨んでいるかもしれません。あるいは、逆に休暇から戻ったばかりでまだ心は南の島に置き忘れたままだったり、新しい恋に落ちたばかりで心が舞い上がった状態で、セッションを始めるかもしれません。

このように、クライアントが心ここにあらずといった状態の時、深くて実のあるコーチングの会話を行うことはなかなか困難です。多くの場合、浄化のスキルが必要とされていることはすぐにわかるでしょう。たとえば、クライアントが明らかに何かについて動揺していたり、困惑していたり、あるいは興奮していて、その何かが大きく、コーチングをしている今も存在しているというような場合です。

しかし、その必要性はアラームのように大きな音で知らせてくれているわけではないので、浄化が必要かどうかわかりにくい場合もあります。クライアントが少しムッとしているようにコーチには見えたり、もしくは、その場のエネルギーが少し混乱しているのを感じるかもしれません。最初のうちは、クライアントはそれについて話そうとすらしないかもしれません。しかし、もしもそのクライアントが本来持っている創造力が妨げられたり、抑制されたりしていると感じた時は、浄化するよう強く促す必要があります。

たとえば、不公平に扱われたことで明らかに苛立ちを感じているクライアントがいたとしましょう。そこに漂っている彼女の雰囲気は、まるで不快な臭いを放っているかのようです。そんなときに、次のように言うことができるかもしれません。

「あなたは何かを止めているように見えます。これからちょっとだけ時間を取りますので、それを出してみませんか？ 思い切り不満を言ったり、泣き言を言ったり、自分を哀れんだりして。大げさにやってください」

ここでコーチであるあなたにできることは、クライアントが浄化し、今ここに再び意識を集中できるよう支援することです。そのためには、いったいどれくらいの浄化が必要なのかをコーチが判断することが重要です。

クライアントは吐き出している途中で気まずくなったりして、完全に浄化する前に止めてしまうことがよくあります。なので、よどんだ空気が最後の一息まで出るように、かなり促し続けなければなりません。これをクライアントと行うゲームのようにして、もっと出すよう強く求め続けるのです。

「もっとボリュームを上げてみましょう。他に何があったのですか？……そして、それから？……その時、どんなふうに感じたんですか？へぇ、それはひどいですね。もっと話してください」

>>> 会話の例

コーチ：気が散っているようですね。今朝はどうも話を前に進めるのに、苦労している感じがするんですが……。

クライアント：確かに、気が散ってますね。実は昨日、ばかげた株の取引で2500ドルも損を出してしまったんです。本当にばかみたいだ。

コーチ：話を進めるためには、その気持ちを吐き出す必要がありそうですね。

クライアント：そうですね、それがいいと思います。

コーチ：これからちょっとだけ時間を取りますから、心の内にあるものを思い切り吐き出してください。

クライアント：自分は間抜けもいいところ、いやそれ以上かもしれません。何しろ、私は2人の友人にこの株は100年に1度あるかないかのおいしい株だと説得して、結局2人にも損をさせてしまったんですから……。

コーチ：それは痛いですね。他にはどうですか？　もっと思い切って吐き出してみてください。

クライアント：わかりました。実は手軽に金儲けしようとした自分にも腹が立っています。それに、いいカモにされた自分を恥ずかしく思います。

コーチ：その調子です。他には？

クライアント：あとは妻が私をどうするんだろうかと思うと恐ろしい感じ

がします。彼女と子供はがっかりするでしょう。今年の夏の休暇のため、新たにどうやって2500ドルを工面すればいいんだ？

コーチ：あなたはご家族をがっかりさせたと思ってらっしゃるんですね。他には？

クライアント：こうなることに何でもっと早く気づかなかったのか……。

コーチ：つまり、もっと早く気づけなかった自分を責めているわけですね。他には？

クライアント：なんだか空しい感じがします。

コーチ：空虚感の中にたたずんでいる感じですね。その次は？

クライアント：この辛い気持ちを拭い去る必要があるでしょうね。

コーチ：どうやって拭い去るのですか？

クライアント：今回こうやって気持ちを吐き出せたのは、いいスタートになったと思います。妻と長めの散歩をすることにします。私たちは歩くのが大好きですし、このことを話すのは早ければ早いほどいいと思うので……。

コーチ：他に何かありますか？　ところで、これは今日あなたが話したいテーマでしたか？

クライアント：いいえ、違います。確認してくれて、ありがとうございます。散歩については、できたら今晩には行くようにします。それより、今日はもっと切迫したテーマがあるんです。

◆視点転換のスキル

クライアントはある特定の視点にはまって状況や自らの経験をとらえ、動けなくなってしまうことがよくあります。さらには、その視点には、何かやる気を失う要素が含まれています。そして、このような時、コーチがその状況に対する視点を転換することによって、新たな見え方や可能性を生み出すことができます。

たとえば、大きなコンサルティングの契約を間近に控え、期待に胸を膨らませているクライアントがいたとしましょう。しかし、そこに最低でも半年間はその契約が保留されるという連絡が入ります。当然のことながら、彼はがっかりした気持ちでいっぱいになるでしょう。ここでコーチとして、「これはあなたが前からやりたがっていた連載記事を書くいいチャンスじゃないですか。その記事を書くことで、新しいビジネスの立ち上げに役に立ちますよ」と指摘するのです。このように、あなたは彼の経験を、彼が本当にやりたいことに照らし合わせて描き直すことができるのです。同じ情報を使って、コーチはクライアントの人生を最大限活かした全体像から経験を解釈するのです。

実際、視点転換は、クライアント自身にやってもらっても同じように効果が生まれます。先ほどの例で言えば、こんなふうに言うことができるでしょう。「あなたは落胆しているようですが、あなたならこの6ヶ月をどのように使って、ほかの新しいビジネスの土台づくりをしますか？」。視点転換のスキルには、物事の明るい側面に焦点を当てることが求められます。その一方で、クライアントのためにただ明るく元気よく慰めるというだけのことではありません。視点転換は「チャンスはいくらでもあるよ」とか「明日は明日の風が吹くさ」などといった、単なるありふれた慰め以上のものを与えます。視点の転換とは、クライアントの人生の中で実際に起きていることを取り上げ、見え方をシフトさせ、先ほどまで見えていなかったチャンスや道を示すのです。

たとえば、クレジットカードの負債のことで悩んでいるクライアントが、あなたにこの負債を減らすのが難しいと言っています。大型家電が壊れて修理が必要なのでかなり難しい状況だと話したとしましょう。そこで、あなたはこの数ヶ月間、彼女が買い物癖を見事に克服し、定期的に支払いを行い、負債を減らしてきた事実を指摘します。もちろん、このように視点の転換を図っても、大変である事実が変わるわけではありません。しかし、クライアントに対して彼女が才知にあふれ、強い決意を持っていること、そして改善してきていることをしっかりと示します。視点の転換をすることで、「クレジットカードが私の人生をコントロールする」から「私が私の人生をコントロールする」へ、言わばタイトルを変えるのです。

>>> 会話の例

このケースでは、クライアントがある視点にはまっているところから始まります。彼が６週間かけて練り上げた事業計画は、まったく実を結びませんでした。それでも、この経験を通じて、彼は新しい事業を立案する上で役立つと思われる多くのことを学び、素晴らしい人脈もできました。つまり、この経験にはプラスの側面が多くあるということなのです。ここがコーチの目指すところで、今回の努力の結果から行動と学習を強化するのです。

クライアント：完全な行き詰まりですよ。もう、なすすべもないです。６週間かけてやってきたことが水の泡です。

コーチ：この６週間、あなたは大変な熱意を持ってこの事業計画に取り組んできましたよね。あなたがとてもワクワクしていたのを覚えていますよ。

クライアント：ワクワクしていましたね。

コーチ：この６週間で、あなたはどんなことを学びましたか？

クライアント：事業計画のつくり方を学びました。でも、うまくいきませんでしたが……。

コーチ：他にどんなことを学びましたか？

クライアント：自分の専門領域以外の人たちに対して、どうプレゼンテーションすればいいかを学びました。

コーチ：技術畑以外の人たちということですか？

クライアント：そうです。投資家や銀行関係の人たちです。

コーチ：他に学んだことはありますか？

クライアント：こういったことも自分にはできるんだということに気づきました。技術者の仕事ほど楽しいとは思いませんが。

コーチ：とすると、この６週間をあなたはどう評価しますか？

クライアント：本当はこうしたことを半分くらいの期間で学べればよかったんでしょうが……。でも、今は形になり、プレゼンテーションもできます。誰か私の計画に投資したいという人が他に現れるまで、投資家にプレゼンテーションを続けていけばいいですね。

コーチ：それはいいですね。では、今週それについて何をしますか？

◆区別のスキル

視点転換のスキルは、状況を新鮮な視点で見ることでクライアントを手助けする方法です。別の方法としては区別のスキルがあります。これは、2つないしそれ以上の考えが絡み合って1つになり、制限的で力を奪うような信念になっている時、グチャグチャになった信念を明確に分けていくことを手助けしていきます。その信念は人生における事実のように見えますが、実際は違います。それは「みんな知っているように……」というような出だしで始まることが多いのが特徴です。

たとえば、あるクライアントが、自分はマネージャーであり、自部門とその業績に責任があるので、その専門家でなくてはならないと信じているとします。しかもすべての答えを持っていて、信頼できる権威である必要があると信じているとしましょう。このため彼女は、自分のチームの誰かが自分がすぐに答えられないような質問をし、そのことで恥ずかしい思いをし、自分の信頼性や権威が失墜してしまうのではないか、という恐れをつねに持っています。

事実を分けていくと、1つは彼女はマネージャーであること、もう1つは彼女が持っていない専門知識や経験を持ったチームメンバーがいるということです。あなたはコーチとして、この区別をすることができる客観性を持ち合わせています。あなたは次のように伝えることができます。

「あなたはこの2つの事実を1つにしているように聞こえます。つまり、あなたはマネージャーである。だからすべての答えを持っていなければならないと。もしこれが真実でなかったらどうなりますか？」

>>> 会話の例

コーチとクライアント

クライアント：私は毎週システム手帳を使って計画を立てています。日曜日の夜に時間を取って、1週間の計画を立てているのですが、これが何ひとつ役に立っていないんです。火曜日までにはその週の予定がめちゃくちゃになってしまいます。

コーチ：計画通りにやろうとしたらどうなるんですか？

クライアント：他の人が頼み事をしてくるんです。私を必要とする緊急の要件があるということで。これらは必ずしも私の計画には入っていません。それで計画はおじゃんです。

コーチ：そこで、もしあなたが断ったらどうなるんですか？

クライアント：うちの会社ではあり得ません。そんなことは通用しないのです。ここで成功するためには素早く、柔軟に、火を噴いている案件に対応しないといけないんです。それがうちの会社で言うところの「チームワーク」なんです。

コーチ：そのために、あなたはずいぶん多くの代償を払っているようですね。また、あなたはいくつかのことをごっちゃにしているように聞こえます。それらを分けてみたらどうでしょう？

クライアント：どういうことでしょうか？　ちょっとわからないのですが。

コーチ：「人から何かを頼まれたら、自分の計画を諦めなければならない」とあなたが言っているように聞こえます。

クライアント：うちの会社では、そうだということです。

コーチ：なので、ちょっと試しに他の見方がないか探ってみたいのですが、いいですか？　いくつか他に考えられる見方を提供したいと思います。

クライアント：ええ、いいですよ。

コーチ：ここに２つの事実があります。１つは、人が頼み事をするということ、もう１つはあなたには計画があるということです。今まであなたは頼み事には自動的に「はい」と言ってきました。頼み事に対して、他にどんな対処の仕方が考えられますか？

クライアント：まずは自分の予定を確認しなければならないと伝えて、「はい」と言うのを遅らせることはできるかもしれないですね。

コーチ：それはいいですね。他にはどんなことが考えられますか？

クライアント：時には断ることができたらいいなと思います。

マネージャーと部下

部下：すみません。メアリー、少しお話しできる時間はありますか？

マネージャー：いいですよ。どうしました？

部下：チームメンバーとうまくいっていなくて、これが何ともなりそうにもないんです。改善が見られないので、どうしたらいいかアドバイスいただきたいのです。

マネージャー：どうお手伝いできるでしょう？

部下：私はチームのみんなに公平でありたいんです。私は基本的にプロジェクトを任せています。プロジェクトのいくつかはおもしろく、創造的なものがほとんどですが、率直に言うと、あるプロジェクトは退屈です。あなたはこの立場に昔おられたので、おわかりですよね。

マネージャー：ええ、わかりますよ。そして、公平さに問題があるように聞こえますね。

部下：チームには本当に優秀な人間が何人かいます。あなたも彼らの仕事をご覧になったことがあると思います。彼らが不平をもらしているんです。私にいつも言うわけではないのですが。彼らは自分たちはもっといい仕事をもらって、つまらない仕事は減らしてもらうべきだと考えているんです。

マネージャー：そして、あなたはチーム全員に公平でありたいと言っていましたね。

部下：はい、そうです。私は全員が均等に仕事を共有すること、つまり、ワクワクするプロジェクトにも、平凡なプロジェクトにも両方入ることが重要だと思うんです。

マネージャー：チームリーダーであるあなたにとって、この問題の要点は何ですか？

部下：どうやったら、優秀な人間を満足させつつ、公平感を創り出せるか、です。

マネージャー：私が気づいたことを伝えてもいいですか？

部下：ぜひ聞かせてください。

マネージャー：あなたは2つのことをぐしゃっと1つにしているように聞こえます。あなたは「公平さ」とは「全員が同じ仕事をする」ことだと説明しました。それぞれの考えを引き離して考えてみましょう。その上で質問します。「本当に優秀なメンバーがいる中で、チームにとっての公平さとはどんなものだろう？」

部下：この質問への答えを私に教えてくれるわけではないんですよね？

マネージャー：はい。それはチームリーダーの仕事ですからね。

これらの例は、一緒くたになって絡み合った考えを切り離すことができれば、クライアント自らが創り出した罠から逃れることができるという典型的な例です。切り離していくプロセスの中で、様々な種類の新たな可能性が浮かび上がってくるのです。

演習

1．自己管理

コーチング的会話をする中で、あなたはどのような時に「引っかかり」、自分を見失いますか？　どのような時に自己管理を必要とするのでしょうか？　まずは、クライアントからどのようなことを言われると、あなたの意識はレベル１へと引きずり込まれるか、思いつくことを10個挙げてください。たとえば、クライアントが「あなたは私の話を聴いていませんね」と言った時、などが考えられます。次に、上に挙げたような状況の中で、あなたが再び会話に戻り、集中できるようにするためにどのようなことができるか、思いつくことを10個挙げてください。

この際、あなたが自分のコーチングに対して行っている自己批判にも気づきましょう。それをリストアップし、内省のための時間を取りましょう。こうした自己批判に気づけば気づくほど、コーチング・セッションの最中にあなたが「引っかかる」頻度は少なくなるでしょう。

あなたはどんなテーマを避ける傾向がありますか？　どんなテーマだと、あなたは「自分はまだ未熟だ」とか、「このクライアントに自分はふさわしくない」とか、あるいはただ単に不愉快に感じるのでしょうか？　マネージャーであれば、解決したいという罠に瞬時にはまってしまうのはどんな時でしょうか？　あなたが「引っかかる」のはどんな状況でしょう？

2. 励ましのスキル

第３章の俯瞰のスキルで作成した10人の友人や知人のリストをもう一度使います。彼らを励ます電話をかけたり、手紙、メールを送ってみましょう。この際、次のことが鍵となります。彼らは「そのこと」ができるとあなたが信じていること。彼らにとって「そのこと」が何であったとしても、彼らにはできるとあなたは信じているわけです。そこで、コーチであるあなたへの問いは「あなたはどうやってそれがわかるのですか？」ということです。ここに励ましの本質があります。励ましには理由があり、根拠があります。「彼らができると思うのは『　』だからです」。この文章の空欄を埋めてから、彼らが行う必要があることはできると伝えてください。なぜあなたがわかるのか、明確な感覚がないと、励ましは単なる虚しいお世辞に聞こえてしまいます。逆に、あなたがすでに知っていることに根ざして励ませば、彼らを信じていることはしっかりと伝わるでしょう。

3. 浄化のスキル

まず、友人や知人の１人に浄化のスキルを教えて、あなたが浄化するのを支援できるようトレーニングしましょう。あなたのパートナーの役割は、あなたが浄化するものが何であれ、もうないというところまでたどり着くことを促してもらうことです。より深く進んで、ボリュームを上げ続けるようサポートしてもらいます。あなたに実際何が起きているかを彼らが理解する必要はありません。大事なことは、陸上選手がゴールに到達するのに声援を送るように、ただあなたが浄化するのを応援してもらうことです。

ひと通りスキルを教えたら、あなたの人生の中で浄化を必要としている領域を選び、相手と一緒に浄化を行っていきます。そして、それが終わったら、浄化する中で何が起きたのか、相手に話したり、ノートに書き記したりしてみましょう。自分に溜め込んできたすべてを表現できると、溜め込んできたものはどのように変化するでしょうか？

第 III 部

コーアクティブの指針

Co-Active Principles

第Ⅲ部ではコーアクティブ・モデルの３つの指針、フルフィルメント、バランス、プロセスを見ていきます。これらの指針は100%で生き切っている人生の３つの側面を表しています。コーチングではこれら３つの指針を入口にすることで人生の質を深めていくことにつながります。また、コーチとクライアントに人生を見る３つのレンズを提供しているとも言うことができます。このレンズを通してクライアントは人生の経験を創り出してきた選択の影響を理解します。そして、このレンズで見ることによって、その影響をさらに大きなものにしていくことが可能となります。

コーチングでは、クライアントが持ってくるテーマは様々な形をとります。たとえば、達成したい目標、下すべき決断、身につけたい新たな習慣、やめてしまいたい癖、解決したい課題などがあるでしょう。プロのコーチによるきっちりとしたコーチングであれ、マネージャーと部下の会話であれ、これらは目に見える成果として、コーチとクライアントの会話の主な焦点となります。コーアクティブ・アプローチでは、この会話は協働作業で行います。クライアントの望む成果に向けて最適な環境を創り出すよう、コーチは５つの資質を持ち込みます。

クライアントから出されたテーマはクライアントがコーチングを受ける理由と言えます。しかし、コーアクティブ・コーチングが人を惹きつけてやまない中核には、そこにさらに深い目的があると考えるからです。その目的とは、いつも明らかでスポットライトが当てられているわけではありませんが、必ず存在しています。それは人がそれぞれ違うように、ユニークで異なるものですが、フルフィルメント、バランス、そしてプロセスという３つの指針を豊かに表現したものなのです。

クライアントが行う選択は必ずどこかにつながっています。その選択は独立したものではなく、クライアントの人生の中で時に深く反響し合います。これらの選択は当たり前のように見えることがあるかもしれません。必要な行動の選択は一見パッとしなくともクライアントの人生の質につながっていきます。このような毎日の選択を積み重ねることで、さらにフルフィルメントな（充実した）人生を送ることができます。また、人生におけるたくさんの選択の間でどうバランスをとっていくかという方法を手にすること、そしてフルに生き、フルに表現され、フルに経験された豊かな人生につながるプロセスを創り出すことも可能となるのです。

第Ⅲ部では、これら「３つの指針」や、「３つの指針」に沿ったコーチングの実践について解説し、会話例を提供します。

第8章
フルフィルメント
Fulfillment

少しの間、あなた自身の人生について考えてみてください。あなたにとって真に「充実した人生」をイメージしてみてください。それはどのようなものでしょうか？　それを味わい、実感してみてください。このような「充実した」という言葉を含む問いに答えようとすると、単に「何が欲しいですか？」と尋ねられた時よりも深く考えさせられることに驚くかもしれません。この深さこそ、フルフィルメントがコーアクティブ・コーチングの３つの指針の１つとなっているゆえんです。

正直に言うと、コーチングにやって来る人のほとんどは、「私が望んでいるのは、より充実した人生です」などとは言いません。少なくともこれとまったく同じ表現は使わないでしょう。また、部下があなたのオフィスに話に来る時も同様です。どちらの場合でも、もっと具体的で喫緊の何かを考えているのが普通です。その時は、これらの具体的な状況がより充実した人生や仕事につながっていることには気づいていないことでしょう。しかし、それらは根底でつながっています。そこには、より深い何かを求める切なる願いがあります。充実した人生とは、意味や目的、そして満足感のある人生なのです。

そして、この願いこそがあたかも船の竜骨のように水面下でクライアントの人生を形づくり、彼らを本来進むべき方向に導いていくと私たちは信じています。もしもこの竜骨がなければ、船はただ風に吹かれるままに漂流し、思いもよらぬ方向に押し流されていってしまうでしょう。コーチがもたらすことのできるもっとも価値あることの１つは、その人独自のフルフィルメントの形を見つけ、またこの一瞬に投げかけられた質問がフルフィルメントにどのようにつながっているかを明確にするのを手助けすることです。フルフィルメント・コーチングのツールは、クライアントがそのつながりを見つける助けとなります。

こう言うと、とても単純なことのように聞こえるかもしれません。しかし、私たちの経験から言うと、クライアントが真にフルフィルメントの道を選び、そしてその道を歩き続けることは、とてつもない勇気と決意を要することなのです。

私たちが住むこの世界は、人々を箱の中に押し込めるようにできています。その箱はとても快適であることが多いのですが、それでも箱であることに変わりはありません。仕事においては短期的な成果を得るために、何か事をなすよう、つねにプレッシャーがかかります。そのため、「今取り組んでいることは自分の充実した人生にどのようにつながっているのか？」と探求する時間はほとんどありません。

本当に充実した人生を創り出すことを選べば、ほぼ間違いなく現状を揺さぶり、波風を立てることになるでしょう。これは充実した人生に向けて目標を設定し、行動に移す時にはつきものです。

それでも、その目標と行動がつながり、起こす行動がフルフィルメントを実感するものである時、毎日の瞬間瞬間が本質的な変化を呼び起こすものになります。だからこそ、コーチは、クライアントとのコーチングを始めるに当たって、フルフィルメントのある人生を生きるということがいったい何を意味するのかをあらかじめ理解しておくことが重要なのです。

充実感を求めて

多くのクライアントが充実した人生を生きようとして苦労するのは、そもそも誤ったところを探していることに原因があります。彼らは、もっと充実した人生を手に入れる方法を探す中で、まず何を持っていて何を持っていないかを洗い出し、その差に着目します。そしてその差を埋めるもの、つまり、自分の人生をもっと充実させてくれる「もの」を探します。その「もの」は、今より給料の高い仕事や別荘、あるいは事業の成功などのように明らかなものかもしれません。もう少し抽象的な「もの」、たとえば、素晴らしい結婚や昇進のようなものを求めているかもしれません。

残念ながら、「もの」を手に入れることによって得られるのは、束の間の満足感に過ぎません。実際、あなた自身の人生を振り返ってみてください。欲しくてたまらなかったものをやっとの想いで手に入れた時の満足感が、いかにあっという間に冷めてしまったことか。新しい車や新しい仕事、あるいは新しい恋人を手に入れてから半年後にどのような気持ちになったか、思い出してみてください。「充実した人生」とは、達成したり、獲得することで得る何かではありません。それは連続した創造のプロセスなのです。充実感を求めて「もの」を探し続けたとしても、一時的に満たされるだけで、つねに欲求不満を感じることになるでしょう。

◆充実感とは何か

コーアクティブ・コーチングでは、充実感を異なる形でとらえています。「充実した状態」を創り出すにはどうしたらいいか、クライアント自身に考えてもらうのですが、目標を達成した「未来のいつか」ではなく、今日それを創り出すにはどうすればいいかについて考えてもらうのです。

コーアクティブ・アプローチにおいては、フルフィルメントとはわれわれの日常生活の中で創り出すことが可能だと考えます。もちろん、さらに充実した未来を心に描くことは、それ自体、充実感をもたらしてくれます。また、それを現実にすべくある目標に向かって努力することも、今この瞬間の充実感をもたらします。それは、私たちは意識的により充実した人生に向かって進んでいるからです。

ここで重要なのは、フルフィルメントとは日々の選択の実践であり、「私が＿＿＿＿＿＿＿するとすぐに」（下線を埋めてください）起こる何かではないということです。

フルフィルメントが誤解を招きやすい理由の1つは、その言葉にあります。フル（full）とはご存知のように「いっぱい」を意味することから、フルフィルメント（fulfillment）というと最終的に到達する状態だと考えがちです。満たされ、完了し、終わった状態です。そうではなくて、フルフィルメントは今日も満たせるし、明日もまた満たせるもの。そして違う形でも満たすこともでき、また次の日も、そのまた次の日も満たせるものということで、矛盾を感じさせるものなのです。充実感をつかもうとするのは幻想であり、まるで日光をビン詰めにしようとするようなものなのです。

これは、クライアントがその人生で「もの」を手に入れようとするのを止めることを意味するわけではありません。クライアントは、相変わらず事業の成功や、よりたくさんのお金、あるいはときめくような恋愛を求めるでしょう。しかし、これらは充実感が表現されたものであり、充実感そのものではないのです。

◆充実感と快感は同じではない

私たちはよく充実感と快感を混同しがちですが、両者の違いを理解することは重要です。もちろん、この２つを同時に感じることもありますが、いつもそうであるとは限りません。

充実感を感じている時は、あたかも万物の法則と調和、一致し、努力を必要としない感覚があります。逆に人生が大変な時だったり、困難に直面していたり、心地がよくないような時にも感じることがあります。中には、最も貧しく、もがき苦しんでいた時期が、最も充実していたと言う人もいます。このような人たちは、彼らにとって重要なこと、つまり、自らの情熱を注ぎ、全力を傾けるに価する何かを行っていたのです。チームメンバーにこれまでの仕事生活の中で最も充実した経験について尋ねると、たいていの場合、とてつもない困難な挑戦を克服した物語について話すことでしょう。それは、楽な時間ではなかったけれども、深いやりがいがあった時のことです。

だからこそ、貧しさやもがき苦しんでいる最中でも、人生は豊かで活気があったのです。もしかしたら、その時の簡素な生活や焦点が研ぎ澄まされていたことで、自分たちにとって何が本当に価値があり、充実感をもたらしてくれるかがはっきりとわかったのかもしれません。しかし、彼らが感じた充実感の感覚はいつも心地がいいとか、幸せだということではなかったはずです。

目的や使命感を持ち、何かに奉仕する人生は、極めて濃密で、時には胸が張り裂けるような想いをしたり、心身を消耗したりしますが、同時にとてつもなく充実したものになり得ます。これこそがフルフィルメントの逆説的なところであり、外側では苦労していても、同時に内側では心の平安を感じるということが可能なのです。

◆生き生きとする

実際、「フルフィルメント」とは、単純に次のように表現できるかもしれません。その人が100%その人らしく生き生きしていること。言い換えれば、目いっぱい自分という存在を表現している状態であり、自分が正しいと信じることを実行しているということです。クライアントは、すでにそれがどのような感覚なのかを知っているはずです。人によっては、一体感や満足感、これでいいのだという感覚や調和などと表現するかもしれません。

私たちがこの感覚を表現する際、「響いている」という言葉を使います。その人がもっとも価値を置くものを選択した瞬間、人生はある周波数で振動します。その振動は、とても劇的で激しく、ワクワクドキドキするものかもしれません。反対に静かで優しく、繊細で親しみやすいものかもしれません。もしくは、これらの性質すべてを包含し、物理的な法則に逆らい、えも言われぬ独特の組み合わせかもしれません。感覚は様々ですがクライアントはそこに「響いている」感覚を味わいます。そのクライアント本人にしかわからないような一体感や強烈な生き生き感の中で、バラバラに感じられていた人生や仕事が１つになるのを感じるでしょう。それは、意味のある仕事をする、人の役に立っていると強く感じる、貢献している、与え、受け取る、勝つためにプレイする、フロー状態にある、創造力を発揮している……といったことを通じて経験します。それはまさにクライアントが完全に自分自身になりきるという経験なのです。

行動と深いところから感じる目的が一致している時、その響いている感覚は意欲を湧き立たせる、とてつもない原動力になります。行動と目的をつなげることでクライアントの願いと決意は強まり、登る山が険しく、逆風が強まる時でもクライアントを助けてくれることでしょう。

◆大きな主題と小さな主題

コーアクティブ・コーチングでは、たとえそれが言葉にされていなくても、つねに主題を見ています。これを大きな主題と呼び、コーチングの核となるものとして位置づけています。大きな主題とはクライアントの「フルフィルメント」な（満たされた）響いている人生であり、クライアントがその価値観から生きている人生です。また、これはダイナミックな行動の中から生まれ、クライアントの人生における優先順位を「バランス」させ、瞬間瞬間を生き切っている人生でもあります。そして、クライアントは、人生の「プロセス」の中に完全にいるのです。

たとえつねに表面には表れていなくても、コーチとクライアントがいつも注意を向けている根本的な質問があります。「あなたが心から望んでいるのはどのような人生ですか？」。この質問では、クライアントが「どうあるか」に重点が置かれています。フルフィルメント・コーチングでは、「あなたのビジョンはどんなものですか？」「あなたは何者になろうとしていますか？」「人生がもっとも生き生きしている時、何がそこに存在しますか？」といった質問をして、クライアントの大きな主題を探します。

一方、クライアントが人生の中で「何をするか」という行動についても話をしていきます。これがなければ、コーチングはとても興味深いけれども内省的な会話に過ぎません。行動はクライアントの充実した人生を現実にするものであり、コーアクティブの「アクティブ（行動的）」の部分です。これを小さな主題と呼びます。大きな主題との比較や、重要性が低いから「小さな」というわけではありません。これを小さなものとして位置づけるのはとんでもないことです。フルフィルメントに存在する両方の側面を語るために便宜上このように分けて表現しています。このほうがわかりやすく、両方とも絶対に欠かせないものだからです。小さな主題とは目標や行動、確認事項からなります。毎回のコーチング・セッションでは、取り組むべき課題があり、計画を作り、目標を明確にし、行動と学習について確認します。

コーアクティブ・モデルでは、小さな主題は大きな主題を満たし、現実にすることにつながっています。これは極めて重要です。コーチの仕事の

1つは、クライアントのために俯瞰する視点を保つことが挙げられます。クライアントが起こそうとしている行動がクライアントの響きや生き生きとした人生と合致しているのか、または、環境や恐れ、もしくは義務感に駆られたものではないかをつねに確認していくのです。

充実感と価値観

ここで、あなたが至上の喜びや深い満足感をもたらす何かをしている場面を想像してみてください。愛する人たちとともにいる場面でもいいですし、本領発揮して人の役に立っている場面でも構いません。実際にそれを体験することができたら、さぞかし充実感を感じることでしょう。ここで思い浮かべたことは、まさにあなたが人生でもっとも価値を置いているものにしたがって生きている時の姿なのです。

価値観と充実感の間には、それを分けて考えるのが難しいくらい、深いつながりがあります。クライアントが自らの価値観を発見し、明確化するのを支援する作業は、あたかも人生の分かれ道において、どちらに進めばよいかを示してくれる地図をつくるようなものです。価値観が明確になると、クライアントにとって何が大切で、何が大切でないかがよくわかるようになります。さらに、人生でなくてはならないものは何かということを発見します。これによって、充実感をもたらすものにもとづいて、自分の立ち位置を明確にし、選択する助けになります。

自らの価値観を尊重すると、仮にそれが困難を伴ったとしても、人は充実感を感じるものです。たとえば、「ありのままでいる」ことに大きな価値を置いているクライアントがいたとします。その価値観に沿って生きるために、居心地の悪い体験をすることもあるでしょう。しかし、この居心地の悪さはいずれ消え、むしろ価値観に沿ったことによる誠実さや一致感が残ることになります。

価値観を尊重しないと、クライアントは自分の内側で緊張や不協和音を感じます。人は概して柔軟で我慢強いので、かなりの不一致感を抱えたまま生きていくことができますが、自分自身を裏切るという代償は決して安くはありません。結果として得るのは充実感ではなく、我慢、もしくは背信の人生になるでしょう。

◆価値観は道徳や原理・原則ではない

価値観は道徳とは異なります。価値観について考えるのに、道徳的に正しい行いか、そうでないかというのは意味がありません。もしかしたら、高い道徳をもって生きることを価値観とする人はいるかもしれませんが、価値観は道徳的な性質や倫理的振る舞いに関するものではありません。価値観は、自らを律することや、行動規範のような原理・原則とも異なります。価値観は、人が本来の完全な姿で生きた時、人生に現れる特質です。

クライアントの価値観にはもともとよいも悪いもありません。賞賛されるべきは価値観そのものではなく、クライアントがその価値観に完全に沿って生きる力なのです。私たちが自らの価値観と人生の中で行う選択を尊重する時、内側ではこれでいいのだという「正しさ」を感じます。それは１つ１つの価値観が独自の音色を生み出すようなもので、私たちが価値観に沿って生きる時、さまざまな音がえも言われぬハーモニーを奏でるでしょう。逆に、私たちが価値観に沿って生きていない時、不協和音が生まれます。この不協和音が極端に振れたり、不快な状態になってくると、私たちの健康を蝕むことにもなりかねません。

リーダーやマネージャーが知っておくべき重要なことは、価値観は選択に表れ、その選択は行動に表れるということです。あなたはどんな瞬間も自分の価値観を体現しています。これはあなたの部下も同じです。リーダーとして、あなたの行動、たとえば、あなたが行ったり、行わない意思決定、そして人をどう扱うかということは、部下やあなたのリーダーシップが及ぶ人たちの鋭い視線にさらされています。彼らはあなたを観察しているのです。

あなたはその行動で雰囲気を創り出します。そのことで実はあなたが価値を置いているものをつねに明らかにしているのです。企業の価値観を目立つ場所に貼り出す企業もありますが、どのようにあなたが行動し、反応するのかは、そのリストよりも強力です。行動は言葉よりも物を言います。

メンバーの価値観も、彼らの行動に表れます。彼らの行動に表れる価値観を探すことで、彼らにとって何が重要なのか、何を優先するのか、どのように選択するのか、その選択がどのように仕事の人間関係に影響を与えるのか、あなたは知ることができます。

「価値観の明確化」のワークをきちんとしなくても、あなたは彼らにとって何が重要なのかを知ることができます。たとえば、メンバーの１人が、「尊重」と「１つになること」にとても大きな価値を置いているのに対し、別のチームメンバーは、「物事を成し遂げること」「結果に向けて突き進むこと」にとても大きな価値を置いているとしましょう。どちらのチームメンバーもそれぞれの価値観にもとづいて選択しますが、協働しようとすると、価値判断が対立して袋小路にはまってしまうことがあります。どちらが正しい、間違っているということではありません。目に見える対立には、その向こうに価値観があり、それを明確にするわけです。

◆価値観の明確化

価値観には形がなく、したがってそれは特定のものや行為を指すものではありません。たとえば、お金そのものは価値観ではありません。しかし、お金を使うことで、楽しみや創造性、達成感、心の平安、あるいは他人への奉仕などの価値観を尊重することにつながることはあります。また、旅行やガーデニングそのものは価値観ではありませんが、これらは冒険や気づき、自然、あるいは精神性といった価値観を尊重する大切な活動になります。

ただ、価値観に形がないとは言っても、他の人から見て、まったく形がないわけではありません。たとえば、知らない人がたくさんいる部屋に入ったとしましょう。その人たちが身につけているものや立ち居振る舞い、誰とどんなふうに接し、どんなテーマについて会話をしているかといったことから、それぞれがどのような価値観を持っているかが何となくわかるはずです。つまり、あなたはその部屋にある、パワーや自立、友情や親密感、つながりや楽しさといったもろもろの価値観を感じ取ることができるわけです。

コーチであるあなたは、クライアントがどのように生き、どんな行動を起こし、何を選択して何を選択しないかなどの話を聞きながら、その人の価値観を感じ取ることができます。そして、クライアントが自らの価値観を尊重している時としていない時を認識できるようになれば、その両方からクライアントについて何かを学ぶことができるでしょう。価値観を明確化する作業が１回限りのものではなく、繰り返し行うべきものと言われるのは、まさにこのような理由からなのです。

言語にはどうしても限界があるため、１つの言葉で価値観を表現しようとするよりも、複数の言葉で表現するほうが容易な場合があります。具体的には、斜線を使ってその価値観に関わる言葉を「数珠つなぎ」にしてみると、よりその価値観の立体的な意味が見えてきます。たとえば、「自由／リスク／冒険」と「自由／自立／選択」とでは異なるでしょう。

実際には、言葉でどう表現するかよりも、クライアント自らが価値観のインパクトを感じられるかどうかのほうが重要です。すべての価値観や価値観の集まったものを見るとそれぞれの人にとって固有なものであることがわかるでしょう。ちょうど、身体的特徴の違いが人の外見に独自性をもたらすように、価値観を言語化したり、その優先順位付けをしてみたり、価値観を明確にすることによって、その人のアイデンティティが形になるのです。

クライアントの選んだ言葉を聞き、クライアントが言いたかったことを正確に理解することは重要ではありません。クライアントがその言葉の意味するところをはっきり認識してさえいれば十分です。そうすれば、クライアントが自分の道から逸れていると気づいた時、価値観を表すこれらの言葉が、再びその道に戻るのを助けてくれるでしょう。

実際、価値観の特質をとらえるには、一般的な言葉よりも、クライアント独自の比喩や表現のほうが適している場合がほとんどです。たとえば、次のような価値観を持つクライアントがいるかもしれません。

- コヨーテ／ワイルドなダンサー／いたずらっ子
- 光り輝く／シェニール織／ラベンダー
- 拍手喝采／いちかばちか／電光石火

ユニークかつ自分らしい表現は、辞書から選び出された言葉よりも多くのエネルギーを伝えます。そして、彼らの人生の中で価値観を大事にしようという思いが高まるのです。

◆価値観を明確化することの価値

クライアントの価値観を明確化する上で最も効果的な方法は、クライアントの人生から直接導き出すというやり方です。クライアントに、自らの人生の中でどのような価値観が表れているかを話してもらいましょう。一緒に価値観をグループ分けしてみたり、自分らしい言葉を使って語ってもらいましょう。通常、いかなる人生の状況からも価値観を探ることができますが、良きにつけ悪しきにつけ、強く心に残ったものほど探りやすいと言えます。

このように、価値観とは何か一覧表のようなものから選ばれるものではなく、クライアントの生き様から自然と浮かび上がってくるものなのです。もしクライアントに既存の価値観リストを見せると、「これがあったらいいな」とか「これなら人が感心するだろう」と、まるで「価値観の買い物」をしがちになります。人はどうしても価値観について評価判断しがちなので、自分が持つべきだと考える「正直」とか「謙虚」といった価値観をリストに入れ、逆に社会的に望ましくないとされがちな「権力」や「承認」などは除外することが多いでしょう。

価値観は日々クライアントが行う選択の中に「存在」しているか、もしくは「欠如」しているかという形で必ず反映されています。つまり、どんな日常の活動であっても、尊重している価値観、もしくはないがしろにしている価値観につなげることができるのです。

コーチとして次のような問いをクライアントに投げかけてみるといいでしょう。それは、「その価値観はどこに表れていますか？」「なおざりにしてしまう価値観はどれですか？」「あなたが決して妥協しない価値観はどれですか？」といったものです。いったん、あなたがクライアントと独自の価値観リストを作ったら、次にそれらの価値観を重要度の高い順に10個並べてもらうというのも効果的な方法です。

ただ、これによって得られる価値観の優先順位リストは、それを作る過程に比べるとさほど重要ではありません。言うまでもなく、クライアントはいつでも好きな時にその順番を変えて構わないのです。優先順位付けをするワークを通じて、クライアントが１つ１つの価値観の独自性と向き合い、価値観を特定の順番で並べ替えることで、それぞれの価値観の持つ重要性を感じられるようになります。コーチによっては、これをゲームのようにしてしまう人もいます。

たとえば、「もしも見ず知らずの危険な場所に行くとして、たった５つしか価値観を持っていけないとしたら、絶対に持って行きたい価値観はどれですか？」と聞いてみます。このように、クライアントに厳選してもらうことで、人生において最も重要な価値観についての自覚を高めるようにするのです。

さらに、こうして選んだそれぞれの価値観をどれだけ尊重しているかを10段階で評価してもらいます。人生でまったく尊重していない場合は１点、どんな時でもつねに尊重している場合は10点とします。すると、その中には、必ずと言っていいほどクライアントの人生のいくつかの重要な場面で、４点から６点くらいしかつけられない価値観があります。そこでは、その重要な価値観が無視されたり、時には、価値観に背いたりしているため、気になっていたり、時には怒りや腹立たしさを感じています。そのような時はコーチングをするのに絶好の機会です。

たとえば、次のように尋ねてみるといいでしょう。「これは何を意味するのでしょう？」「その状況でどうすればその価値観をもっと尊重することができますか？」「その価値観を尊重しないことで、どんな代償を払っていますか？」「何がその価値観を尊重することを止めているのでしょう？」

マネージャーとして、チームメンバーの１人ひとりとの価値観を明確にするワークはしないかもしれません。もちろん行うこともできますし、行えば大きなメリットがあります。そのメンバーは何に集中しがちなのか、意思決定の際に影響を与える最も強い力は何か、また、どこに盲点があるのかということについてさえ、あなたは深くとらえられることでしょう。

しかし、価値観が行動に表れたとき、その価値観がもたらしている影響に注意を向けるだけでも素晴らしい気づきがあります。そのメンバーがどのように意思決定するのか、どう人とコミュニケーションし、リソースをやりくりするのか、また、新たな難しい課題にどのようにアプローチするのかについて、深く理解することができます。このようにしてマネージャーとして、行動の背後にある意図や動機を理解するきっかけを手にすることができるのです。

フルフィルメントに焦点を当てたコーチング

これまで見てきたように、何に充実感を感じるかは、人によって異なる上、つねに変化するものでもあります。25歳の頃に充実感を感じたことが、35歳になると色あせて見えるかもしれませんし、35歳の頃には世俗的な成功に情熱を燃やしていたのが、45歳になったら内なる平安を求めるかもしれません。

したがって、クライアントが今日の段階で描く「充実した人生」とはどのようなものかを明確にするよう支援することが重要です。クライアントが何に充実感を感じるのかを明確にする上で役立つ実用的な方法やツールはたくさんあります。そして、継続的にコーチングを行う中で、これらの方法やツールを繰り返し使うことが可能です（具体的なツールのより詳しい情報は巻末の「ツールキット」を参照）。

◆満足のレベル

ある１日におけるクライアントのフルフィルメントの状態を大局的に見ることができる「人生の輪」（図５参照）はとても効果的なツールです。クライアントとともに輪に描かれたそれぞれの領域を見ながら、クライアントのフルフィルメントの状態を10点満点で評価して話し合ってみましょう。そして、クライアントがそれぞれの領域、たとえば、お金や人間関係、あるいは健康といった領域においてどれくらい充実感を感じているのかを尋ねてみます。もしくは、仕事・キャリアの領域が最高に充実している状態とはどのような状態かを尋ねてもいいでしょう。

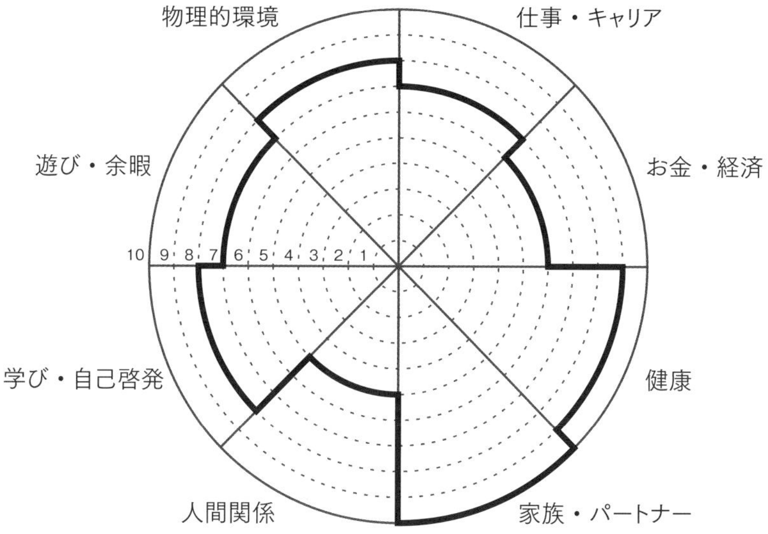

図５　人生の輪：フルフィルメント

ここで気をつけたいのは、「仕事・キャリアを充実させるために、何を手に入れる必要がありますか？」と問うのではなく、「どうすることで充実感がもたらされますか？」と問いかけることです。そして、この方向で話を掘り下げていきましょう。何が出てきても、「他には？」や「もっと聞かせてください」などと聞きながら探索していきます。

ここでの目的は、より深い意味を探って明らかにしていくことです。時には、あなたが聞いたことを明確に言葉にして、それをクライアントに伝え返すことで自分が言ったことを本人が再度聞くこともできます。たとえば、次のような感じです。「お金に関しては安心感を持っていたいとおっしゃいましたね。そして、それは緊急時に対応できるだけの蓄えがあるということだと……。そうすると安心感という価値観があるように聞こえますが、どうでしょうか？」

このように、人生の輪を使うことで、クライアントはどの領域において充実していないのか自ら理解することができます。そして、あなたの支援を借りながら、クライアントは自分にとってのフルフィルメントとは何かを考え、理解していくプロセスを体験することができます。たとえば、次のように始めてみるといいでしょう。「健康という領域で、あなたの充実度は6点だとおっしゃいましたが、それを10点にするにはどうすればいいのでしょうか？　充実させるためにあなたは何をしますか？」

マネージャーであれば、従業員にこの演習を用いて、「仕事における人生の輪」をデザインしてもらうことができます。それぞれの領域はその人の仕事やキャリアにとって重要な要素を表します。そして、こんな質問を問いかけてみてください。「充実した仕事には何が含まれるでしょう？」「それぞれの領域の現在のスコアは何点ですか？」

◆価値観と意思決定

コーチングにおいて、価値観は選択の「正しさ」を明らかにしてくれます。また、残念な選択も明らかにします。クライアントは自分がこれまで下してきた様々な決断を振り返れば、いつ価値観を尊重し、いつそれをないがしろにしたか自分でわかるはずです。コーチにとっても、クライアントの価値観を理解していることはとても役に立ちます。なぜなら、クライアントが取ろうとしている行動が本人の価値観に沿っていれば、流れるように楽な感覚で行動につながっていくのがすぐにわかるでしょう。逆に本人の価値観が尊重されていないとわかると、タイタニック号の行く手に立ちはだかる氷山のようにはっきりと障害に気がつくことができます。

価値観について話すことは、クライアントが何か決断を下そうとしている時に大いに有効です。クライアントが様々な行動を選択する中で、価値観はまさにリトマス試験紙のような役割を果たすのです。このような時、次のような問いを投げかけてみるといいでしょう。

「その行動を取ることで、あなたは自分の価値観に沿った生き方に近づきますか、それとも遠ざかりますか？」「もしもその決断を下したら、あなたはどんな価値観を尊重したことになりますか？」

また、クライアントが人生における重要な決断を下そうとしている時は、それが先ほど挙げた優先順位の高い10個の価値観をそれぞれどのように、あるいはどの程度尊重することになるのか尋ねてみるのもいいでしょう。クライアントにとって重要な価値観にもとづいて下した決断は、必ずや充実感をもたらすはずです。それは、必ずしも最もやさしいことや最も楽しいことではないかもしれません。もしかしたら、何らかの犠牲や不愉快な結果を伴うかもしれません。しかし、最終的には、時が経つにつれ、最も充実感をもたらすことになります。

私たちはあまりにも頻繁にこれとは正反対のことをしているのを目にしています。繰り返しクライアントは、銀行口座にいくら残っているかということや、居心地の悪い思いをすることに対する恐れや、他人に不快な思いをさせることへの心配などにもとづいて決断を下します。彼らは、そんな時最も楽なものは何か、最も波風が立たないものは何かということにもとづいて選択をするのです。こうした決断は自分自身や価値観を裏切ることになるので、クライアントの充実感には決してつながりません（価値観を明確にするエクササイズについての詳細は巻末の「ツールキット」を参照）。

◆フルフィルメントと人生の目的

「人生の目的」を文章にして形にするのも「本当に充実して生きること」の本質をとらえる方法として有効です。「本当に充実して生きること」とは、人生を意図的に生きることや、自分自身と他の人の人生に価値ある選択を行うことです。クライアントは山の頂上に立っているかのように、自分の人生を大きな文脈からとらえることができるでしょう。そこで、彼らは次のような問いを自分に投げかけることになります。

「家庭や職場、あるいは地域社会に対して、自分だからこそ貢献できることは何だろう？」「私が人生をかけて創り出したい違いは何だろう？」

人生の目的に沿った人生を生きることは、深い充実感をもたらします。このように、フルフィルメントは世の中に広がっていき、最終的にはまた彼らのところに跳ね返ってくることでしょう。

目的意識を持つことは、就職活動や仕事における満足感といった点でも重要な要素となります。人は単に給料をもらう仕事にとどまらないものを探しています。彼らは意味ある仕事を探していて、それは一日の終わりに、自分が貢献でき、違いを創り出したと感じることができる仕事なのです。仕事に目的を見出すことで、やる気は満ち、その仕事に深く関わるようになります。

クライアントの人生の目的を探る方法はたくさんありますし、私たちの人生が何に関するものなのか明確に表現していく方法も１つではありません。人によっては、これを「ミッション・ステートメント」や「ビジョン・ステートメント」と呼ぶこともあります。いずれにしても、ある人が真にその人生で残すものは何なのか、その人生が創り出す違いについての核心に触れるのです。

人生の目的とは道であり、目的地ではありません。クライアントはおそらく、その道の途中で、内からも外からも異なる方向へ進むべきだという声を何度となく耳にすることでしょう。時にはその声に耳を傾けることもあるでしょう。特に、自らの人生の目的がはっきりしていない時はなおさらです。人生の目的を明らかにし、それを宣言することで、クライアントは人生で進むべき方向についてはっきりとした感覚を持つことができます。自らの人生の目的の宣言文に見出した真実は、もう誰もその人を止めることはできないでしょう。

人生の目的を明らかにするには、ある程度の時間がかかります。それには、１人で人生を振り返って考えたり、本を読んだり、日記をつけたり、人に話を聞いたりする必要があるかもしれません。自らの琴線に触れるような表現に行き当たるには、ちょうど玉ねぎの皮をむくように、ひたすら自分を掘り下げて、次のような人生に関する重要な問いに答えられる表現にたどり着くことが必要です。

「私がここで満たすべき飢えとは何か？」「私が癒やすべき痛みとは？」「私が伝えるべき教えとは？」「私が持つ道具で完成させられる建物はどこにあるのか？」

人生の目的とは、クライアントが持つ天賦の才や、その人生で得た学びや経験、あるいは知恵を活用することです。そして、充実した人生とは、目的を持って生きる、つまり偶然に流されるのではなく、意図的に生きることができる人生です（ツールキットには、クライアントが人生の目的の宣言文を明確にするのに役立つエクササイズがたくさん収録されています。巻末の「ツールキット」参照）。

人生の目的の宣言文は100％生き生きと、自分らしく、充実した人生に焦点を当てることになるので、コーチングにおいて真価を発揮します。人生の目的の宣言文を創り出していくコーチングは、自己発見に満ち、加えて価値観やビジョンの明確化にもつながる、とても豊かなものです。クライアントは自分に与えられた才能をすべて発揮するよう強く促されます。クライアントが安易な道を選ばず、人生の目的に沿って生きる難しい決断をした時は、まさに認知のタイミングです。目的や意味のある人生を生きるというのは、そう簡単にできることではありません。そして、それこそが、ある意味でフルフィルメントの定義そのものなのです。

◆不協和音　サボタージュの存在

自分の価値観をいついかなる時でも首尾一貫して尊重できているとしたら、あなたは永久に幸せに生きられる方程式を持っているのも同然です。しかし、もしそうなら、なぜ私たちはつねに価値観を尊重しないのでしょうか？　この素晴らしい問いに対しては、100通りもの答え方がありますが、その答えに共通するのは、私たちの抱く恐れが充実感を求める願いよりも強いからです。この恐れはいろいろな形で表れ、自らを妨害することへとつながります。

もしもクライアントが自らの価値観にもとづいて選択をしていなければ、その結果として何らかの不協和音が形となって表れます。それはイライラや怒りとして表れることもあれば、退屈や諦め、あるいは無関心として表れることもあります。また自分を偽ったり、何かのために苦しむことを執拗に正当化する形で表れることもあるでしょう。

コーチであるあなたは、それをきっと気配で感じ取ることができるはずです。それはもしかしたら鼻を突くような恐怖の臭いを放っているかもしれませんし、花のような芳香であなたをうまくごまかそうとするかもしれません。コーチとしては、傾聴のレベル３の気づきを使うことで言外にあるものに耳を澄まし、その不協和音を感じます。それはエネルギーに乱れがあり、「何かがおかしい」という感覚かもしれません。

クライアントは自分の内なる声を聞いています。クライアントは、この声が身の危険や大切な人を失うなど、何らかの「大変な状態」から自らを守ろうとしてくれていると信じているかもしれません。この声はクライアントが危険なリスクを冒すことを防いでくれる存在ですが、変化や、より充実した人生のためにリスクを冒さなくてはならない時に、用心深くなり過ぎる傾向があります。

この耳障りな声は内面にいる「サボタージュ（妨害する人）」の声です。その声は、うんざりするほど聞かされてきた自己評価やルール、そして自己制限的な思い込みをささやいているかもしれません。たとえば、「まだまだ努力が足りない」「もっと出世していてもいいはずだ」「試験では必ず失敗する」などです。

基本的にそのメッセージは、お前はまだまだ能力が足りない、魅力が足りない、収入が足りない、経験が足りない、年齢が足りないなど、あなたは「不足」しているというものです。

もしくは、これらとはまるっきり反対のメッセージもあります。すなわち、お前は歳を取り過ぎている、若過ぎる、時代に遅れ過ぎている、精力的過ぎる、内向的過ぎる、外向的過ぎるなど、あなたは「過剰」であるといったメッセージです。

ほとんどの場合、この声は背後で静かにささやかれ、クライアントの選択に影響を与えます。その声が望んでいる方向に向けて、クライアントが行動を起こすよう、もしくは行動を起こさないように働きかけています。人が自らの人生を変化させようと積極的に行動を起こす時は、必ず警報が鳴り、サボタージュが目覚めることを知っておいてください。それは間違いなく起こります。クライアントにそれは必ず起きると前もって伝えておくといいでしょう。

フルフィルメントとコーチの役割

フルフィルメントと聞くと、それはとても素晴らしいものに聞こえることでしょう。まるでおいしい料理のように、満足感をもたらし、味わい深く、そして最終的には満たしてくれるもののように思われるかもしれません。しかし、フルフィルメントへの道のりは、クライアントにとって困難で、馴染みのない、恐ろしいものになり得ます。自分の価値観にもとづいて人生を生きていく道を選ぶということは、これまで世間が教えてくれたこととは異なります。それは楽ではなく、踏み固められた道ではないのです。

私たちの多くは手に届きそうなところで満足し、他人が望むものや一番簡単そうなもの、あるいは一番痛みを伴わずにすむものにもとづいて選択します。私たちは我慢し、妥協し、そして諦めてしまうのです。フルフィルメントへの道を見出し、その道を選び、歩み続けることは決して簡単ではありません。だからこそ、私たちは充実した人生を選ぶことは「革命的な行為」であると強調するのです。

コーチであるあなたの役割は、たとえクライアントを取り巻く状況がどうあれ、クライアントが自分のフルフィルメントを追求し続けるよう挑戦することです。周囲がアドバイスをささやき、反対意見を言っていたとしても、そしてクライアントの内なるサボタージュがしきりに耳元でささやいていたとしてもです。前方の道が悪く、暗い中で充実感につながる選択の力の光がよく見えなくても、コーチであるあなたはクライアントの前に立ち、励ましながら、充実して生きられる人生、つまり価値があると感じられる悔いのない人生へと進む道を指し示すのです。

大きな主題であるフルフィルメントは中心に存在していて、クライアントが選択できることの中で、もっとも生きる力を与えてくれます。クライアントが掲げた目標や計画に関して達成した結果が何であれ、毎日の終わりに真の満足をもたらします。そしてクライアントを支えるコーチにとっても、真の満足につながるのです。

第 9 章

バランス

Balance

コーアクティブ・モデルにおいて、バランスは中核となる「3つの指針」の1つです。なぜなら、バランスは人生の質を高める上で欠かすことのできないものだからです。実際、私たちは、よりバランスのとれた人生を望むクライアントの声を頻繁に耳にします。バランスの課題には2つのレベルが存在しています。1つは根底にある人生の質のバランスであり、もう1つは日々の経験についてのバランスです。

大局的に見ると、フルフィルメントは価値観を尊重し、目的や意味のある生き生きとした人生を生きることであり、バランスは魅力的なビジョンに沿って、動きのある人生を選択することと言えます。バランスに関して言えば、クライアントは人生において本当に優先させるべき事項を、大道芸のジャグラーのように扱える能力を身につけたいと思っています。

また、クライアントは日々の活動と人間関係を円滑に、前に進めていける方法を求めています。クライアントは周りの環境に流されたり、他者からの期待や要求に翻弄されることなく力強く生きたいと思っています。すなわち、自分の人生に起きることにただ反応するのではなく、選択しているという実感を得たいと願っているのです。

彼らは必ずしも、人生のすべての要素をむらなく均等に扱いたいわけではありません。バランスとは、全部を均一にすることではありません。また、バランスとは、何か完全に釣り合いがとれた状態に到達することと混同されがちですが、人生はもともとダイナミックなもので、人生に静止した状態はないのです。私たちは人生の中でつねにバランスをとり続けています。

スピードを落とし、ゆっくりすることは時に必要かもしれませんが、バランスとはスピードを緩めることではありません。さらに、バランスは物事をただ単にシンプルにするものとも違います。もちろん、時にはいろいろな物事を整理し、何を選んで何を選ばないかを明確にすることが人生にいい流れをもたらす場合もあるでしょう。いずれにしてもクライアントの多くが望んでいるのは、人生を速く進むのでもゆっくり進むのでもなく、また物事を増やすのでも減らすのでもなく、充実した人生のビジョンに向かう道に沿いながら、生きる力を実感して進んでいくことなのです。

このようにクライアントが前に進んでいくのをサポートすることが、バランス・コーチングの目的です。クライアントによっては、その旅路がスムーズであることを望む場合もあれば、スリルに満ちあふれていることを望む場合もあります。バランス・コーチングは、クライアントがこういった選択を行うのを助けます。

組織の中では、複雑な優先順位、次々やって来る締め切り、そして関与の度合いもまちまちな中で、すべてを同時並行で行うよう、プレッシャーがかけられています。バランスを重視する会話は、期待されている仕事のスピードを変化させるわけではありませんが、単に緊急性から反応するのではなく、流れと一致した場所から選択する助けとなります。

マネージャーにとって、バランスのツールはチームメンバーがさらに効果的に選択していくことを助けます。メンバーが流れに乗り、継続してパフォーマンスを上げ、ガードレールにぶつかる頻度が少なくなるよう応援するのです。

箱から抜け出す

そうは言っても、クライアントは「よりバランスのとれた人生」について話したくてコーチングにやって来るわけではありません。それは、彼らが日頃から意識を向けていることではないのです。彼らの意識は、むしろその日、あるいはその週に自分の身に降りかかったことに向いています。

たとえば、差し迫った締め切り、一気に昇進するチャンス、気がかりな親戚の集まり、クレジットカードの負債、新しい人間関係といったことです。たいていのクライアントの意識は日々の行動、とりわけ望んだような結果が得られていない領域での行動に向いています。結局のところ、彼らがコーチングを受ける理由は望ましい結果を手に入れるためなのです。

クライアントは自分自身が「壁にぶつかった」とか「人生の岐路で立ち往生している」「行き止まりに突き当たった」ひいては「もう他に選択の余地はない」と思っているかもしれません。彼らは混乱したり、イライラしたり、ひどい時には打ちひしがれて、前に進むこと自体を諦めてしまうこともあります。また、やる気を失くし、途方に暮れたり、同じことの繰り返しで身動きがとれないと感じているかもしれません。

コーチであるあなたは、そんなクライアントが前に進むことができるよう力になりたいと思うがあまり、つい問題を細かく分解して解決策のブレインストーミングをすることで、早く結果を出したいと思ったり、なんとかその行き詰まりから脱出させたいと思うことでしょう。しかし、バランス・コーチングでは、そうする代わりに、クライアントがその状況をどのように見ているかにまず注目します。別の行動を探ることから始めるのではありません。壁にぶつかったり、行き詰まったり、空回りする主な要因は、クライアント自身のものの見方にあることがよくあるからです。

バランス・コーチングは、人生の流れを元に戻し、クライアントが自らの人生の主導権を取り戻し、目の前の課題について行動が起こせるようにデザインされています。そのために、まずはクライアントが知らずに入り込んでしまった箱――クライアントのものの見方――について、本人に認識してもらうことから始めます。なぜなら、この箱こそがクライアントの前進を妨げる働きをするからです。

ものの見方を認識することで、クライアントは差し迫った領域に流れを取り戻すだけでなく、その過程で人生の他の領域にもさらなる流れをもたらすにはどうすればいいか貴重な学びを得ることでしょう。クライアントは自らを閉じ込める箱や自らが作り出している支障となるパターンをうまく理解することができるようになり、それは他の領域においても役に立ちます。このようにして、バランス・コーチングはクライアントの大きな主題に働きかけるのです。

リーダーシップのコンピテンシーとしてバランスの指針をとらえると、リーダー自身が自ら流れを創り出している感覚を持ちながら、選択をしていくことだと言えます。これはリーダーシップのインパクトとして表れます。チームや組織にとってリーダーが行う選択は、よりバランスをもたらすか、さらにバランスを崩すか、いずれかの方向に向かわせることになります。そのプロセスの中で、リーダーは目に見える形で選択をする姿を見せ、その組織文化の中でどのように選択を行うかというモデルとなるのです。彼らのリーダーシップがどれくらい発揮されているのかは、どれくらい一貫した流れがあるかを見ればわかるのです。

選択する力

クライアントが望んだような結果を得られない時、そこには必ず何らかの理由があります。その理由を聞いてみてください。そうすれば、クライアントは話してくれるでしょう。その理由は、現実的で説得力を持っているように聞こえます。しかし、あなたがこういった説明の奥にあるものを聞き始めると、言い訳や正当化に伴った特有の口調や言い回しが聞こえてきます。

それは何かしら困難な状況やコントロールできない環境についてかもしれません。また、余裕のないスケジュールや周りから寄せられる期待、あるいは頑固な人ややる気のない人の存在が聞こえてくるかもしれません。不満のように聞こえる場合もあれば、そうでない場合もあるでしょう。時には説得力があり、あなた自身も仕方がないことのように思ってしまうかもしれません。

リーダーやマネージャーにとって、これは陥りがちな落とし穴になります。なぜなら、彼らはチームメンバーや部下と同じ環境にどっぷりと浸かって過ごし、仕事をしているからです。弊害になっている大変な課題や複雑な事態を部下が説明するのを聞いて、自分自身がいつのまにか同意してうなずいてしまうのも当然です。

クライアントにとってもリーダーにとってもまったくコントロールできないことは必ずあります。これは視点ではなく現実です。しかし、その会話はそこで止まる必要はありません。次に続く質問はこのようなものになります。「あなたは何についてコントロールできますか？」「どんな選択が可能ですか？」

フルフィルメント・コーチングでは、価値観がまっとうされ、尊重されたり、祝福されたりすることで生まれる生き生き感――目的意識や将来のビジョン――にコーチの周波数を合わせます。もしくは、その正反対のこと、たとえば、生気のなさ、怒り、不安定さなどを聴いていきます。バランス・コーチングでは、可能性や行動の代替案、自由や創造性に満ちたエネルギーの流れ、もしくは反対に、変えられない環境や頑丈な箱に押し込められている苦々しさに焦点を当てて聴いていきます。

バランス・コーチングの流れ

行き詰まり感から可能性へ、そして可能性から行動へとクライアントを導く流れは次の５つのステップから成っています。すなわち、（1）視点、（2）選択、（3）コーアクティブ・ストラテジー、（4）決意、（5）実行の5つです。以下、これら5つのステップについて、１つ１つ見ていくことにしましょう。

◆ステップ1：視点

バランス・コーチングの最初のステップは、クライアントが今どのように物事を見ているかを特定し、次にそれ以外にあり得る視点を広げていくことです。というのも、動きがなく行き詰まったように見えている状態からクライアントに行動してもらうことは、自由自在に流れているところから行動してもらうことに比べて、はるかに大変だからです。

人は、何を信じているかによって、何が可能で何が可能でないかを決める傾向があります。つまり、あなたのクライアントがある状況に対して「望みがない」と思い込んでいたら、変化を起こすための環境を創り出すのはとても難しくなります。認識していることが現実になるのです。さらに、クライアントは過去の経験から今の見方を裏づける証拠をたくさん持っていて、その状況が本当に行き詰まりであると確信を持って伝えることができるでしょう。

視点は、まるで時間をかけて作られてきたレンズのようなものです。これがフィルターとなって、クライアントにある特定の見方だけでしか物事を見られないようにしています。残念な結果に終わった経験を１つか２つすると、１つの視点が作られます。つまり、ある見本が一般化されるのです。そしてそれが、習慣的な考え方になっていきます。そのフィルターはより多くの裏付け証拠を発見し、やがては、その考え方が真実であり、不変で疑う余地はないように見えてきます。そして、それ以上吟味する必要はなくなるのです。

ある課題に対して１つの視点に立っていると、そこから意見や信念、期待、あるいは思い込みなどが同時に芽生えてきます。それはこんな感じで聞こえてくるかもしれません。「みんな知っているように……」とか「私に任せてください。ここでは、それがうまくいくやり方なんです」といった具合です。また、その視点特有の思い込みにもとづいて予測を行います。そして、「それがいつもの進み方」なので、結果を予測できると信じているのです。その視点から説明できない反対証拠を目にしても、反論は無効、もしくは即座に却下されて終わりにしてしまうのです。

バランス・コーチングは、クライアントの窮屈な視点を見ていくことから始まります。そして、それに名前を付け、その窮屈な視点のままでいるとどんな影響が生じるのかを探っていきます。いったんそれが明らかになれば、別の視点を探求することができます。その視点は豊かで創造力にあふれ、さらに多くの行動の可能性を生み出します。

この時、コーチは単純に次のような問いをクライアントに投げかけるだけで、多くの視点を生み出すことができます。

「あなたにとって役立つような、別の見方は何でしょう？」

また、クライアントの発想がさらに広がるように比喩やイメージをブレインストーミングすることもできます。たとえば、「５歳の子供だったら、これをどのように見るでしょう？」あるいは「『何事もよい知らせ』という視点に立つと、何が見えますか？」といった感じです。また、クライアントの価値観を選んで、こんなふうに働きかけることもできます。

「冒険はあなたの価値観の１つですね。もし、これを壮大な冒険としてとらえたら、どんな可能性が開けますか？」

場：部屋の真ん中に、たとえばオブジェのような物が置いてあるのを想像してみてください。そして、その周りを歩きながら様々な角度から見ているとイメージしてみましょう。それぞれの視点からは、そのオブジェについて、少しずつ新たな情報が提供されるでしょう。視点に働きかけることでこのような効果が生じますが、そこでは単に見た目が変わるということ以上のことが起こっています。それぞれの視点は、あたかもそれ自体が1つの世界であり、独自の情景や雰囲気、あるいは行動規範を有します。そのため、ある視点では当たり前のことが、別の視点では当たり前ではないこともあります。

ある視点の中にいる状態をクライアントと探求するとき、私たちはその世界の「場」を見ていることになります。その視点では話されている言葉にその視点特有の雰囲気が醸し出されます。また、文化的なルールやその世界ならではの役割もそこにはあり、あることは許され、奨励されている一方で、あることはタブーとされていたり、行うことが不可能だったりします。また、人は自分たちがいる世界を体現し、無意識に身体を使って伝えるため、その場特有の身体の姿勢をとるでしょう。

次の視点の例を考えてみましょう。「森の中を歩くことは、大自然を思い切り抱きしめる素晴らしい体験である」。この言葉を聞いた時、ある雰囲気を感じるでしょう。実際に、この視点独特の香りが匂ってきたり、自然の音が聞こえてきます。そして、身体でその視点を表現してみると、あなたの姿勢はこの視点に内在する態度や信念を醸し出します。それは立ち方、腕の組み方や動かし方、首の傾きなどに表れるのです。

では、視点が変わることでどれだけ、場が劇的に変わるかを見てみましょう。

「森の中を歩くことは、危険で汚く、虫に悩まされるだけで時間の無駄である」

さて、どれだけ雰囲気が変わったか想像してみてください。その態度や信念や期待を反映して、あなたの身体の姿勢も変わります。漂う匂いまでもが違うでしょう。

これらは森の中を歩くことに対する2つの視点に過ぎず、どちらが正しいとか間違っているということはありません。しかしながら、それぞれの視点を主張する人がいたとしたら、疑いようもなく必死で自分の視点が正しいことを裏付ける証拠を集め、それが唯一の真実であることを熱く語ることでしょう。

対象：「森の中を歩くこと」の例を見ると、視点に関して明確な対象を持つことが重要であることがわかります。具体的で、特定できる対象が必要であり、それはちょうど部屋の真ん中に置いたオブジェのようなものです。対象は状況や下さなければいけない判断、出来事、もしくは出来事の分類であったり、よく考える必要のある行動や機会かもしれませんし、誰かとの人間関係やクライアントにとって具体的なもの（たとえば、借金や癌、技術など）かもしれません。

この時覚えておいてほしいのは、対象が具体的であればあるほど、視点に取り組みやすくなるということです。対象それ自体は、ポジティブでもネガティブでもありません。それは中立的である必要があります。もしそうでなければ、そこには暗黙の視点が入り込んでしまいます。ある対象を見た時のクライアントの反応が、視点を示唆しています。そして感情や評価判断を生み出しているのは、その視点なのです。

◆ステップ２：選択

視点を広げるに当たっては、あたかも異なる国々を訪れた時にそれぞれの国の独自の風土や文化を楽しむように、遊び心を持ってそれぞれの視点が内包する豊かな世界を探求することが大切です。その際、クライアントに今いる部屋の様々な場所に立ってもらい、まるで洋服を試着するように、その雰囲気やそこで口にされる言葉を感じ取りながら、それぞれの視点を体感してもらうのも有効です。そして、最終的にはどれか１つの視点をクライアントに選択してもらう必要があります。それは、これまで試着してきた視点の１つかもしれませんし、いくつかの視点を組み合わせたもの、あるいはこのプロセスを経て生まれたまったく新しい視点かもしれません。

しかし、バランス・コーチングの「選択」には、どの視点を選択するかということを決めること以上の意味があります。この「選択」には、選択することによって生まれる力が存在しています。実感を伴い、明確に違う可能性があることに気づき、そこから選ぶことができることで、人は自由になり、力がみなぎります。クライアントはもはやコントロールできない環境の犠牲者ではありません。自らが変革を行う主体であり、紛れもなく自らの人生の選択を担うようになるのです。

クライアントがどのように選択する傾向があるかも、このプロセスによって明らかになります。たとえば、クライアントは素早く選ぶのか？　衝動的に選ぶのか？　膨大なデータや比較分析するような複雑な意思決定の構造があるのか？　ということです。こういった情報は、クライアントが意思決定を通常どのように行うかについて知る機会になるので、コーチにとっても意識を向ける価値のある情報となります。

リーダーやマネージャーには、こういった観点からの情報はとりわけ目から鱗が落ちるものとなります。どのようにメンバーが意思決定をするのかを観察することで、マネージャーはチームメンバーのパフォーマンスとチームでの役割について素晴らしい洞察を得ることになります。この洞察は、さらに効果的なチーム内でのやり取りにつながったり、スキルのトレーニングや育成の必要性を明らかにします。将来リーダーシップを担う可能性のある人材の発掘や、反対に的確ではないことを判定するのにも役に立ち、リーダーに貴重な洞察をもたらします。

◆ステップ３：コーアクティブ・ストラテジー

バランス・コーチングにおける次のステップは「コーアクティブ・ストラテジー」です。このステップは、気づきと行動をつなぐ橋となります。コーアクティブ・ストラテジーでは、行動に移すことは新しく何かをすること以上のものだと考えています。コーアクティブ・モデルにおける「ストラテジー」には、どんな態度や気持ちを持って行動を起こすかを考えることも含みます。

バランスの指針に沿って、まずは可能性の枠を大きく広げることから始めるため、行動の選択が生き生きした状態から行われます。可能性を広げて、様々かつ幅広い行動の選択肢を創り出します。これはまさに創造力の出番です。創造力をフルに発揮して意識的に広げていく段階です。
第６章で述べたブレインストーミングのスキルは多様なアイデアや選択肢を生み出す方法の１つですが、どんなやり方であっても大事なのはクライアントが日頃考えている範囲を超えて可能性の枠をできるだけ広げるようコーチが励まし、慣れ親しんだ選択肢を超えて進めるよう促すことです。この広げていく段階のコーチの意図は、通常の「現実的である」という観点からではなく、「何が可能か」という観点からクライアントが考えられるようサポートすることにあります。つまり、「現実的である」という視点は、目の前の状況を自分で制限する見方をしているかもしれないのです。
私たちは、計画についてディスカッションするということとストラテジーを創るということを区別しています。ストラテジーを創るステップは、状況に従うのではなく、可能性を探求していくことで新たな領域、未知のチャンスへと導きます。ここで言いたいのは、状況は現実であり、それが存在しないふりをするということではありません。目の前の壁やフェンスを越えて見通し、創造的なビジョンを呼び覚ますということなのです。
可能性ある行動に満ちた豊かで広がる世界を手にしたら、次の段階はリストを絞り込むことです。これはバランス・コーチングにおいて、視点の選択に続く、いわば「第２の選択」であり、今、検討している行動計画がさらなる流れをもたらすかどうかを、再び確かめる機会となります。
この際、気をつけてほしいのは、私たちが「OOPS」と呼んでいる状況です。「OOPS」とは「あまりにも（Overly）楽観的な（Optimistic）計画（Planning）症候群（Syndrome）」の略です。
確かに、コーチはたくさんの可能性を創り出すよう励まし、行動を起こす力を与え、クライアントがやる気の炎を起こすのを助けます。しかし、その目的はあくまでも可能性の範囲を広げるためであって、クライアントに過度な負荷をかけたり、燃え尽きさせるためではありません。したがって、確認と意識的な選択が、コーアクティブ・ストラテジーを創り出す上では重要です。私たちは、十分な可能性と選択との間でバランスのとれたところを見つけ出すのです。それは結果として流れにつながります。

最終的な目標は、クライアントがセッションに持ってきた主題について何らかの行動が確実に起こるようにすることです。したがって、行動の選択肢を絞り込むことは、コーチングで話したことを現実のものにする重要なステップとなります。

コーチングにおいては、セッション中に、クライアントの課題や状況そして視点について、どんなに素晴らしく深遠で、とてつもなく創造的な議論ができたとしても、それだけでは十分ではありません。クライアントが実際に行動を起こすことで何かがこの世界で現実となるということを、クライアント自身が見て、気づけることが必要不可欠なのです（コーアクティブ・ストラテジーを立案する上で役に立つ様々なツールについては巻末の「ツールキット」を参照）。

◆ステップ4：決意

「変化を維持するために必要なことは何か？」。これはコーチにとって重要な質問の1つです。クライアントはいとも簡単に昔の習慣に戻ってしまうものです。慣れ親しんだ居心地よい領域や疑いのない信念の外に出て、新しい方向を選んだ後、何がその道を歩き続けさせるのでしょうか？　その答えの1つが、「決意」とそこに込められたエネルギーです。

選択を超えて：ストラテジーを立案するステップは、それがたとえコーアクティブなやり方をしたとしても、頭でっかちな活動になりがちです。実現のために、いろいろな方法を考える、リソースを分配する、損得を計算するといったことに重点が置かれがちです。ストラテジーを考えることは、クライアントにとって頭の体操に終始してしまったり、機械的に感じられるかもしれません。

コーチであるあなたとしては、ストラテジーが目覚めた状態でクライアントの頭の中だけでなく、筋肉や骨の髄まで浸透して、その内面に息づいてほしいでしょう。そのためには、あなたがクライアントに行動を促す前に、彼らの計画への決意をきちんと確かめることが必要です。

人が何かを本気でやると決意した時、不思議な力がみなぎり、物事はよい方法に向かっていきます。決意は選択以上のものです。今日の夕食に何を食べるかは「選択」ですが、「決意」とは他人に対して、人生に対して、行動や方針に対してするものです。決意には不退転の覚悟という意味が含まれます。ここはコーチであるあなたが線を引き、クライアントにその線を越えて新しい領域に踏み込むことを要望するポイントです。

「あなたはこの計画を実行に移すことを決意しますか？　あなたは本当にこれをやりますか？」

ここまでは、クライアントはあなたになんとなく調子を合わせてきただけかもしれません。これまでとはまったく異なる世界に今まさに足を踏み込もうとしていることに気づいたら、クライアントも変化を経験するでしょう。そこで、あなたは尋ねます。

「あなたはこの計画を決意しますか？」

この質問は真剣度を高めます。私たちはもはや10キロ減量するとか、クレジットカードの借金を減らすとか、第３四半期の売上げ目標を集計するといったことを話しているわけではありません。この時に話しているのはクライアントが自らの人生の主導権を握ることについてなのです。

この一連の行動につながるステップは、決意が固まった時、深いレベルでつながり合い、力を発揮します。この決意という行為はとても強力です。コーチは実際に目の前の床の上に線を引き、クライアントに深呼吸をしてもらい、クライアントが決めた行動計画を決意する準備ができた時に線を越えてもらいます。ただし、線を越えるのは心の底から決意ができた時だけです。

YESとNO：「YES」と「NO」は、どの言語でももっとも単純な言葉のうちの２つですが、今まさに自分の立てた行動計画を実行に移すことを決意しようとしているクライアントにとって、この２つの言葉を口にするのは決して簡単なことではありません。というのも、決意とは、何かに対してYESと言うのと同時に、他の何かに対してNOと言うことを意味しているからです。

このように、クライアントが決意しようとしている時、この２つの言葉はより深遠な響きを持ち、その振動はクライアントの人生全体に伝わります。ある行動にYESと言うことは、その奥にある決意や自分との約束にYESと言うことになります。そして、ある行動にNOと言うことは、リストから１つ項目を削除するということ以上のものになります。古い信念やこれまで期待していたこと、自分自身を偽ったり、あるいは他人の要求に反応してしまう習慣などにNOと言うことを意味します。

この時、コーチであるあなたの役割は、YESとNOがどれだけクライアントの奥深いところから発せられているかを聴き分けることです。そして、クライアントが決意することの重みをさらに実感できるよう、少し時間を取って、次に挙げるような「YES／NOの実習」をやってみてもらってもいいでしょう。

「ここ最近、あなたは何にYESと言い、何にNOと言っていますか？」「あなたの配偶者との関係において、あなたは何にYESと言い、何にNOと言っていますか？」「この組織における役割において、あなたは何にYESと言い、何にNOと言っていますか？」

◆ステップ５：実行

コーチングで決意した行動は、コーチング・セッションの中で実行するのではありません。コーチの立場からすると、これはある意味ほっとすることかもしれません。なぜなら、このステップがセッションとセッションの間に起きることで、セッションが見事でなければとか、完璧でなければとか、本質的な変化を起こさなければといったプレッシャーに悩まされる必要がないからです。

コーチングで決意した行動が実際に行われるのは、クライアントの人生の中でです。彼らが行動したり、もしくは行動しないのは、セッションとセッションの間の話です。そして、力が存在しているのはそこなのです。

実行が伴わなければ、単に視点についての楽しい会話に過ぎず、バランス・コーチングは不完全なものとなってしまいます。クライアントの人生において行動することが、クライアントを動かし、意欲を持ち続けられるようにするのです。

次のセッションにおいて、コーチは、何がうまくいったのか、あるいはうまくいかなかったのかを確認し、その両方からクライアントが何を学んだのかを深めます。そして、ここからクライアントは何を自分の人生に取り入れたいのかを明らかにしていきます。その間も、クライアントは今置かれた状況と可能性の間でバランスをとり、行動をしながら生きる力を与えてくれる選択を行っていくのです。

リーダーやマネージャーにとっては、このような事後のフォローアップは簡単に済まされることが多いですが、実は重要なプロセスです。学びを刈り取ることなしに実行することが続くと、仕事は単にこなすものとなり、忙しさは増すことになります。学びを探っていくことで、メンバーの育成につながり、仕事の成果も意味あるものになっていきます。バランス・コーチングは、大きな文脈で日々の行動を見ていくよう教育していくプロセスなのです。

>>> 会話の例

マネージャー（職場のあるプロジェクトに関して、部下の落胆した報告を聴いた後で）：あなたはこのプロジェクトが、本当はもっとワクワクするものになるだろうと期待していたみたいですね……。

部下：いや、ワクワクどころか、私はこのプロジェクトが最高にクリエイティブなものになると思っていたんです。

マネージャー：でも、実際にはそうじゃなかったんですね。

部下：全然ですよ。たとえて言うと「最高のご馳走」と思っていたのに、「日が経ったお粥」だったって感じですよ。

マネージャー：その「日が経ったお粥」に腰までどっぷり浸かっているように聞こえますが……。

部下：そうなんです。どうあがいてもこれ以上速く前に進めそうにはありません。メンバーの半数が他の仕事でプロジェクトから離れてしまった上に、直属の関係にはないプロジェクト・マネージャーはこのプロジェクトを優先するつもりなど微塵もないんですから。本当にがっかりです。

マネージャー：どうもあなたは「日が経ったお粥」という視点からこのプ

ロジェクトを見ているようですね。少し、この視点を見てみましょう。その視点から見える世界はどんな雰囲気なんですか？

部下：雰囲気ですか。よどんでいて、古臭くて、むかむかします。

マネージャー：その場所にいたら、意欲的になるのは到底難しそうですね。

部下：まったくその通りです。

マネージャー：違うところからこのプロジェクトを見てみたいですか？

部下：もちろん。どんなところでも今いるところよりはましでしょうからね。

マネージャー：それでは、他にどんな視点が考えられますか？

部下：そうですね。夏休みなんてどうでしょう？　学校が終わって、先生も教科書もしばらくはおさらばという感じです。

マネージャー：いいですね。この視点に流れているものは何でしょう？

部下：自由です。ここでは私が望むことは何でもできます。

マネージャー：わかりました。それでは、これらの視点を覚えておけるように、円を描いてそれを８つに分けてください。まるでパイを切るような感じです。そして、その１つに「日が経ったお粥」と書いて、もう１つに「夏休み」と書いてください。いいですか？

部下：はい。

マネージャー：他に何か別の視点は思いつきますか？

部下：うーん、何があるだろう……。

マネージャー：あなたはどんなことをやるのが好きですか？

部下：私は自宅に工房を持っていて、そこで簡単な木工細工をつくっているんです。ただの趣味ですが、とてもリラックスできます。手を使って何かをするのが好きなんで。

マネージャー：この場所では、はっきりした感覚を持っているようですね。

部下：そうですね。実際に木の香りがしてくるくらいです。

マネージャー：この視点を何と呼びましょうか？

部下：「工房」でどうでしょうか？　ここは創造的で、満足感にあふれ、役に立つ場所ですね。

マネージャー：では、このプロジェクトを見る視点として、さらにどういうものがありますか？

（部下はさらにいくつかの視点を発見し、そのうちの１つを「図書館」と名づけました。そして、マネージャーとともにそれぞれの視点の特徴を探求しました）

マネージャー：私のメモによれば、ここまで６つの視点について話してきたようですね。最初の「日が経ったお粥」という視点を入れると７つです。どの視点をあなたは選びますか？

部下：「図書館」ですね。

マネージャー：「図書館」の視点が、あなたに訴えかけるものは何ですか？

部下：そうですね。私が望んでいたのは、この情熱的で創造的なチームと一緒にプロジェクトを立ち上げ、全速力で進むことだったんですが、先ほどお話ししたように、この短期間ではそううまく事は進みそうにありません。でも、今やってみたいと思うのは、このテーマに思い切って集中し、それについていろいろ調べてみることです。こうなった以上、時間はいくらでもありますからね。図書館は静かで、学びのために設けられている空間で、探究すべきたくさんの資料があります。たとえとしては最適です。図書館では誰も私の邪魔をしませんし。

マネージャー：素晴らしいですね。それでは、この図書館という視点から改めてプロジェクトを見てみると、どんな選択肢が浮かびますか？　自分の時間を使ってあなたは何をするでしょう？

部下：インターネットを使って調査してみたいことがいくつかあります。注文しようと思っていた本も２冊ありますが、まだ注文していないんです。あと話したいと思っている人がアイルランドにいます。彼は私と同じようなプロジェクトに関わっていて、数ヶ月前、電子メールで情報交換しました。２ヶ月先にカンファレンスがあるのですが、そこで会えると思うので、その会議に行く旅費を会社が負担してくれるかどうかを確認してみるのもいいですね。

マネージャー：たくさんの選択肢がありますね。あなたにとってのチャレンジは何ですか？

部下：このテーマについて記事を書くことはチャレンジですね。

マネージャー：それでは、あなたは何にYESと言いますか？

部下：私は自分の時間をコントロールすることにYESと言います。また、この機会を十分に利用することにYESと言います。さらに、仕事のペースが落ちた今のような時期を、自分のキャリアにとって本当に実のあるものにすることにYESと言います。たとえば、私が尊敬している人たちと進んで親交を深めるなどです。言ってみれば、プロフェッショナルとしての資質を養うことですね。

マネージャー：そして、何にNOと言いますか？

部下：それは明らかです。自分が期待していたように物事が進まないからといって泣き言や愚痴を言うことにはNOです。しかし、それ以上に、うんざりするような無力感にNOと言いたいですね。

マネージャー：記事を書くことにはどれくらいの決意を感じていますか？

部下：とても強く感じています。記事を書くこと自体、本当におもしろそうだし、これが他の可能性につながっていくような気がします。

マネージャー：いいですね。この決意を確かなものにするために何が必要ですか？

部下：何か具体的な行動を実行に移す決意をすることです。

マネージャー：ちょうどそれを要望しようと思っていたところでした。何を約束したいですか？　そして、その行動を起こす上で、挑戦し甲斐のあるスケジュールはどのようなものでしょう？

部下：概要をまとめることが次のステップです。それに向けて、先ほど話した調査をまず行う必要がありますね。少なくともいくつかの項目についてざっと見ておく程度ですが、それについては見当がついています。概要の下書きなら、２週間でできるでしょう。

マネージャー：わかりました。それでは、私からの要望です。２週間後にその概要を私に送ってください。やっていただけますか？

部下：ええ、やります。カレンダーに書いておきます。

バランスを見つける

バランス・コーチングをする目的は、クライアントの人生に動きをもたらすことです。山の斜面を素早くターンしながらものすごい速さで滑り降りるスキーヤーのように、私たちは動きの中に生きています。そして、その動きが極限に達すれば達するほど、私たちは生きている実感を味わう傾向があります。もしスキーヤーや山のイメージが少し激し過ぎるようであれば、アイススケーターやダンサーを思い出してみてください。その優雅な演技は、可能性を追求しながらコントロールも維持するというバランスの特徴を見事に表しています。

とはいえ、コーチはクライアントに行動であれば何でも勧めるわけではありません。ただ単に行動を増やすことはクライアントのためになりません。フルフィルメント・コーチングでは、クライアントの価値観に沿った行動は何かを見極めようとします。一方、バランス・コーチングでは、クライアントの人生に流れをもたらす行動は何かを見極めようとします。

バランス・コーチングは課題に関する優先順位、期待、そして視点をバランスさせる道、言わば「流れ」をクライアントが選択するのを助けます。ここで「流れ」と言っているのは、滑らかに滑るようなスムーズさを意味していません。私たちが目指しているのはクライアントが自らの人生への「乗り方」を創り出すことです。バランスの指針をきっかけに起こすクライアントの行動は、人生を大局的にとらえて動き、選択する人生をもたらします。

第10章 プロセス

Process

クライアントは通常、これまでとは違う新しいことをしよう、また異なったやり方を試してみよう、という想いからコーチングにやって来ます。彼らは目標を設定し、計画を立て、行動に移し、そして、その結果をコーチへ報告する仕組みを使いながら、うまく進んでいけることを望んでいます。クライアントは現状にとどまらず動きを持って進んでいきたいと思っています。そのため、クライアントが素晴らしい未来やそこにつながる道を思い描くことを助けるため、コーチの意識の大半は前に進むことに向けられます。したがって、そのコーチングは必然的に前のめりで、つねに手も足も動いているような質感があります。

しかし、コーアクティブ・コーチングでは、人生には目標を達成する以上に、もっと大切なことがあると考えています。コーチは、単にクライアントが決めた行動のリストが達成されたか確認するだけではなく、クライアントが人生において何を経験しているのかということにも焦点を当てるのです。

私たちコーチは、クライアントが本当に望んでいるのは、人生という旅を楽しみ、その一瞬一瞬をできる限り味わい、価値あるものだと感じることだと信じているのです。

総じて、フルフィルメントとバランスは「前に進む」ことに焦点を当てています。そこでは、コーチもクライアントも、クライアントの人生で実際に起きている出来事のような外側で起こっていることに意識を向け、その結果を見ることができます。「前に進む」ことに重点を置いたコーチングは、焦点が絞られ、方向性があり、前に進もうとする意図が明確にあります。それは何かを生み出し、創り出していくものです。行動に焦点を当て、何かを形にしようとする強い決意が満ちあふれ、前に進もうとする勢いにますます拍車がかかるのです。

一方、プロセス・コーチングは、今この瞬間に起きている内的な体験に焦点を当てます。プロセス・コーチングの目的は、クライアントがその瞬間瞬間に内側で起きていることに気づき、それを言葉にできるようにすることです。プロセス・コーチングには、今という瞬間を思い切り押し広げ、そこに好奇心を持って分け入り、ペースを落として探求し、それを価値のあるものとして味わうという特性があります。もっとも重要な変化はクライアントの内側で起こります。実際、目に見える外側の変化が起きる前に、内側の変化が必要な場合がほとんどです。今この瞬間にいることで、クライアントは人生の流れの「今」「ここ」に浸ることができます。その感覚は、まるで登山をしながらさらに高い峰へと登って行くようでもあり、深い谷へと降りて行くような広がりがあります。

「前に進む」コーチングと深く経験の中に入っていくコーチングとを組み合わせることで、クライアントは人生がもたらすあらゆる要素を十分に享受することができます。今という瞬間にとどまることで、意識は広がり、さらに豊かな高みや逃れようのないどん底を体験できるようになります。これはクライアントが人生を100％生きられているかどうかを示す物差しです。プロセス・コーチングにおけるクライアントの大きな主題は、クライアントが瞬間瞬間を深く味わい、思い切り自分らしく感情を豊かに表し、人生を経験することです。

人生という川の中で

プロセス・コーチングでは、クライアントが今いるところに焦点を当てます。人生とは時間に沿って流れる一筋の川だと想像してみてください。ある時は、ゆったりと穏やかに流れ、またある時は水しぶきをあげる急流となって滝つぼへとなだれ込みます。また、川幅が広がったかと思えば、急に狭まったりもします。さらに、激しく渦を巻いているところもあれば、沼地のようによどんでいるところもあるでしょう。

プロセス・コーチングは、たとえ今日人生のどんなところにいようとも、完全に目覚めた状態でそのすべてを体験することが目的です。のんびりと川面に浮かんで空や日の光を楽しんでいるような時でも、また激流にもまれて七転八倒しているような時でも変わりはありません。

クライアントには自分なりの計画や夢があるので、今いる川の場所が気に入らない時もあるでしょう。仮にあなたが人生の激流の中にいるような体験をしているとしても、その時点でできることは、ただその激流の中でもまれ続けることだけです。こうでなければと願うことはできますが、あなたが実際にいる場所はその激流の中なのです。あなたが未来に向けて計画を立てて忙しくしている時も、つねに今という時間を生きていることに変わりはないのです。あなたはまさに今この瞬間も人生というプロセスの真っ只中にいるのです。

プロセスにおけるコーチの役割

ここで、ある天気のいい午後、あなたが川の流れを眺めているのを想像してみてください。川面に太陽の光が照り返し、そのまぶしさで目を開けているのが辛いくらいです。同じように、人生においても、表面で起きていることは私たちの目をくらませることがあります。しかし、照り返しを抑えるためのサングラスのようなものを通して川を見てみると、まぶしい光の向こうに、本来の川の流れが見えてきます。

このように、表面の下にある流れに気づいていくのがコーチの役割です。プロセス・コーチングでは、表面には現れていない心の乱れやざわつき、あるいは何かに抵抗しているような感覚を聞き取ることがあるでしょう。それは、クライアントの中に川の流れを妨げるような別の底流があることを示しています。レベル３の傾聴で注意深く聴くことでそれは聞こえてきます。そしてコーチとして、そこに好奇心を向けてみると、たいていの場合、それはクライアントが無意識のうちに避けている何かがあることに気がつきます。

プロセス・コーチングの道筋

コーチングの究極の目的は、クライアントが望んでいる仕事や人生を自ら創り出せるよう支援することです。そのため、コーチは思い描いた未来

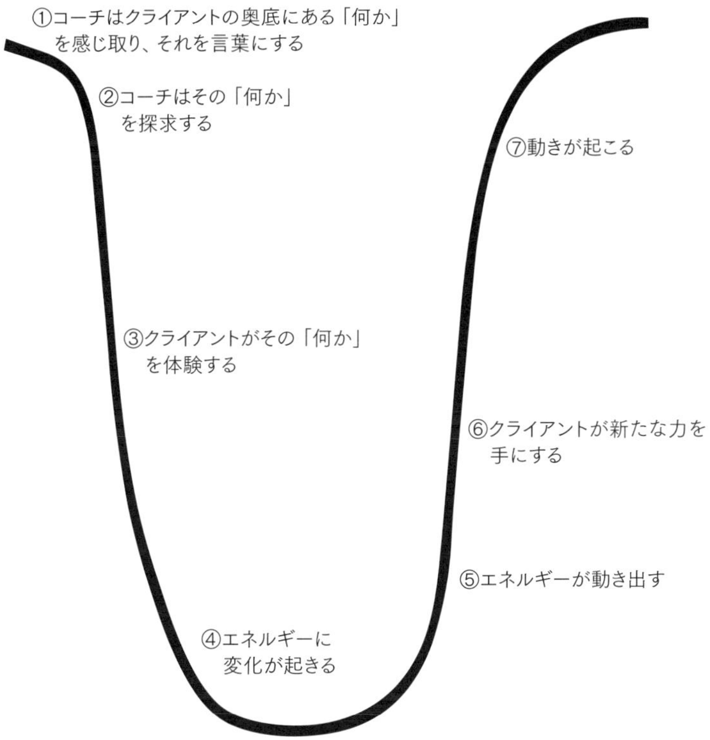

図6　プロセス・コーチングの道筋

へ向かって前に進むことにつねに焦点を当てています。しかし、現状から思い描いた未来までの最短距離は必ずしもいつも一直線であるとは限りません。時には、「U」の形をした図6の「プロセス・コーチングの道筋」が示すように、曲線を描く場合もあります。前に進むためには、時にその体験の中にまず下っていくことが必要です。もしくは、後で見ていきますが、それはその体験の中にまず登っていくことを意味するかもしれません。これは単純に「U」の形をした曲線を上下に反転したものになります。

プロセス・コーチングの流れには、次のようなステップがあります。①コーチはクライアントの奥底にある「何か」を感じ取り、それを言葉にする、②コーチはその「何か」を探求する、③クライアントがその「何か」

を体験する、④エネルギーに変化が起きる、⑤エネルギーが動き出す、⑥クライアントが新たな力を手にする、⑦動きが起こる、という７つのステップです。

◆ステップ1：コーチはクライアントの奥底にある「何か」を感じ取り、それを言葉にする

コーチはレベル3の傾聴を使って、コーチングの会話をしている表面下に名もなき「何か」があることを感じ取ります。それはせき止められ、閉じ込められ、抑えつけられ、なんとかされようとしてきた感情であり、表に出てきていなくても感じることができるでしょう。

プロセス・コーチングの成否は、奥底を流れるこうした感情にコーチが気づけるかどうかにかかっています。こうした感情はクライアントにとって何が大事かを明らかにしてくれるものです。この感情のエネルギーは、時に弱く、時に強く点滅することで、その感情の存在を知らせてくれるでしょう。

たとえば、あるクライアントが職場での部門方針の変更について話しているとします。コーチであるあなたは、その言葉の奥にクライアントが抑え込んでいる、火を噴く竜のような激しい怒り――新方針が導入された経緯がいかに不条理なものであったかということに対する――を感じ取るかもしれません。そんな時、コーチは好奇心を思い切り発揮し、クライアントの内面で進行している重要な出来事に意識を向ける必要があります。

その出来事は、新方針の導入にまつわる体験がクライアントにどのような影響を与えたかということであり、それは新方針そのものがどうであるかよりもよほど重要なことなのです。また、反対に、クライアントが最近成し遂げた大きな成果について気分よく話すだろうと予想していたところ、その声にまるっきり抑揚がなく平坦だったというようなこともあるかもしれません。これも、クライアントの内面に何が起きているのか好奇心を向けるタイミングです。

その「何か」に気づいたならば、すぐにそれを言葉にし、クライアントにもそれに向き合うよう促すことが必要です。これは、コーチが感じたことを何の評価やこだわりもなく伝えることから始まります。先ほどの例に

照らし合わせると、「あなたが今回のことでどのように扱われたか、何か見過ごしてはならない重要なことがあるような気がするんですが……」と率直に伝えるのです。あるいは、相手と継続的なコーチングの関係にあるのであれば、より具体的に、「それはあなたが望んでいたことではないですよね。私にはあなたが本当にがっかりしているように聞こえます」と伝えることもできるでしょう。

私たちはクライアントが表面的な事柄や情報の下にあるものに意識を向けるよう促します。なぜ、あえてこのようなことをするのでしょうか？それは、コーチングが最も効果を発揮するのは、コーチがクライアントにとって最も重要な何かに働きかけることができた時だからです。あなたがクライアントの奥底にある感情やエネルギーを言葉にすることで、クライアントは明らかに重要なことに気づき、自分自身について深く学ぶ機会を手にします。

クライアントが、いつも内面の奥底を見る準備ができているとは限りません。クライアントの中には、自分の感情を表に出さないように徹底して抑え込んでしまっている人もいます。クライアントがそのテーマに関してどんな感情やエネルギーを持っているかに気づき、探求してみるよう勧めることで、クライアントはそのテーマが自分の人生にどのような影響を及ぼしているかに気づき、自らそれを意識できるようになるのです。

表面の下にあるものを見ることを躊躇するのは、クライアントだけではありません。コーチも同じです。フルフィルメントでは意味ある選択をするためにビジョンと価値観があり、バランスでは行動と計画がありましたが、プロセスでは地図もコンパスもなしに広大な領域にいるように感じるかもしれません。そして、プロセス・コーチングでは感情的になり、グチャグチャになるかもしれません。バランスでは決意によって支えられましたが、プロセスでは信頼がその役割を果たします。

プロセス・コーチングは信頼の上に行われるだけでなく、プロセス・コーチングをすることでさらに信頼が築かれるのです。コーチとしてクライアントにオープンになり、進んで探求し、その過程を信頼するように誘いますが、コーチも同じようにオープンになり、進んで探求することでその過程を信頼するのです。

これはマネージャーやリーダーにとって、とりわけ繊細なテーマとなります。感情とは仕事において多くの場合、問題だと見なされます。避けるべき、もしくは細心の注意を持って扱われるべきと考えられています。マネージャーやリーダーはどんなメンバーと接する時でも思いやりがあり、気軽にやり取りできることを望んでいるかもしれません。そして、コーチング的会話のやり取りも最初から最後まで気持ちよく、明確な行動と価値ある学習につながることを願っているかもしれません。しかし、あまりにも明白に感情的なものがまさにこの瞬間に存在している場合には、扱うべき最も重要なものは感情です。結局のところ、すべての人間には感情があり、それは生きている証しです。活気がまったくなく、感情のない無味乾燥な職場を想像してください。プロセス・コーチングはまさにコーアクティブ・コーチングならではのツールを提供し、チームメンバーがこの瞬間にいることをサポートします。

感情の海を泳ぐことがうまくなったマネージャーは、人間らしくそのままで、今ここに存在することが当たり前であるという安全な環境を創り出します。人生であれば当然起きる高みも深みも含んだ幅を持った強さのある文化を創るのです。その中でメンバーは、単なる機能ではなく、人間として知ってもらっていて、見てもらっていると感じることでしょう。

◆ステップ2：コーチはその「何か」を探求する

コーチが「何か」を感じ取り、それを言葉にしたら、次はその「何か」を深く探求していきます。ただし、まずはクライアントに許可を取ることが必要です。これは重要なことです。

あなたのコーチとしての経験を活かして、相手にとってもっとも得るものが多いとあなたが感じる領域を探求するよう促しても構いません。すでに信頼関係ができているクライアントであれば、コーチングの会話をどちらに向かわせるかというハンドルも全幅の信頼を寄せてコーチであるあなたに任せてくれるでしょう。

一方、相手がコーチングを始めたばかりであったり、コーチのあなたとも知り合ったばかりであれば、許可を取ることで安全で勇気付けられる場が創られます。そうすることでコーチングのテーマの表面的な事柄ではなく、より深い部分を見ていくことができるでしょう。

マネージャーにとっても、許可を取ることはとりわけ重要です。許可を取ることによってその時の相手の感情を受け止め、尊重することになります。人は脆さを感じ、感情が湧き上がってくることで気まずくなったり、不安に感じたりすることもあります。ただ、話している事柄にとどまらず、明らかに何かが起きていると感じることがあれば、そのことについて話してもいいか尋ねるのです。こうすることで相手が決めることができます。コーアクティブな関係においては、「はい」「いいえ、今はダメです」という両方とも、自由に答えられるのです。

すでに述べたように、プロセス・コーチングの目的は、「今この瞬間」にクライアントの内側で起きている真実に焦点を当てることです。「今この瞬間」を探求する上でもっとも効果的な入口の１つは、今まさに起きているクライアントの身体的体験です。呼吸、緊張、眉間のしわ、のどが詰まった感覚や速い鼓動など、身体は驚くほどの豊かな表現力で、クライアントの内側で起きていることを語ってくれます。

比喩やイメージも、「今この瞬間」を探る上で効果的な入口となります。感情というのは、往々にして言葉よりもむしろイメージを使ったほうが表現しやすいものです。たとえば、「小さく固まったボールのような感じです」「ヘリウムが詰まった風船のようです」「腰までつかる泥沼の中を歩いているようです」「小さい円を描きながらブンブンと何度も旋回して飛んでいるようです」といった具合です。

◆ステップ3：クライアントがその「何か」を体験する

このステップで重要なのは、クライアントが実際に感情や感覚を体験することです。たとえわずかな言葉数であっても、それを口にして、明確にすることができるのがクライアントにとって重要です。ただし、自分の感情や感覚について頭で理解したことを説明するだけでは、本当に経験したことにはなりません。それでは、感情が変化するのに十分とは言えません。

コーチはクライアントが失意について話しているのと、失意を今まさに体験していることの違いを聴き分ける必要があります。何が失意をもたらしたかを知的に理解することは出だしとしてはいいですが、体験をすることでさらなる深い学びが生まれます。

◆ステップ4：エネルギーに変化が起きる

クライアントが「何か」を体験すべく、感情や感覚の中に深く分け入っていくと、ある時、ふとクライアントのエネルギーに変化が起きる瞬間があります。それをぴったりとした言葉で表すのは難しいのですが、雰囲気や調子、明るさや重さなどが変わって、何か新しい動きが生まれるような感覚です。それは、クライアントがこれ以上深く潜行するのを止め、浮上する準備が整ったことを示しています。

プロセス・コーチングの道筋として、図6ではきれいなU字型の曲線を示しましたが、実際のコーチング・セッションにおいては、このような模範的な道筋をたどることはまずありません。もし、その動きを図にするとしたら、たいていは深まったかと思ったら少し浮き上がり、しばらく横ばい状態になったと思ったらまた突然ぐっと深まる、というようになるでしょう。

プロセス・コーチングに完璧な型はなく、コーチはつねに新しい反応が起こるたびに、今この瞬間から創っていくしかありません。そうであっても、傾聴のレベル3でいれば、クライアントがU字型の曲線の反対側に浮き上がってくるのを感じることができるでしょう。

◆ステップ5：エネルギーが動き出す

その変化には、何か開けるような、広がるような、自由になるような感覚が伴います。感情にはとても強力なエネルギーが詰まっているので、それが抑え込められるとそのエネルギーは行き場を失い、追いやられてしまいます。プロセス・コーチングでは、その滞ったエネルギーを解放し、それがクライアントの役に立つ形で使われるようサポートします。

解放されたエネルギーは動きを生み出します。この動きは、クライアントの奥底にある感情的なエネルギーから生まれるものなので、フルフィルメントやバランスでの動きとはかなり違った感じがするはずです。

感情のことを英語で“Emotion”と言いますが、これはエネルギー（Energy）のEと動き（Motion）が合わさったものと見ることができます。つまり感情はそもそも動くエネルギーなのです。プロセスの指針とは、今この瞬間の真実とともにいることです。そして、時には、感情がクライアントにとって最も真実なものであり、前に動いていくための手段になるのです。

◆ステップ6：クライアントが新たな力を手にする

感情を抑え込んだり、手なずけたり、コントロールしたりするのは、なかなか根気が必要であり、使うことができる内側にあるリソースを浪費することになります。クライアントのエネルギーに変化が起きて、新たな広大な領域にいることがわかると、クライアントは自分の内側にあるリソースをもっと利用できるようにもなります。

生きる力を与えてくれる選択につながる内なるリソースは、つねに存在しています。外側から新たなリソースを手に入れる必要はありません。そのリソースの利用は、クライアントにとって最も大切なことに関わるためのエネルギーを解放していく体験なのです。それを通じてクライアントは、人生において前に進むためには取り組まないといけないことや、必要とあらば戦わなければならないことにも挑むエネルギーを手にすることができるでしょう。

◆ステップ7：動きが起こる

このステップでは、クライアントの内面で確実に何かが動きつつあり、新しい段階に入ったことをコーチもクライアントも実感します。場の雰囲気も変わり、クライアントによっては、その体験を「軽くなった感じだ」とか「状況が新しく、より明るく、彩り鮮やかに見える」と表現するかもしれません。また、暖かさや、流れを感じる感覚を言葉にするかもしれません。リラックスしたり、気持ちが落ち着いたり、さらに元気になって行き詰まりや抵抗が減ったと言う人もいるでしょう。この新たな感覚は、クライアントの新しい理解や気づきにつながっている可能性があります。

このように、新しい学びと刷新された気づき、そして内的な経験の変化がプロセス・コーチングの成果です。すでに述べたように、コーチングでは前に進むことが大切ですが、時には体験を飛び越さず、その中に入っていくことが前に進むきっかけになる場合もあります。感情がサインとなって始まる探求の中で、時には本人の人生を変えるほどの情報が得られることもあるのです。その結果として、クライアントはより力強い行動と、さらに才知にあふれた自分自身を手にするのです。

すべての感情を味わう

これまでに説明した７つのステップは、クライアントが経験の中に入り、「登って」いく、いわゆるポジティブな感情を経験するのを躊躇している状況でも有効です。クライアントは次のステージ、あるいは次のプロジェクトや挑戦へと駆り立てられているので、達成したことを祝福することなく済ませてしまう傾向があります。そして、今回成功した秘訣や自分自身のことについてより深く知るせっかくの機会を失ってしまうのです。

クライアントによっては、あまりにも長い間ずっと、繰り返し「謙虚であれ」とか「目立ってはいけない」と言われてきたために、自分を誇りに思うことを避けたり、他人から認められたり、自分が成し遂げたことの意味合いを見つめたりする機会を失っています。もしくは、単純に幸せでいることを恐れていたり、喜びの感情は不必要なものであり、課題を真剣に受け止めていない証拠だと考えるクライアントもいます。

そんな時、コーチであるあなたの役割は、クライアントが本来人生で奏でることができるはずなのに十分に使っていない音域はどこかに耳を澄ませることです。クライアントの人生を音楽にたとえるならば、本来そこには豊かで幅広い音域があるはずです。にもかかわらず、もしもクライアントが高音や低音に蓋をしてしまっていたら、限られた狭い音域でしか演奏できなくなってしまいます。そして、いつしかクライアントが奏でる人生の音楽は変化に乏しく、単調で退屈なものになってしまうことでしょう。

感情は自己表現であって、症状ではない

感情や気持ちがコーチングに表れてくることは、プロセス・コーチングならではの特徴です。クライアントにとって重要なテーマを思いのままに話している時に、その会話に強い感情が伴うのは驚くようなことではありません。時として、このことにコーチが驚いたりとまどったりすることがあります。というのも、クライアントが感情的になったのを見て、コーチングの領域ではなくセラピーの領域に踏み込んでしまったと考えるからです。

しかし、感情的になったからといって、セラピーだというわけではありません。感情はあくまでも感情に過ぎません。たとえば、ある人が不公平に扱われたことにカッとなって、怒りさえ感じていたとしても、この人が精神的に不安定だというわけではありません。それは極めて人間らしい反応を示しているに過ぎないのです。

クライアントが悲しんだり、苦しんだり、怒ったりしていても、コーチとしては決して慌てる必要はありません。むしろ、場合によっては、そうした感情をもっと出すよう促したほうがいいこともあります。感情は言語や音楽やダンスと同じように、れっきとした自己表現の 1 つです。このような時、探偵のようにクライアントがなぜ傷ついたり怒ったりしているのか、その原因を究明しようとするコーチがよくいますが、その必要はありません。その原因自体は重要ではありません。その代わりに感情を受け止めることが重要なのです。

それを癒やそうとか、止めようとするのもよくあることですが、それはコーチのすることではありません。ただ感情をありのままに受け止め、探求し、そして認知するのです。「強い感情ですね。あなたがそこに痛みを感じていることがよくわかります」というように。

感情は、人間にとって正常な機能であり、病気の症状ではありません。むしろ、健全で才知にあふれたクライアントは、いつでも自らの感情を十分に味わうことができます。逆に感情を隠したり、否定したり、抑圧したりしようとすることがかえって問題の根を深くするのです。

感情は、自己表現のための重要な手段の１つです。感情を表現することは浄化となります。そして、もしも自分が内側に溜め込んでいる感情に気づかずにいたら、もしくは気づいたとしてもそれを表現することを自分に許さないでいたら、そこには人としての成長もありません。それどころか、それを溜め込んでおくと、私たちは精神的にも肉体的にも病んでしまいかねません。

感情を見ていくことは避けたいという、あなたの中にある傾向に気づいてください。それはクライアントに気分がよくなってほしいという願いからかもしれないし、あなたが感情を取り扱うことに居心地の悪さを感じるからかもしれません。クライアントはもともと創造力と才知にあふれ、欠けるところのない存在であり、救いの手を差し出す必要はないことを思い出してください。あなたのなすべきことは、今という瞬間にいて、クライアントを支援することなのです。

プロセス・コーチングでは、クライアントにとって居心地の悪い場所を探求するようコーチが勧めたり、強く促したりするので、当然のことながら、様々な感情がよく表れます。そして、その感情を深く体験することで、クライアントはこれがなぜ自分にとって重要なのかを知ることができるのです。もしも、それが重要でないとしたら、そもそもそれほど強い感情はそこにないでしょう。

実際、クライアントがその感情を深く探求することができれば、そこから自分のことについてより多くのことを発見し、より多くの力を手にして、新たな動きを生み出すようなエネルギー――先に述べた「動くエネルギー」としての感情――を解放することができるでしょう。もしもコーチであるあなたがこうした場所をクライアントとともに探求できなければ、コーチングは、深みや奥行きに欠けたものになってしまうのです。

プロセス・コーチングは強い感情を伴うことがあるといっても、ユーモアが入り込む余地はあります。もしコーチにユーモアがあれば、クライアントは、ただ怖がっているだけではなく、あたかも暗がりの中を軽快な足取りで進むがごとく、好奇心を持って、こうした「禁じられた領域」を探求することができるでしょう。

変化をもたらすことがコーチングの目的です。そして、変化とはそもそも挑戦することとセットで起きるものです。どれだけフルフィルメントのビジョンが輝かしいものであっても、バランスのとれた選択に向けてどれほど力みなぎる計画があったとしても、変化は新しい行動と学習を伴い、その只中では、クライアントが弱さをさらけ出すこともあります。プロセス・コーチングでは感情を取り扱うため、特にこのことが当てはまります。

弱さをさらけ出すということはリスクと感じられるかもしれませんが、そのことによって信頼が築かれるという一面もあります。将来、クライアントの役に立つような、強固で効果的な関係がコーチとクライアントの間に築かれます。リーダーとマネージャーにとっても、こうした信頼を築くことは、より力を発揮できるチームの関係を生み、よりつながりを感じるような、柔軟性のあるチームの文化を創り出します。

>>> 会話の例

クライアント：結局、また古い履歴書を引っ張り出すことになりそうです。

コーチ：例の海外での仕事に就けるかどうか、結果がわかったのですか？

クライアント：ええ。しかし、朗報ではありませんでした。また仕事探しを一からやり直さなければなりません。

コーチ：その仕事を手にするために、本当に一生懸命やってきましたよね。あなたが最終面接を終えて、ワクワクしていたことを覚えていますよ。でも、今はまるでそれが大したことではなかったかのように、軽く受け流そうとしているように聞こえます。本当のところはどうなんですか？

クライアント：自分が今就いている仕事もまずまずの仕事ですし、それを失う心配もほとんどないので、まあいいかと。

コーチ：これまでは、それでは十分じゃなかったんですよね？

クライアント：そうなんです。まだ十分ではないんです。正直に言うと、ちょっとがっかりしています。

コーチ：ちょっとどころではないように聞こえますが。

クライアント：そうですね。本当はとてもがっかりしています。自分としては、あの最終面接ではかなり気合が入っていましたし……。実際あれ以上どうすればよかったのか、さっぱりわかりません。

コーチ：それは相当がっかりしたでしょうね。

クライアント：ただ、もうこの結果について、いつまでもくよくよしていたくはないんです。

コーチ：わかります。しかし、そうは言いながら、まだくよくよしてしまっているように感じますが。

クライアント：ずばり、その通りです。私はこんなに落ち込んだことはありません。これは、仕事を手にすることができなかったからではありません。おそらく、今回の仕事を手にして、海外に行くことに夢中になり過ぎていたのかもしれません。

コーチ：それは、どんな感じですか？　私には悲しみのようなものが感じられますが、あなたはどんな感じがしていますか？

クライアント：お腹に1発、パンチを食らったような感じです。息もつけないくらいの強烈なやつを。まっすぐ立つことができないくらいです。

コーチ：その痛みは、いったい何なのでしょうか？

クライアント：喪失感、待ちぼうけ、エネルギーの無駄遣いという感じです。

コーチ：もしよかったら、今から一緒にその感覚をもう少し探ってみませんか？　私には、この感覚をただやり過ごすのではなく、じっくりと味わうことが大切なような気がするのですが。

クライアント：そうですね。早くこの状況を乗り越え、また前向きに人生を送れるようになりたいです。

コーチ：では、先ほどパンチを食らったところは、今どんな感覚なのでしょう？

クライアント：暗くて、窪んでいて、まるで洞窟のようです。

コーチ：じゃあ、その洞窟の中に入ってみてください。どうでしょう、もうそこにいますか？

クライアント：はい、入っています。

コーチ：何を感じていますか？

クライアント：頭を抱えて座っています。

コーチ：どんな気持ちですか？

クライアント：悲しいです。敗北感、完敗です。

コーチ：なるほど。それでは、そのボリュームを少しずつ上げてもらえますか。今のボリュームが5なら、まずは6まで上げてみてください。

クライアント：悲しみをですか？

コーチ：そうです。それから敗北感も。その中にどっぷりと浸ってみてください。私はずっとここに一緒にいますから。

クライアント：わかりました。では、ボリュームを上げます……。6になりました。

コーチ：何か気づくことはありますか？

クライアント：敗北感です。敗北感がまるで大きな波のように、あらゆるものに打ち寄せ、砕け散っています。

コーチ：敗北感の波ですか。あなたは安全な場所にいますか？

クライアント：ええ。

コーチ：準備ができたら、ボリュームをさらに7まで上げてみましょう。

クライアント：ああ、そうすると本当に喪失感を覚えます。まるで夢が死んだような。何か大切なものを築き上げる最後のチャンスが急に消えたような感じです。

コーチ：これはあなたにとって非常に大事なことなんですね。

クライアント：とてつもなく大事です。

コーチ：今、何か気づくことはありますか？

クライアント：ええ、私は自分でボリュームを下げることもできるということです。

コーチ：ボリュームを今下げたいのですか？

クライアント：はい。

コーチ：今はどんな感じですか？

クライアント：肩から緊張感が取れたようです。

コーチ：今あなたはどこにいますか？　まだ洞窟の中ですか？

クライアント：いいえ。今は桟橋の上にいて海を見ています。

コーチ：この体験から何を学びましたか？

クライアント：2つあります。1つは、あの仕事を得ることが自分にとってどれだけ重要だったのか、そして選ばれなかったこと、特に自分が適任だと感じていたのに選ばれなかったことがどれだけ自分にとって辛いことなのかがわかりました。
もう1つは、自分の運命は自分が握っていて、それについてどう感じるかも自分でコントロールできることがわかりました。ちょうど敗北感をコントロールしたように、自分に対する満足感を意識的に選択することもできるんですね。
コーチ：それでは、あなたにとって次は何でしょう？
クライアント：履歴書ですね。今のものにもう少し手を加えたいと思っています。そして、改めて海外での仕事の可能性について調べます。
コーチ：いいですね。今週中に締め切りを設定した計画をつくって、私に送ってもらえますか？
クライアント：わかりました。
コーチ：もう1つ要望があります。次の設問について毎日書き留める時間を取ってもらいたいのです。「失敗から私は何を学んだのか？」。やっていただけますか？
クライアント：えっ、冗談でしょう……。
コーチ：いえ、真面目ですよ。あなたは、新しい仕事を探すために何をすべきか、その手順はもう知っていますよね。履歴書を書いたり、面接を受けたり、やるべきことをただやるだけです。
あなたにとって難しいのは、むしろ失敗した感覚とともにいることではないでしょうか？　その失敗の可能性こそが、あなたを邪魔しかねません。もしも失敗とともにいられるようになったら、あなたは何を得るでしょうか？
クライアント：自由ですね。自分自身を批判する代わりに、失敗を学びに変えられるのではないでしょうか。でもその作業は、あまり楽しくなさそうですよね。
コーチ：それはあなたが先ほど言ったように、自分自身で選択してください。こうした喪失感や失敗に出会うのは、これが最後ではないでしょう。

もし今回、あなたがこれらとともにいることができて、うまく付き合うための心の筋肉をつけることができたら、また同じような状況に遭遇した時、今よりもうまく受け止めることができるはずです。
クライアント：感情のフィットネス・プログラムのようなものですね。
コーチ：そうですね。まさに天があなたのためにとっておきのジムを提供してくれたのかもしれません。それを活用しない手はありませんよね。

プロセスと行動の確認

コーアクティブ・モデルは極めて明快です。コーチはコーチングの関係に、深い学習とクライアントが人生で前に進むための行動という2つの文脈を持ち込みます。したがって、フルフィルメント・コーチングやバランス・コーチングと同じように、プロセス・コーチングにおいても行動の確認は重要となります。もしも行動の確認がなかったら、たとえコーチング・スキルが使われたとしても、それだけでは本当の意味でコーチングをしたことにはならないでしょう。なぜなら、コーチングの行動はクライアントの実生活の中で起こるからです。

プロセス・コーチングにおいては、クライアントがセッション中に気づいたことをサポートするような行動を考えます。たとえば、セッションの中で、クライアントが他人の要求を断ると相手をがっかりさせてしまう、という恐れを持っていると気づいたとしましょう。この場合、クライアントは人をがっかりさせる可能性をできるだけ避けようとして、結果的に多大な代償を払っていることになります。

そんな時の行動としては、この1週間で5回の「NO」を言うことで、あえて人々をがっかりさせるというリスクを取り、それによって自分の中で何が起こるかに注意を向けてみることかもしれません。もしくは、いつ「NO」と言ったか、その影響として気づいたことを毎日の終わりに書き出してみるといった具合に、クライアントの日常生活の中に新しい行動習慣を組み込んでもらうのも一案でしょう。

ともにいる

プロセス・コーチングでは、「ともにいる」という表現がよく使われます。たとえば、クライアントが自らの失意と「ともにいる」と表現したり、コーチがクライアントおよび彼らの失意と「ともにいる」と言ったりします。たとえば、あなたが入院中の友人を見舞うべく病院を訪ねたとします。大事なのはその友人と「ともにいる」ことです。あなたにできることはそれ以外に何もありません。そして、それは単に病室に顔を見せる以上のものがあります。

「ともにいる」とは、そこにいて、全身全霊で関わり、心を開き、思いやりやいたわりの気持ちを持つことです。言葉を交わすことがあったとしても、その人とその経験の中でただともにいること以上のことはありません。あなたがクライアントと「ともにいる」時、そのつながりの深さは力強い雰囲気としてレベル３の傾聴ではっきりと感じ取れるはずです。あなたがクライアントとこのレベルで「ともにいる」時、考えや意見だけでなく、その体験で感じている本当の気持ちも自由に話してくれることでしょう。

ともにいられないもの

人生という川の流れが、クライアントが行きたくない場所に向かおうとしている時、往々にしてプロセス・コーチングが必要となり、コーチであるあなたの好奇心が発揮される場面となります。

「クライアントが避けているのはどこだろうか？」「クライアントが直視したくないのは何だろう？」。クライアントはその理由をいくらでも説明できるでしょう。「これ以上の混乱や批判はたくさんだ」「お金の心配をしたくない」「前の仕事での失敗は思い出したくもない」「この人が私の人生にもたらす幸せは、私は受け止められない」といったことです。

クライアントは人生が自分を行きたくない場所に連れていこうとするので、心地よくありません。時には、徹底的に惨めになります。クライアントはこういった状況になると、流れるコースを変えて、その場所を避けよ

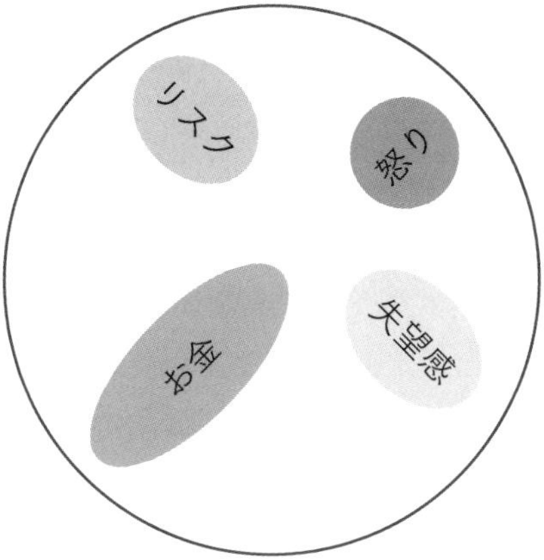

図7　ともにいられないもの

うとします。これを続けていると、クライアントはやがて避けてばかりの人生を送ることになるでしょう。自分がともにいられないものを切り捨てることで、どれほど多くの犠牲を払っているかに気づかないのです。このことをクライアントに伝えてみましょう。

白い紙に大きな円を描いてみてください（図７参照）。この円はクライアントの人生全体を表しています。そして、クライアントに「ともにいるのが難しいこと」を１つ挙げるとしたら何かを尋ね、それに当たる部分を円から取り除いてもらいます。具体的には、先ほどの円の中に小さな形を描き、そこにともにいられないものを書いてもらいます。クライアントがともにいられないものを線で囲って、その線の中を色で塗ります。たとえば、「怒り」「失望感」「リスク」……。色付けされた部分が増えるにつれて、クライアントの人生に残された余白がどんどん少なくなっていきます。そして、それらの「行けない」ゾーンを避けて進んでいくのは、どんどんと大変になっていくのです。

プロセス・コーチングは、クライアントがこれまで拒否したり避けたりしてきた状況と、ともにいることができる能力を伸ばしていく支援となります。コーチとしてのわれわれの仕事の大部分は、クライアントにとって何が真実で、何が現実で、何が重要なのかを発見することを助けることであり、それによって、クライアントがうまく選択ができるようになっていきます。

別の言い方をすると、クライアントが逃げたり、取り繕ったり、自分の可能性を否定したりしないよう手助けするのが私たちコーチの役割です。こうしてより力強い場所に立つことで、クライアントはより賢明な意思決定を行うことができ、仕事や家庭での人間関係の中でより強くなれるのです。

コーチ自身がともにいられないもの

困難な領域を探求するというテーマについて締めくくる前に、コーチであるあなたに確認しておきたいことがあります。

「あなたが自分の人生の中でともにいられないこと、もしくは足を踏み入れるのを躊躇する領域はどこですか？」

この問いにどう答えるかはとても重要です。なぜなら、それは、あなたがクライアントとともに訪れることを躊躇する領域となるからです。もしかしたら、すでにあなたは無意識のうちにコーチングでそうした領域に入っていくのを止めているかもしれません。たとえば、あなたがお金や怒り、あるいは拒絶とともにいられないとします。するとたとえクライアントがその領域を探求すべきだったり、自ら探求したいと望んだりしても、あなたはつい避けようとしてしまうでしょう。

このように、コーチ自身がともにいられないものは何かを自覚していないと、クライアントがその領域に踏み込もうとした途端に、別の方向に話を持っていこうとして、結果的にクライアントをごまかすことになりかねません。それゆえ、コーチは、自分がともにいられないことは何かを日頃から勇気を持って探求しておく必要があります。これは、自分自身のコーチと行うのが理想です。これらの領域の探求に取り組むことで、あなた自身の人生のともにいられない領域を受け入れることができるようになり、クライアントと行うコーチングでも、自由に踏み込めるようになります。

第 IV 部

統合とビジョン

Integration and Vision

典型的なコーチング・セッションでは、次のようなエネルギーの流れを体験することがよくあります。

会話の最初のフェーズでは広がりが感じられ、扉は開き、様々な道が模索されます。それがある時点で流れが収束に転じます。まるで丘を越えるように、私たちを完了へと導くエネルギーが集まってきます。コーチは推進力の高まりを感じます。ペースは変化し、会話の方向性が明確になっていきます。選択や意思決定、決意といった結びに意識が向き、セッションを締めくくります。

コーチングにおいて、この「ゴールライン」は終点ではありません。行動に向けた新たな始まりであり、旅は続きます。展望は開け、道は地平線へと延びていくのです。

本書も完了に近づくにつれ、同じようなエネルギーの流れを伴い、私たちを前に進めてくれます。前章までは、コーアクティブ・モデル、資質、そして指針を探求してきました。プロのコーチが行うコーチングや、リーダーやマネージャーがコーチ役となって行う日常のコーチングについて、スキルに磨きをかけるための実践例を紹介してきました。ここから始まる最後の２つの章では、ここまで述べてきたことを統合し、いったん立ち止まることで何が可能になっていくのか見ていきます。

第11章

すべてを統合する

Putting It All Together

これまで、コーアクティブの根幹とも言える３つの指針について、それぞれ章ごとにお伝えしてきました。このように指針ごとに分けて解説をすると、セッションの最初の質問から最後の自走化までのコーチングの流れを、１つの指針に沿って完了させなければならないような印象を持たれたかもしれません。

実際には１回のコーチング・セッションにおいて、コーチはフルフィルメント、バランス、プロセスという３つの指針を組み合わせてコーチングすることもあります。

指針の統合

まず、３つの指針は、３つの異なる道具箱のようなものだとイメージしてみてください。コーチとクライアントが価値観や未来のビジョン、もしくはビジョンの達成を妨げるサボタージュを探っている時、コーチはフルフィルメントの道具箱を開けています。また、クライアントがいろいろな視点から物事を見るのをサポートしている時や、計画や行動の選択肢を一緒に検討している時は、バランスの道具箱を活用しています。そして、コーチが今この瞬間に起きていることをクライアントとともに深く掘り下げている時、プロセスの道具箱が使われているというわけです。

それでは、どの道具箱を最初に使い始めるのか、コーチはどうやって決めるのでしょう？　そして、どのタイミングで別の指針へと切り替えるべきかどうやってわかるのでしょうか？　その答えを端的に言うと、レベル２とレベル３の傾聴を通じてコーチングの方向性は決まる、ということになります。

冒頭からお伝えしている通り、コーアクティブ・モデルでは、コーチングで何を目標とし、どの領域に焦点を当て、各セッションでどんなテーマを取り上げるかを決めるのはクライアントです。コーチングの関係における主題、そして毎回のセッションの主題を設定するのは、クライアントの責任です。

一方、コーチングでどの指針を使うかを決めるのはコーチの責任です。実際、クライアントはコーチがコーチングのハンドルを握り、向かう方向と流れを決めてくれることを期待しています。極端に言うと、毎回のセッションでクライアントが発する最初の一言目から、コーチはコーチングの方向性を選択するのです。

コーチはクライアントに焦点を当て、１対１でしっかりとつながり、クライアントの話に耳を傾けていきます。これを「レベル２の傾聴」と呼んでいます。コーチはまた、クライアントの声の調子に表れる変化や、会話や呼吸のペース、その場の雰囲気に焦点を当てます。さらにはコーチとクライアントの関係性にも注意を払って聴いていきます。

クライアントは目指す目標に近づいているのか？　それともただ流されて漂っているのか？　逃げているのか？　あるいは自分を守ろうと何かに抵抗しているのか？　こういったことを「レベル３の傾聴」で聴き取っていきます。

このように、その瞬間瞬間何が起こっているかをレベル２およびレベル３の傾聴で敏感に感じ取ると、次にどの方向にコーチングを進めたらいいかは自然と見えてくるでしょう。このことはコーアクティブ・モデルでコーチングしているコーチにとって極めて重要なことです。コーチは全体の動きやエネルギーの流れに耳を澄まし、その情報から次の質問を選び、次にどのスキルを使うのかを決めていくのです。まさに、繊細な傾聴から現れてくるものであり、ダンスするアートだと言えます。

これは、クライアントがＡと答えたら、コーチはＢと質問するといったように、マニュアル化できるテクニックではありません。それではうまくいかないのです。

また、コーチにとっても、どの指針に進もうか？　どの資質を使おうか？　あるいは、どのスキルを選ぼうか？　と考えて、コーチングの道具箱に注意を向けていてもうまくいきません。それは「レベル1の傾聴」の状態であり、この状態ではクライアントとのつながりが切れてしまっています。たとえ熟練したコーチであっても、時にレベル1になることはあります。コーチはそれに気づいたら、自分を立て直し、もう一度クライアントとつながり直す必要があります。

また、コーチがつながり直すのは、「クライアントの課題」ではなく「クライアント」本人であることがとりわけ重要です。コーチの主な責任は、クライアントが自分にとって最善の行動計画を決め、着実に実行に移すと同時に、自ら学びを深められるように支援することです。それによって、クライアントはコーチに答えを求めて依存するのではなく、次第に自ら答えを見つけられるようになります。つまりコーチはつねにこのように関わることでクライアント本人の力を引き出し、力を与えるのです。

私たちは日頃から、できるだけ早く「問題」を特定し、即座に解決策を見つけようとする衝動的な習慣が身についています。もちろん、日々の生活の中では、すぐに問題を解決することが重要な局面があるのも事実です。しかし、コーチングでは、コーチはより長期的な視点でクライアントとその人生をとらえます。

コーアクティブ・モデルでは、コーチはクライアントの大きな主題を支えます。「大きな主題」とは、響いて充実した人生、そして、自ら選択し、目的のある、自己表現する人生です。コーチはクライアントが持ってきたテーマを、より大きな文脈から見つめられるようサポートするのです。

少しでも多くの情報を収集すればそれだけクライアントの助けになれるはずだという思い込みから、クライアントを取り巻く状況をすべて理解したい誘惑にかられるかもしれません。しかし、コーチングをするためにそこまで詳細な情報を知る必要はないのです。

結局のところ、クライアントの人生や仕事の状況に関する専門家はクライアント本人です。コーチはあくまでもクライアントが次なる行動を見つけ、その行動から学びを刈り取るのを助ける専門家なのです。

また、もう1つここで強調しておきたいのは、クライアントが持ってくるテーマに表面的で中身のないものなど一切ないということです。もしもコーチングが表面的になってしまったとしたら、それはコーチング自体の問題と言えるでしょう。クライアントがセッションに持ってくるテーマの奥には、クライアントにとって必ず重要な何かが潜んでいます。そうでなければ、クライアントやコーチの時間を費やす価値はないはずです。ここでコーチに求められるのは、クライアントの人生において、話しているテーマを重要なものにしているのは何かを探すことなのです。

コーチングで話されるテーマの中には、クライアントがフルフィルメント、バランス、プロセスを生きる人生に近づく可能性が秘められています。クライアントの人生をパズルにたとえれば、クライアントが持ってくるテーマは、実はそのほんの一片に過ぎません。したがって、コーチはその一片を解決して消滅させるべき問題としてではなく、むしろクライアントがより大きな目標に向かって進むための機会として、敬意を持って扱う必要があります。

つまり、単に問題に対する答えを見つけるのではなく、テーマを通じてクライアントがより力強く、才知にあふれ、もっと生き生きと価値のある人生を生きるようになる、これこそが梃子《てこ》のように働くコーチングの真の力なのです。

リーダーやマネージャーにとっては、問題に対処したり、アドバイスを与えたいという衝動はとても強く、当たり前のものになっています。というのも、リーダーやマネージャーは問題を扱い、アドバイスを与えることが役割であるとされてきたからです。それは組織において、何世代にもわたって受け継がれてきた役割だと言えます。

このため「コーチのアプローチ」をとることは、目新しくて馴染みがなく、おそらく居心地の悪い領域に足を踏み入れるような感じがするかもしれません。しかも、コーチングの流れはあまり明確ではなく、「正しい」答えを与える時のような明快さはありません。その成果も、つかみどころがないものです。

そのため、たとえてみると、「ポイントは何なんですか？　それはクギですよね。一目瞭然です。そして、私は金槌を持っていて、その使い方も知っています」といったような反応が相手に起きるかもしれません。ですから、このアプローチの目的はチームや組織のためにより熟練した「大工」を育成することであり、そのための支援の機会であることを強調する必要があります。

この認識のもとでマネージャーと部下の間で会話がなされると、より大きなレンズで見ることが可能になります。近視眼的で短期的な効果の代わりに、3つの指針を選択することで、広く深い効果が期待できます。3つの指針を使い、組み合わせることで、メンバーが価値ある仕事、人生につながることが可能になります。すなわち、行動を起こしながらバランスがとれていて、人生のプロセスにしっかりと向き合い、起きていることを受け入れて生きることが可能になります。

>>> 会話の例

3つの指針を統合する

クライアント：前回のセッションの途中で終わってしまったところから始めたいと思うんですが……。以前お話しした、ある事業買収の可能性をまだ探っているんです。

コーチ：これまでずっとデータを集めてきましたよね。

クライアント：ええ。エージェントとも改めて話し合いました。

コーチ：この買収について、今日のあなたはどんなことを感じていますか？　全体像はどんなふうに見えているのでしょう？〔ビジョン：フルフィルメント〕

クライアント：全体を眺めてみると、リスクがあるという感じです。

コーチ：これまでのあなたは「リスクがある」ことを理由に、何かを止めたことはありませんでしたよね。リスクを取ることは、まさにあなたの大事な価値観だったと思いますが、今回のリスクは何が違うのですか？〔価値観：フルフィルメント〕

クライアント：あれこれと複雑なんです。

コーチ：それでは、ちょっと整理してみましょう。まず最初に、財務面についてはリスクがどれくらいあるか確認する手段があるとのことでした。

クライアント：それに関しては私のビジネスパートナーと、これまで一緒に仕事をしてきた会計士とともに詳しく調べ直すつもりなので、だいたいの見通しはついています。1週間後には、必要なことはすべてわかっていると思います。

コーチ：ということは、いくらか財務面についての危惧があるんですね。それが「リスクがある」と思うことなんですか？

クライアント：いいえ、それは大したことではありません。私は財務には通じていますし、数字にもとづいて着実な意思決定を行うことはできると思います。

コーチ：それでは、何がリスクなのでしょう？

クライアント：これまで話してきたテーマを覚えていますか？　ゆとりを持つという、私の今年のテーマです。

コーチ：確か、「高速道路から降りる」と表現していましたね。

クライアント：そうです。もしこの事業の買収を決めたら、「高速道路から降りる」どころか、「追い越し車線に入る」ことになりかねません。

コーチ：今、あなたの声が変わりましたね。何が起きたんですか？〔今この瞬間：プロセス〕

クライアント：プレッシャーがだんだん大きくなるのを感じます。

コーチ：それはどんな気持ちですか？〔ともにいる：プロセス〕

クライアント：恐怖感、でしょうか。

コーチ：その恐怖感をあえて感じると、どんなイメージが浮かんできますか？

クライアント：肩をすぼめ、背中を丸めて……まるで重い荷物を背負っているかのようです。

コーチ：それが「追い越し車線に入る」という視点から今回の意思決定を見た時の感覚なんですね。もしも今年のテーマである「高速道路から降りる」という視点から見たらどうですか？　それはどんな感覚なのでしょう？〔視点：バランス〕

クライアント：なんだか難しそうだな……。

コーチ：試してみますか？

クライアント：もちろん。

（コーチとクライアントはこの視点に加え、その他にもいくつかの視点を探ります）

コーチ：今日のコーチングから、あなたは何を持ち帰りますか？

クライアント：2つあります。1つは、財務分析については自分でなんとかできる、ということ。もう1つは、財務分析は今回の意思決定において単に1つの要素でしかない、ということです。本当に重要なのは、この意思決定が私の人生に与える影響です。ついつい取引をまとめることに躍起になってしまい、長い目で見た時に自分にとって本当に重要なことを見失いかねないことがわかりました。

コーチ：あなたにじっくりと考えてもらいたい設問があるんですが、よろしいですか？

クライアント：いいですよ。

コーチ：今回の買収から、あなたがもっとも得たいものは何ですか？〔大きな主題：フルフィルメント〕

クライアント：それはいいですね。ぜひ考えてみます。

複数の帽子をかぶる

もしもコーチであるあなたがクライアントにとって有用な知識や情報を持っている場合、何が起きるでしょうか。クライアントが手痛い失敗を犯すのを未然に防いだり、不必要な遠回りを避け、学ぶプロセスを効率化するのに役立つかもしれない情報や経験をあなたが持っていたとしたら？それらをあえて伝えないのは不自然だし、プロらしくないと感じるかもしれません。このような場合には、次の点を確認し、コーチとしての立場を明らかにしておくことが重要です。

第1に、自分自身に尋ねてください。「私の持っている情報は、クライアント自身やクライアントが置かれている状況に本当に関係があるのか？」「クライアントは、私が伝えることから具体的に何を得るのか？」

第2に、その情報を伝えている瞬間は、あなたはコーチの帽子をかぶっていません。そのことをクライアントとあなた自身が認識しているかどうかを確認しましょう。その時、あなたがかぶっている帽子は、今話している領域において具体的な専門知識や経験を持つ人の帽子です。

第３に、クライアント自身が本当にその情報を求めているのかどうか確認しましょう。たとえクライアントが「はい」と言う確信があなたにあったとしても、それを伝える場合には許可を取ります。情報を伝える前にしっかりと許可を取ることで、コーチングの関係の一貫性を保つことができます。また、自分の力で調べてみたいとクライアントが思っている場合もあります。

第４に、あなたが伝える情報にはこだわらないことです。自分が正しい答えや方法を知っていると思い込んだ瞬間に、コーチはクライアントに対して自分の主題を押しつけ始めてしまいます。情報を提供する際は、完全にこだわりを手放しているか、自分に問いかけるようにしてください。

もう１つ明確にしておきたいのは、クライアントとの意図的な協働関係です。クライアントは自分のテーマに関連する経験をコーチが持っているかどうかでコーチを選ぶ場合があります。つまり、この人なら自分がいる世界を理解してくれるだろうと思い、物事の道理やどうすれば成功できるかを理解しているだろうと期待して、そのコーチを雇うわけです。

このような場合には、コーチの役割とコンサルタントやメンターといった役割との違いを説明して、彼らがコーチやコーチングに何を期待できるかを知っておくことが重要です。そして、コーチングを進める中で、必要に応じて、２人の関係を見直し続けていくことも大切です。

また、マネージャーは答えを与えたいと思うことがあり、時にメンバーのほうも単に答えが欲しい時があることも事実です。メンバーにとって、それは自分で意思決定するよりも安全だからです。「上司から行うように言われたことをする」のに、リスクはありませんが学習もありません。チームや組織が最も恩恵を得るのは学習からなのです。

今行っている会話がどんなことを当然としていて、どんな期待があるのか。そのことに意識的であってください。もちろん、直接的で、単純な答えやちょっとしたアドバイスが求められてしかるべき時はあるでしょう。ただ、それが無意識に当たり前になっているような時には、そのことに気づく必要があります。

◆コンサルティング、コーチング、メンタリングの違い

コンサルティング、コーチング、そしてメンタリングには重なるところがあります。重要なことは、3つのアプローチすべてが、ともに仕事上の関係にもとづいていて、その業務の過程を通じてパフォーマンスを改善するためにデザインされているということです。

コーチ、コンサルタント、メンターはともに同じスキルを多く使っています。これら3つのアプローチは様々な形で定義されていますが、議論がし尽くされているわけではありません。ここでは、ざっくりとその手順と関係性がどのように違うかを見ていきます。

コンサルティング：コンサルティングの関係では、特定の成果を達成することに焦点が当たります。コンサルタントは分析をして、プロセスの提案を行います。コンサルタントはこれまでの経験やトレーニング、そして専門知識を持ち込みます。それらはその特定の成果を達成するために必要な要件を満たすものです。事前に設定された目標が達成されれば、その関係は完了します。

また、この関係は具体的な期間が契約に定められているため、かっちりとした関係となる傾向があります。プロの専門性や契約が作り上げる仕事の性質から、コーチングで使う「クライアント」という表現よりも、むしろ「顧客」という言葉を使う傾向があります。この関係においては、コンサルタントが権威を持っていることも特徴として挙げられます。

コーチング：コーチングの関係においても、もちろん成果に焦点が向けられています。その中でも成果に対してクライアントが自走化することが、コーチングのプロセスにおいて鍵を握ります。この関係が創り出す力はクライアントに集まります。そして、テーマはクライアントの能力開発、成

長、そしてクライアントがよりよい選択をしていくための道を創ります。

ところで、今説明しているのは、コーチングの中でもコーアクティブ・コーチングの関係であることを確認しておかなくてはなりません。これ以外のコーチングの形もあります。組織によっては、「君にちょっとコーチングしたいんだけど」とマネージャーがメンバーに働きかけ、意図されている結果はクライアントの修正であり、育成ではないこともあります。

コーチングの関係では、クライアントが興味を示している領域や目の前のテーマに関して、コーチが専門知識や経歴を持っている必要はありません。コーチがコーチングに持ち込むものは、内容に関する知識ではなくコーチング・スキルにおける専門性です。実際、テーマに関する専門知識がないことは、コーチとクライアントの関係にメリットをもたらします。というのも、問題の中身や詳細に引きずりこまれたり、その人の成長を目指しているはずなのにその焦点を見失ったりすることが少なくなるからです。

本書でここまで解説してきたように、コーチングには、コーチとクライアントの間の正式なプロフェッショナルな関係がある場合と、リーダー、マネージャー、スーパーバイザーと部下やチームメンバーとの間の、契約がない緩やかな関係の場合の両方があり得ます。この後者のコーチングの関係においては、コーチングとメンタリングの境界が曖昧になることがあります。

メンタリング：メンタリングの関係では、問題解決や目標達成よりも、より個人の育成に焦点を当てています。コーチングとメンタリングの主な違いは、専門性もしくは経験のレベルの差です。メンターには教師やロールモデルとしての役割があり、結果として上下関係が生まれます。メンティー（メンタリングを受ける人）はメンターを知恵やアドバイスの源として「見上げ」、尊敬の対象とします。２人は通常、同じ分野の仕事をしていて、同じ会社で、同じようなキャリアを通ってきていることがよくあります。メンティーは、キャリア開発という潜在的な目的を持っています。

第２章では、コーアクティブ・モデルにおいてコーチとクライアント双方がその関係にどのように力を与えているかを説明しました。コーチとクライアントはクライアントがその関係から利益を得ることを目的とした同志なのです。メンタリングの関係では、メンティーがメンターに力を与える形になりますが、たとえそうであっても、通常そのつながりはかなり個人的なものになります。

メンタリングの関係も、きっちりしたフォーマルなものもあれば、より緩やかなものもあり得ます。組織の中には、明確に記述されたガイドラインに沿ってメンタリングを行うことに重点を置くところもあります。そのガイドラインは時には時系列の具体的な手順を含んだものが用意されていることもあります。また、長きにわたる個人的なメンタリングの関係もあります。

◆これら3つにおけるコーアクティブな関係とは

これら3つの形式や目的、育成の焦点、その手順はおそらくそれぞれ違うでしょう。しかし、どれにおいてもコーアクティブな関係が持つ基本的な特徴を活用していくことが可能です。その根底にあり、構造を支えるのはコミットメントです。ともに、聴くこと、思いやること、そして協働することへのコミットメントがあり、関係を支える意図と同じ方向に向かうために両者が対等に合意します。

コンサルティング、コーチング、メンタリングの関係は、きっちりした形で行われるかどうかにかかわらず、暗黙の協働関係があります。リーダーがより深い会話に向けて波長を合わせると、相手は深いレベルで応え、より機敏に協働することが可能となります。そしてこの3つの形式のどれであるとしても、その人や状況にとって何が役立つのかということがその瞬間の対応を生み、導いていくのです。

◆セラピー（治療）とコーチングの違い

コーチングには確かに心を癒やす効果がありますが、セラピーではありません。この2つを混同してしまうと、感情はセラピーが扱う領域だとコーチが考え、コーチングにおいて感情が出てきたら、直ちにそれを避けるべきだと思い込んでしまいます。理性的に会話をするのは無難ではありますが、第10章の「プロセス」で説明したように、実際には、感情は人間にとって極めて正常なものであり、人間らしく人生を経験していく上で切っても切り離せないものです。

感情を取り扱っていくことで、セラピーやカウンセリングとコーチングは重なる部分を持つことになります。特に近年よく使われているセラピーの手法にはコーチングとの共通点が数多く見受けられます。

ただ、一般的に、セラピストが感情的な問題を診断し、患者に関わって感情的な傷を治療するように訓練されているのに対し、コーチは診断するための訓練は受けておらず、治療には焦点を当てないことは明確な違いと言えます。カウンセリングとコーチングでは根底にある目的が異なります。特にコーチがプロセス・コーチングを行っている時には、その区別が微妙な場合もあります。

しかし、それにもかかわらず、コーチングの中で、クライアントが勇気を持って人生の選択をする時、結果として癒やされるような感覚を得ることもあります。それは古いパターンや呪縛を断ち切ったり、閉じ込められていた箱から抜け出して新たな強さを身につけたりということを経験することがよくあるからです。

しかし、コーチングは感情的な問題やそこから生じる関係性のしがらみに焦点を当てません。会話の中で感情が表れることはあっても、それ自体を扱うことはコーチングの領域ではありません。コーチがコーチングの指針、資質、そしてスキルに集中している限り、コーチングの範疇を超えずにクライアントに関わっていると言えるでしょう（巻末の付録「コーチの職業倫理について」を参照）。

コーチのコミットメント

あなたは、クライアントの充実した人生と成長のために、どこまで踏み込む覚悟がありますか？　逆に、あなたが居心地のいい場所にとどまってしまうのはどんな時でしょうか？　特に、コーチングをしていて楽しいと感じるクライアントとのセッションについて考えてみてください。あなたは、クライアントの夢のほんの一部しかサポートしておらず、最高というよりはそこそこの満足感しか得られないようなビジョンを支持してしまっているといった状況に陥っていないでしょうか？　あなたが果敢に挑戦する会話よりも、楽な道を選んでしまうのはどんな時でしょう？

このような状況は知らず知らずのうちに起こってしまうものです。だからこそコーチは、つねに注意深く意識して、たとえクライアントが自らビジョンを諦めてしまいそうになった時も、コーチは本人以上にビジョンを信じ続ける必要があるのです。リーダーやマネージャーであれば、短期的なプレッシャーにも屈せず、より大きな目的に向かい合い続ける必要があります。

クライアントは、コーチが100％のコミットメントを持って自分に関わってくれるものと信じています。コーチとして、クライアントの話を何の疑問も持たずに受け入れ始めている時には注意をしてください。そして、とにかくクライアントがより深く探求できるよう、あえてクライアントの意見を押し返すことを厭わないでください。時にはまったく逆の視点を投げかけてみてください。そうすることによって、クライアントがとる立場は否が応でも明確になり、揺るぎないものになります。

もしもクライアントが自ら描いた自分の世界をまるで唯一の真実であるかのように話し、あなたもそれに同意してうなずいていることに気づいたら、まずは立ち止まって、そこにどんな思い込みがあるのか、問いかけてみましょう。

たとえば、「毎日とても忙しく、かつ引くに引けない状況なので、○○する時間がないんです」とこぼしているクライアントがいたとします。好奇心を向けてみると何が聞こえますか？　クライアントがとても忙しいのは事実かもしれませんが、それは長い目で見ると最善の結果をもたらすかもしれない難しい選択を避けるための言い訳に過ぎないかもしれません。「結局のところ、あなたが本当にコミットしていることは何ですか？」と、あなたは聞きたくなるかもしれません。

あなたは、コーチとして勇気のある問いを投げかけていくモデルとなります。コーチの仕事をしていくと、遠慮なく、言いにくいことを言ったり、時に途方もないことを伝えることが必要な時があります。最終的にはクライアントが生き生きとした人生を見出していくのですが、コーチとしてはこのように働きかけることで、クライアントが生き生きとした人生を送る可能性を探求できるように支援するのです。

これまでも述べてきたように、充実感のある人生を生きるということが革命的な行動を伴うとするならば、コーチであるあなたの発する言葉は、思い切りや時には激しさのある勇気を伴うものになるでしょう。クライアントが聞きたくないようなものであったとしても、あなたは進んで厳しい問いを投げ、言いにくい真実も口にする必要があるのです。そうすると、時には行き過ぎるところまで進んで踏み込んでいかなくてはならないこともあります。もしかしたらコーチとして解雇されるかもしれないのです。そのような時、コーチは自らこの問いに答えることになります。「結局のところ、あなたが本当にコミットしていることは何ですか？」

マネージャーには同じように、断固たる態度で臨む必要がある責務がありますが、これは部下に対して本当にコミットしている時とは異なります。マネージャーには果たすべきマネジメントの役割があり、これに加えてコーチの役割も求められるため、これがなかなか扱いにくいのです。あなたがマネージャーであれば、組織に対して結果を出す責任、明確に仕事の方向性を示し説明する責任、そして、部下を育成していく責任が同時にあります。そんな時でも、あなたがコーチの役割に一歩踏み出した時には、依然として投げかける問いは同じです。「あなたが本当にコミットしていることは何ですか？」

>>> 会話の例

勇気のある問いかけ（コーチ）

コーチ：それは最終的な決定ですか？

クライアント：そうです。準備ができ次第、故郷に戻ります。おそらく1ヶ月以内には。

コーチ：本当ですか？　正直、びっくりしています。

クライアント：そうでしょうね。

コーチ：キャシー、ちょっといいですか？　あなたの人生はもちろんあなたのものだし、自分がベストだと思う選択をするのはあなたの自由です。でも……私はコーチとして、そしてあなたという人を心から信じている1人の人間として、正直、困惑しています。

クライアント：そして、少しイライラしているように、聞こえますが。私がまた信念を曲げようとしていると言いたいのですか？

コーチ：違いますか？

クライアント：もう闘うのに疲れたんですよ。

コーチ：それもわかります。私はあなたがいかに苦闘してきたかを知っています。これまであなたが何度も不採用の通知を受け取りながらも、なんとかアルバイトで食いつなぎ、めげずに毎日夜遅くまで執筆活動を続ける姿を、ずっと見てきました。あの決意はいったいどこから来ていたのですか？

クライアント：おそらく、自分を買いかぶっていただけなんですよ。

コーチ：いや、それは違います。ここで、あえて言わせてもらいたいことがあります。もしも言い過ぎているようだったら、言ってください。

クライアント：とにかく、もう今は何の希望も感じられないんです……。

コーチ：あなたの価値観リストに「希望」があったかどうかは定かではありませんが、あなたの「夢」は確実に覚えています。情熱と決意に満ちてこの街にやってきたあなたのことを覚えています。あなたは自分の人生を生きると決め、自分自身を信じていました。

クライアント：私はとても純真でしたね。

コーチ：そして、同時にたくさん不安も抱えていましたよね。落ち込んだ時も幾度となくありました。でも、あの情熱の炎が消えたとはとても信じられません。私にはとにかくそれが信じられないんです。

クライアント：でも、お金はもうほとんど使い果たしてしまいました。仕事は退屈だし、何の楽しみもありません。これは、私が描いていた夢ではありません。

コーチ：よくわかります。そして、そのことをわかった上で、あなたにあえて要望したいことがあります。それは、執筆活動をいったん休んでほしい、ということです。ただし、引っ越しの準備も一切しないでください。やっていただけますか？

クライアント：でも、執筆しないのであれば、何の意味があるんですか？それじゃ、ただ仕事でつまらない時間を過ごすだけになってしまいます。

コーチ：あなたは疲れていますよね。そして、あなたの夢も疲れています。まずはゆっくり休んで、来週のセッションで、あなたがどんな状態にいるかをもう一度２人で確認しましょう。どうですか？　この要望を断っても構いません。それならそれで、私も諦めます。でも、私は今、自分は書くために生まれてきたと信じているあなた自身に代わって頼んでいます。

クライアント：わかりました。そうしましょう。そう信じている私自身のために。

勇気のある問いかけ（リーダーとマネージャー）

メンバー：何か話があるとのことですが。

マネージャー：そうです。

メンバー：嫌な予感がしますね……。何かあったのでしょうか？

マネージャー：Sプロジェクトに関して、あなたが他のメンバーに送った電子メールを見たんですが。

メンバー：そうですか。スケジュールが遅れていて、その遅れを取り戻せそうにありません。このままでは私が設定したKPI（重要業績評価指標）は達成できそうにありません。

マネージャー：目標を達成することは重要です。それは間違いありません。しかし今、私が気にしているのは、スケジュールよりもあなた自身とあなたの役割についてです。

メンバー：あの報告書を読まれたのですね。サプライヤーに関する問題、ITに絡む問題、想定外のコストなど。

マネージャー：あそこに書かれていたことが全部本当だとすると、このプロジェクトは驚きの想定を超えています。しかし、私が話したいのはあなたの役割についてです。今回のプロジェクトは、あなたにとってまたとないキャリアアップのチャンスです。私たちがあなたを選んだのは、あなたの能力、そして、こういったプロジェクトをうまく扱ってきた経歴を見込んだからです。今は、プロジェクトの問題から目を離して、あなた自身に焦点を当ててください。あなたが本当に得たいものは何ですか？

メンバー：言うまでもなく、プロジェクトの成功と、それを認めてもらうこと。そして、昇進の機会です。

マネージャー：外から見ると、今のあなたは自分自身の邪魔をしているように見えますよ。私はあなたに対する信頼を失ってはいません。私はあなたを応援したいと思っています。あなたに問いかけたいことがあります。「あなたは何にコミットしているのですか？」

メンバー：いろんな人がいて、様々な要求を持ち、それぞれ締め切りを抱えています。私は一緒に仕事している全員が1つになり、それを喜び、生産的になってもらいたいのです。

マネージャー：それで、あなたは何にコミットしているのですか？

メンバー：おそらく、私は好かれようと頑張り過ぎていて、十分に効果を出せていないのだと思います。

マネージャー：それは、どういうことですか？

統合

本書の冒頭で述べたように、コーアクティブな会話は「ダンス」をしているようなものです。そこで流れる音楽はつねに変化します。そこで学び、練習すべきステップ（足の運び方）があり、私たちはそれを伝え、演習を提供し、素晴らしいダンスが踊れるように支援してきました。その学びや演習の集大成はこの統合のプロセスにまで来ています。もはや本を読むことによってではなく、実際の生活において実践する段階に至っています。

もし、あなたがこのコーチングを学ぶという道を歩き始めるのであれば、知っておいてもらいたいことがあります。それは、ラーニング・カーブ（学習曲線）です。うまくいかないことを受け入れ、すべての経験から学ぶことで、さらなる能力を身につけることができます。

こうした考え方や姿勢こそ、クライアントやともに働く人々に願っているものではないでしょうか。私たちはこの学びの実践をできるだけ安心して取り組んでもらいたいと思っています。というのも、実践をしていくと居心地が悪く感じることがあるからです。一進一退で、学んだらすぐに右肩上がりに上達するというわけではありません。これが学習の本質であることを覚えておいてください。

実践を行うことで、コーチ、クライアントにとっても価値ある結果がもたらされます。コーチングとはクライアントのためのものであるため、このことはあまり明確に触れてきませんでしたが、コーアクティブの関係とは、ともに成長し、恵みを享受する道であり、手法なのです。

第12章

コーチングが世界にもたらすもの

The Expanding World of Coaching

広がるコーチングの世界

本書の第１版が出版されてから、コーチングは世界各国の様々な人々に活用され、よりよい人生や仕事を築いていくために、なくてはならないものとなってきました。かつてはコーチングと言えば、個人に対するパーソナル・コーチングか、企業の役員やマネージャーに対するエグゼクティブ・コーチングかのどちらかの分野に限られていましたが、今では進化を果たし、何百もの分野が生まれています。

世のコーチたちは、現在、あらゆる年齢層の、あらゆる状況に置かれた人たちを対象に仕事をしています。今では以下のような多様な分野の人々にコーチングが展開されています。大学への進学準備をしている10代の若者、仕事についての選択肢を探っている大学生、結婚を考えているカップル、仕事やキャリアの転換を図っているビジネスパーソン、転勤や引越しを控えている人、退職をひかえている人、重大な障害や死に至る病に直面している人など、多岐にわたります。コーチによっては特定の集団に特化している人もいます。たとえば、企業の役員層、技術者、医師、芸術家や音楽家、教師、非行少年・少女、NPOの運営者やボランティアなどといった具合です。

その他、自分が興味のある分野とコーチングを組み合わせたサービスを提供しているコーチもいます。たとえば、川下りやロック・クライミングなどの野外活動ですが、この活動自体を人生にたとえて、コーチングしながら目標を設定し、やってみてどうだったかを振り返り、学びを創り出します。

また、ファイナンシャル・プランニング、人前での話し方、時間管理、減量やフィットネスなどに特化しているコーチもいます。また、戦略立案、コミュニケーション・トレーニング、リーダーシップ開発など関連するサービスとコーチングを組み合わせているコーチも大勢います。

本書では、個人の１対１のコーチングについて特に取り上げてきましたが、コーチングで急成長を遂げている領域を１つ挙げると、仕事上のチームに向けてのチーム・コーチングやカップル、パートナーシップ、家族に対するリレーションシップ・コーチングがあります。これらのコーチングでも指針、資質、そしてコーチング・スキルを駆使するわけですが、対象となる「クライアント」はチームもしくは関係性なのです。チームや関係性も人格と価値観を持つ、生きているシステムです。チームとして、個人の目標を合わせたものとは異なる明確な目標があります。チームとは部分を足し合わせた合計以上のものなのです。

チームは個々のチームメンバーの人格、優先順位、態度、そして願望のすべてから成り立ちます。組織は生産性向上の実現のために、よりチームに重きを置いているので、この分野のコーチングは拡大を続けるでしょう。チームをコーチングすることはさらに複雑で、グループ・ダイナミクスに関する専門的スキルやコンピテンシー、そして才能が求められます。このコーチングはときに混沌としたり、感情的になったり、多くのものを要求されますが、同時にひらめきを与えてくれるものです。

こういったプロフェッショナル・コーチに加え、コーチングの世界は企業内コーチや、会話例で見てきたように、日々の仕事においてコーチング・スキルを使うマネージャーやリーダーにも明らかに広がってきています。

今日、コーチングは年間20億ドル以上を生み出すグローバルな産業を表す言葉となり、リーダーやマネージャー、そして起業家をサポートする重要なシステムとなっています。私たちはこの職業が成長し、献身的なプロフェッショナルたちがそこに集うのを見てきました。高い質と倫理的な基準を確立し、維持する志にも支えられてきました。私たちは世界中に数万人ものコーチをトレーニングする過程で、この職業が個人の人生や組織のパフォーマンスにとてつもない違いを生み出すのを目の当たりにしてきたのです。コーチングはこの20年の間に、1人1人のクライアントに合った形で活用され、変化を生み出すシステムとして信頼されてきました。その実績が証明されてきたことによって、尊敬される地位を得たことに疑う余地はないでしょう。

クライアントを取り巻く関係

組織内の個人やチームに対してコーチングを行う場合、その関係には単なるコーチとクライアントを超えた1つの層が加わるので、意識的に取り扱う必要があります。それは、コーチ、クライアント、組織という3者間に生じる力学です。この場合、コーチはこれら3者すべての間に意図的な協働関係を築く必要があります。守秘義務の意味を明らかにし、役割を明確にしなければなりません。

「組織はコーチもしくはクライアントからの報告を期待しているか？」「コーチングの目標や基準を設定するのはクライアントか、それとも組織か？」。また、コーチングが効果を上げるためには、クライアント側に本気のコミットメントがなければなりません。そうでなければ、コーチングは単に命令に従うよう圧力をかける手段になりかねないのです。

組織によっては、コーチングは業績目標のみに焦点を当てるべきだと考えるところもあります。一方で、クライアントが最大限の充実感を感じられるような、モチベーションあふれる道を明らかにして、それを追求するよう支援するために権限委譲されているコーチもいます。場合によってはクライアントがその組織を去ることになるとしてもです。十分に動機づけられたメンバーに支えられた組織にはとてつもない力があふれます。モチベーションの低いメンバーが組織の勢いを衰えさせるという事実に、多くの組織は気づきつつあります。

◆組織内コーチ

コーアクティブ・モデルは、外部のコーチとして組織に関わる場合と同じく、自らが属する組織でコーチングを行う組織内コーチにとっても非常に有効です。それは世界中の大小様々な企業や政府機関、あるいは非営利組織で活動する組織内コーチたちから長年にわたって寄せられた報告によって裏打ちされています。組織内でのコーチングが効果的であるために、特に考慮すべきポイントがあります。

ここでもまた登場するのは、組織内コーチ、クライアント、そして組織もしくはお金を出すスポンサーという3者の間に働く力学です。この環境は微妙で一層の慎重さが求められます。そして、私たちの経験から言えることは、不必要な誤解が生じないために3者全員が集まってコーチングの意図的な協働関係を早い段階で築き、役割と期待をはっきりさせるということです。組織内コーチにとって、コーチングにおいてどこまでを取り扱うかを明確にすることは、とりわけ重要です。

◆コーチングを補完的に活用する

変化が根づくにはある程度の時間がかかり、その変化のプロセスが途切れないよう意識を向け、サポートすることが必要です。コーチングは、このような変化のプロセスを着実に促進し、結果につなげるための理想的な仕組みだと言えるでしょう。セミナーやワークショップ、あるいは日常から離れた泊まり込みの研修は、大きなインパクトがありますが、参加者が日常に戻ってしばらくすると、その影響は簡単に消え去ってしまいがちだからです。

コーチングには、そうした機会に得た学びを継続させ、その体験を通して植えられた種に栄養を与え続けるような効果があります。近年、コンサルタントやチーム・リーダーといった立場にある人たちが、変化を持続させる手段としてコーチングに強い興味を持ち始めています。体験型学習のトレーナーやプログラム・リーダーは、彼らが提供する経験から生み出された内なる変化を持続させるべく、そのプログラムの中に継続的なコーチングを組み込んでいます。

人間界、自然界を問わず、あらゆるシステムは変化に抵抗します。「ホメオスタシス」とは物事を現状にとどめ、元に戻るよう圧力をかける抵抗し難い力です。と同時に、あらゆるシステムには変化を求めるエネルギーが内包されています。人間界においては、変化には多くの励ましと支援が必要となります。ゆえに、コーチングとは変化を持続させていくための理想的な仕組みと言えます。

◆選択肢は無限大

ここまでにご紹介した内容は、コーチングの幅広い可能性のほんの一部に過ぎません。コーチングを実践しようと考えている人にとって、活用できる書籍やリソースはたくさんあります。経験から言える確かなことは、コーチングを活用しようと思っている分野が明確で、ゆえに情熱や使命感がしっかりと感じられていることが大切です。あなたにとって最も気になっている人たち、大事だと思う人に関わることで、あなたは触発され、それが成功につながります。

あなた自身もコーチングの核となる3つの指針に沿って生きていることを思い出してください。あなたが提供するサービスが充実感あふれるようデザインしていってください。そうすればあなたの価値観と響き合い、あなた自身の人生にバランスをもたらすことでしょう。また、あなたが愛を感じ、この瞬間を生きていると実感するようデザインしてください。あなたがコーチングとして伝えていることを自ら実践するのです。

プロのコーチでない人にとってのコーチング・スキル

コーチングは単なる職業上のカテゴリーというよりも、むしろコミュニケーションを円滑に行うための基本的なルールと方向性をシンプルにまとめたものだと言えます。このような特徴を備えているため、ビジネス・ミーティングやリーダーシップのトレーニング、教師・生徒間の対話、あるいは家庭内のやり取りでも活用されつつあります。コーチングは積極的に傾聴し、お互いに尊重し合い、物事を明確にし、たとえ感情的にこじれた会話でも進んで関わろうとする意欲を後押しするものです。

ダニエル・ゴールマンは、そのEQ（感情の知能指数）に関する研究の中で、こうした開かれたコミュニケーションがいかに重要かを指摘し、優れたリーダーとなるために必要不可欠な資質であることを広く世に知らしめました。今日では、これまで主にプロのコーチの間で使われてきたスキルは、それ以外のあらゆる会話の中でも活用されるようになってきています。

これは仕事の世界において、顕著です。リーダーやマネージャーがコーチング・スキルを使うことが頻繁に見られるようになっただけでなく、こうしたスキルのトレーニングに多くの組織が投資をしています。組織に本質的変化を呼び起こすコーチングの力とは、リーダーや部下が単にコーチング・スキルを学んだり、これらのスキルを実践することにとどまりません。本質的な変化を創り出すその力は、コーチングの文化を創り上げることによってもたらされるものなのです。

コーチングが世界にもたらすもの

私たちが1998年に本書の初版を発表した際、コーチングおよびコーチングのスキルが人間関係の自然な一部になっている世界をビジョンとして描きました。このビジョンは今も変わることなく生き続けています。しかし、それと同時に、当時は想像に過ぎなかったこのビジョンが、今やますます私たちの現実の世界になりつつあると実感しています。

コーチ、あるいはクライアントとして、ある程度コーチングを体験したことがある人であれば、コーチングがいかに人の人生に大きな影響を及ぼすか、すでに知っていることでしょう。こうした経験から、著者である私たちも、コーチングの本質的な変化をもたらす力に確信を持っています。クライアントの人生、私たち自らの人生においてもその力を目の当たりにしてきました。ここで、コーチングがほんの一握りの人たちだけではなく、すべての人にとって生活の一部になっている世界を想像してみてください。

コーチングの基本的なスキルや手法が広く使われ、コーチだけでなく、世の中のすべての人が使っている世界を想像してみてほしいのです。もし、フルフィルメントやバランス、そしてプロセスといった指針で生きることがすべての人の期待することで、それを前提にしているとしたらどうでしょうか？　コーチングの関係においては当たり前となっていることが、日常生活の中にも染みわたっていったら？　それはどんなふうになっているか想像してみてください。

このように、コーチングの基本的な理念が至るところに浸透した世界では、人は自らの生活や仕事に対して、それを何としてでも充実させようという強い決意を持って臨んでいるはずです。彼らはそこそこの人生に満足することなく、自分の持てる才能やスキルを余すところなく発揮し、我慢するようなことはなくなるでしょう。そして子供たちも、充実感とは、いつかお金や名声を得た時に起こる何かではなく、自分がその気になりさえすれば、その瞬間瞬間いつでも得られるものであると学ぶことでしょう。

すべての人が、自らの仕事について誰にも止められない魅力のあるビジョンを持ち、日々選択をし、目的意識を持っている世界を想像してください。そして、情熱とやる気に満ちた人たちが、自分たちと同じように他の人たちにも充実した人生を生きてほしいと積極的に働きかける世界を想像してみてください。

この世界では、すべての人がベストを尽くし、持てるものを惜しみなく発揮しているでしょう。そこには、ただ命令に従うだけだったり、抜け殻のように身体だけ机に向かっていたり、カウンターの向こうで無表情にレジを打っていたりという人はいません。

そのような世界では、世の中の仕事に対する見方も変わり、どんな仕事をしているかということよりも、その仕事を通じてどれだけ自分の価値観を尊重し、どれだけ世の中に影響を与え、変化を起こすことができるかを重んじるようになっているはずです。

コーチングの理念が職場やプライベートの関係、あるいは国と国との関係など、あらゆるところで活かされている世界を想像してみてください。仕事上のプロジェクトを立ち上げたり、誰かと新たに関係を結んだりするに当たって、すべての人が意図的な協働関係を築くようになったら、世界はどう変わるでしょうか？

もしも人々がつねにお互いに対して、たとえ耳に痛いことであったとしても真実を語り、自分を守ろうとすることなくありのままの自分を表現することができたら？　そうなったら、政治の仕組みはどのように変わるのでしょうか？

もし、コーアクティブな会話が世界中で仕事や家庭、学校、そして特に政府の中で当たり前になったら、何が可能になるか想像してみてください。それは正直さ、尊重、好奇心、そして決意が柱となっている会話です。そして、人が人を人として見ることで、互いに理解し、理解される深く耳を傾け合う世界です。そこでは、思いやりにあふれ、その思いやりから行動が生まれる世界なのです。

人々が言葉だけでなく、言葉の奥にあるものまで理解しようと真剣に耳を傾ける世界を想像してみてください。もしも私たちが自分も含む周囲の人や子供たちに対して彼らの限界を指摘する代わりに、これ以上ないというくらいの可能性を示し続けたらどうなるでしょうか？

もしも私たちが失敗や不十分さを予測する代わりに、素晴らしさを期待するようになったら？　そして、たとえ失敗をしてもそれを恥じるのではなく、素早く学習する１つの形であるととらえられたらどうなるでしょうか？　もしも私たちが人の足りない部分を探す代わりに、強みや持ち味を認めたらどうなるでしょうか？

この世界は、好奇心や驚きに満ちあふれた世界であり、まったく新しい形で相手の話に耳を傾けるようになるでしょう。また、私たちがやると言ったことについて、ベストを尽くすことを期待し、確認し合い、責任を持つ世界になるでしょう。さらに、この世界では、人々は自らの真実と向き合い、自分に対しても他人に対しても決して嘘をつかないような生き方をすることでしょう。

この世界では、居心地のよさや見栄を張ることよりも学びと成長に価値が置かれているでしょう。そこでは、抑えきれないビジョンが形となり、花開くように、全面的に支援され、無条件に励まされ、祝福されるのです。これこそがまさに本質的な変化がもたらされる世界なのです。

ツールキット

The Coach's Toolkit

ここから先は、実際にコーチングを行う上で役立つと思われるツールを、４つのカテゴリーに分類して紹介していきます。

コーチング・フォーマット／チェックリスト

ここでは、クライアントとのセッション、特に導入セッションにおいてよく使われるフォーマットを紹介します。

導入セッション・チェックリスト／コーチング契約書／個人情報シート／事前アンケート／主要なテーマ／コーチングの準備

コーチング・リソース

ここでは、コーチおよびクライアントが、クライアントについてより深く理解するために役立つ問いやエクササイズなどを紹介します。

拡大質問／設問／人生の輪／人生の輪（ブランク）／価値観を明確にするエクササイズ／価値観ワークシート／価値観の基準・障害ワークシート／価値観行動記録／価値観のサンプル・リスト／人生の目的についてのエクササイズ／私のサボタージュ／クライアント・プロフィール／コーチングを始めるに当たっての質問

行動計画ツール

ここでは、クライアントが行動計画を立案したり、それを実行したりする上で役に立つツールを紹介します。

戦略的計画チェックリスト／達成記録／目標と決意／毎日の習慣／習慣チェックリスト／構造化

組織内クライアント向けのツール

ここでは、組織内のクライアントに対してコーチングを実施する際に役に立つツールを紹介します。

組織内クライアント・導入セッション・チェックリスト／組織内クライアント・個人情報シート／パフォーマンスの輪／パフォーマンス・アセスメント・シート

コーチング・フォーマット／チェックリスト

ここでは個人クライアントに対して、特に導入セッションで使われるフォーマットを紹介します。これらのフォーマットは、あくまでも概要をつかむためのものであって、必ずしも「正解」ではありません。ぜひ、あなたのコーチングスタイルを反映した独自のフォーマットを創り出していってください。

導入セッション・チェックリスト

1. クライアントを快く迎える
2. 導入セッションがどのように進められるか、全体像を説明する
3. コーチングについて説明する
4. 自分の経歴を要約して伝える
5. 守秘義務と安全性について話し合う
6. 「あなたが私のクライアントであることを他人に話してもいいですか？」と許可を得る
7. 意図的な協働関係を築く：「どのようにコーチしてほしいですか？」
8. コーチとクライアントはあくまで対等な関係にあることを伝える
9. バランスについて説明し、「人生の輪」を実施する
10. 価値観の明確化について話し合い、サボタージュについて説明する
11. 「主要なテーマ」の書式を記入する
12. 今後のコーチングで用いる書式について紹介する
13. 「達成記録」の書式に、必要な行動を記入する
14. 次回から３回のセッションについて日程を決め、予定表に記入する
15. 今後のセッションがどのように進められるか説明する。また、「設問」について説明し、これからコーチングを続けていく中で、気持ちに浮き沈みがあることもあらかじめ伝えておく
16. 「コーチング契約書」および「個人情報シート」を記入してもらう。そこで、休暇や遅刻、キャンセル、その他特別な状況が起こった時の対応について言及しておく
17. 導入セッションおよび最初の１ヶ月分の費用を受け取る。月々の支払い方法について説明する（請求の立て方を含む）
18. 決意とは何か、人間であるとはどういうことか、そして学びや変化には時間がかかることについて話し合う
19. その他

---

20. クライアントに感謝の意を表し、これからのコーチングに対する熱意を示す

コーチング契約書

本契約は、コーチおよびクライアントとの間で、＿＿＿＿＿年＿＿月＿＿日より発効し、最低3ヶ月の間継続します。費用は、第1回目の導入セッションが＿＿＿＿＿＿円、そして初めの3ヶ月間は月当たり＿＿＿＿＿円とし、クライアントは毎月末日までにその翌月分をコーチが指定する方法にもとづいて支払うものとします。最初の3ヶ月が終了した時点から、本契約は1ヶ月ごとの更新に移行します。もし、何らかの理由によりコーチ・クライアントのいずれかが契約を続行できなくなった場合には、少なくとも契約満了の1ヶ月前までに口頭もしくは文書で通告することとします。

本契約の締結によって提供されるコーチング・サービスは、＿＿＿週間に1回を基本とし、1回当たりの時間は＿＿＿分、合計で1ヶ月に＿＿＿時間とします。各セッションは、コーチ・クライアント双方の協議にもとづき、対面もしくは電話で行われるものとします。

コーチは、クライアントにアドバイスを与える存在ではありません。また、セラピストやカウンセラーとも異なります。コーチは、各クライアントがそれぞれの人生やキャリアにおいて実現したいことに焦点を当てます。また、コーチは、クライアントとより良い関係を築くべく、つねに誠実かつ率直なコミュニケーションをとるのはもちろんのこと、クライアントがコーチングの中で話した内容をクライアント本人の許可なく他言しないという守秘義務を負っています。一方、クライアントも決して受け身になることなく、自らにとって最適な関係を築くべく、主体的・積極的に関わることが求められます。その意味でも、クライアントはコーチングの進め方等に関して改善してほしいことがあれば、時期を待たず率直にそれをコーチに伝える義務を負っています。

コーチおよびクライアントは、下記に署名・捺印することをもって、本契約の内容に合意したこととします。

年　　月　　日

クライアント氏名：＿＿＿＿＿＿＿＿＿＿＿＿＿＿＿＿＿＿＿印

コーチ氏名：＿＿＿＿＿＿＿＿＿＿＿＿＿＿＿＿＿＿＿＿＿印

個人情報シート

基本情報

氏名：

呼ばれたい名前：

Eメール：

住所：〒

電話番号：(自宅／職場／携帯)

緊急連絡先：

FAX 番号：

ホームページ：

就業情報

職業：

会社名／部署名：

個人情報

生年月日：

結婚（既・未)：　子供の人数：

※すべての個人情報は守秘義務の原則にしたがって適切に扱われます。

事前アンケート

あなたがどのように世界を認識し、その中でも特にご自身をどう認識しているのかを理解しておくことは、コーチである私にとって重要なことです。私たちはそれぞれ、固有のものの考え方を持ち、独自のやり方で周囲の人と関わっているものです。

以下のそれぞれの質問に対して、自分がどのような人間であるかを、できるだけ明確かつ正確に表現するよう心がけながら回答してください。これらの質問は、あなたの思考にいつもと異なる刺激を与え、これからのコーチングに幅と広がりをもたらすよう意図されています。したがって、これらの質問に答えるに当たっては、何日間かかけてじっくり記入することをお勧めします。

1．あなたが後悔することなく、本当に満足のいく人生を送るために、これだけは絶対に実現したいと思うことは何ですか？

2．あなたが心の中に秘めている情熱があるとしたら、それは何ですか？

3．あなたの地域コミュニティにおける役割は何ですか？　あなたの国における役割は？　世界における役割は？

4．もしもお金や生活の心配をする必要がなく、あなたの人生を他者に貢献できるとしたら、あなたは何を行いますか？　その人生はどんなものでしょう？

主要なテーマ

このコーチングにおいて、主に焦点を当てたい5つのテーマを挙げてください。それぞれのテーマについて、簡単なタイトルとその達成度合いを示す指標についても記入しましょう。

例：〈テーマ〉生産性をより高める
〈指　標〉もらった電話やメールに対してフォローする仕組みがある。時間を守る。すべての課題を完了する。新しいプロジェクトについて、現実的な目標を持つ。

1．〈テーマ〉
〈指　標〉

2．〈テーマ〉
〈指　標〉

3．〈テーマ〉
〈指　標〉

4．〈テーマ〉
〈指　標〉

5．〈テーマ〉
〈指　標〉

●コーチングの準備

クライアントは、毎回のコーチング・セッションが始まる前までにこのシートに記入し、コーチに電子メールやFAXで送ります。

コーチング・セッションに向けて、クライアント自身が心の準備をしておくことで、効率よく時間を使うと同時に、最大限の成果を上げることが可能となります。そこで、当日のセッションを迎えるに当たって、事前に以下の質問に答えてもらうことをお勧めします。

コーチング準備シート

1．今の自分の状態はどうか？　今週は、自分にとってどんな1週間だったか？

2．今日のセッションで特に話したいことは何か？　取り上げたい課題や懸案、掘り下げたい学び、祝福したい達成事項は何か？

3．前回のセッション以来、実行したことは何か？　その中でうまくいったこと、うまくいかなかったことは何か？

4．前回の設問について気づいたことは何か？

5．今日、コーチに報告しなければいけないことは何か？　そこで確認してほしいことは何か？

6．今日のセッションを通して得たいものは何か？

7．他に伝えておきたいことは何か？

コーチング・リソース

　ここでご紹介するツールは、コーチがクライアントのことをより深く理解したり、クライアント自身が自分をより深く理解したりするのに役立つ問いやエクササイズです。これらを参考にしつつ、コーチであるあなたがコーチングを実践する中で、新たな問いやエクササイズを付け加えていってください。

●拡大質問（パワフル・クエスチョン）

拡大質問とは、何かを挑戦的に問いかけることであり、言い逃れや混乱に終止符を打つ質問のことです。コーチがクライアントに拡大質問を投げかけることで、まったく新しい次元での発見や行動をクライアントから引き出すことができます。

以下の例からもわかるように、ほとんどの拡大質問は、クライアントが単に「はい」や「いいえ」で答えられる質問ではありません。クライアントが自分の言葉で答えることで、自らの学びを深め、新たな視点をもたらす可能性を創り出す質問なのです。

セッションを始めるに当たっての質問

- 前回話して以来、どんなことが起こりましたか？
- 今日は何について話したいですか？
- 何か新しいことはありますか？
- 先週はどうでしたか？
- 人生の状況はどうですか？

内容を明確にする質問

- どういう意味ですか？
- どんな感じですか？
- まだ明確でないのはどの部分ですか？
- もう少し話してもらえますか？
- 何を求めているのですか？

詳しい内容を求める質問

- 詳しく話してもらえますか？
- もう少し聞かせてもらえますか？
- 他に何か？
- 他にはどんなアイデア／考え／感情がありますか？

具体性を求める質問

- 具体例を挙げてもらえますか？
- たとえば？
- たとえて言うと、どんな感じですか？
- 具体的に言うと？
- 何か例はありますか？

核心を突く質問

- 何が問題なのですか？
- 最大の障害は何ですか？
- 何があなたを引き留めているのですか？
- 何が一番心配なのですか？
- 今もっとも望んでいることは何ですか？

背景を確認する質問

- こうなった原因は何ですか？
- どのような経緯でこうなったのですか？
- 今までにどんなことを試みたのですか？
- どのようにそれが起きたのか覚えていますか？
- あなたはどのように理解していますか？

評価に関する質問

- 今どんなチャンスがありますか？　また他にどんなチャレンジがあるでしょうか？
- あなたの計画／生き方／価値観にどれくらい沿っていますか？
- 何を意味していると思いますか？
- あなたはどう評価しますか？

判断に関する質問

- あなたはどのように判断しているのですか？
- 何が最適だと思っていますか？

- どのように見えますか？
- どう感じていますか？
- あなたのエネルギーを動かすものは何ですか？

要約を促す質問

- あなたの結論は何ですか？
- 全体的に見てどうですか？
- あなたなら、この状況をどのように説明しますか？
- 結局どういうことだと思いますか？
- 今までの話をまとめてみると、どうなりますか？

期待成果を確認する質問

- 最終的に求めているものは何ですか？
- どんな結果を望んでいるのですか？
- それを達成した時に得られるものは何ですか？
- 何をもって達成したと判断するのですか？
- 達成したらどうなるのですか？

結果を予想する質問

- どのような結果になると思いますか？
- それによってあなたは何を得るのですか？
- 行き着く先は何ですか？
- 成功する可能性はどれくらいですか？
- あなたの予想はどうですか？

期待に関する質問

- 何が可能ですか？
- あなたの望みが叶ったとしたらどうですか？
- 夢は何ですか？
- これの何があなたをワクワクさせますか？

- その疼《うず》きは何ですか？　あなたの直感は何と言っていますか？

視点を転換する質問

- あなたが95歳になった時、自分の人生についてどのように語りたいですか？
- 今から5年後、どうなっていると思いますか？
- これはあなたの人生の目的とどんな関係があると思いますか？
- 全体から見ると、これはどれくらい重要ですか？

状況を想定する質問

- もしもこの行動にあなたの人生がかかっているとしたら、何をしますか？
- もしもこのことについてどんな選択でもできるとしたら、どうしますか？
- もしも同じような状況に遭遇したら、どうしますか？
- もしも何でもできるとしたら、どうしたいですか？
- もう1度するとしたら、今度はどのようにしたいですか？

楽しさを引き出す質問

- あなたにとって楽しいとは、どういうことですか？
- その状況のどんなところにユーモアを感じますか？
- どうしたらもっと楽しんでやれますか？
- どうなったらいいと思いますか？
- どうやったら楽しくやれるかを他の人に教えるとしたら、どのように教えますか？

可能性を探る質問

- どんな可能性がありますか？
- ここであなたが探りたいのは何ですか？
- あなたがまだ探っていないのはどの部分ですか？
- 色々な角度から見たらどう見えますか？
- 他にもう1つ可能性があるとすれば、それは何ですか？

選択肢を広げる質問

- 他にどんな選択肢が考えられますか？
- 思いっきり大胆になったらどんな選択肢があり得ますか？
- もしも選べるとしたら、何をしますか？
- 考えられる解決策はどんなものですか？
- やった場合とやらなかった場合、何が変わりますか？

リソースを探る質問

- 決断するに当たってどんな情報が必要ですか？
- 今のところわかっていることは何ですか？
- どうしたらもっと詳しいことがわかるのですか？
- 今、どんな全体像を頭に描いているのですか？
- あなたが利用できるリソースは何ですか？

計画を立案する質問

- どう対処しようと思っているのですか？
- どんな作戦を練っているのですか？
- どんな計画をつくりますか？
- どうすればこの状況を改善できますか？
- 今からどうしますか？

計画を実行に移す質問

- どんな手順で実行しますか？
- どこまでやる必要がありますか？
- やり遂げるためにどんな助けが必要ですか？
- 何をしますか？
- いつそれをしますか？

行動を促す質問

- どんな行動を起こすのですか？　その後はどうしますか？

- 何をしますか？　いつそれをしますか？
- そろそろ行動を起こす時ですか？　まず何をしますか？
- ここからどこに向かって足を踏み出しますか？　いつそれをやりますか？
- 次のステップは何ですか？　それはいつまでにやりますか？

学びを深める質問

- 今回のことから得たことは何ですか？
- どのように自分に説明しますか？
- 何を学びましたか？
- この学びを覚えておくためにどうしますか？

失敗を学びに変える質問

- もう1回やり直すとしたら、今度はどのようにやりますか？
- あなただったらどうやったと思いますか？
- 他にどのようなやり方があったと思いますか？
- もしあなたがやりたいようにできたとしたら、どうしますか？

●設　問

設問とは、拡大質問の一種で、一般的には、次回のコーチング・セッションまでの課題として使われるものです。設問を投げかける目的は、正しい答えを見つけ出すことではなく、クライアントが自らを振り返り、新たな発見をし、学びを深めることにあります。以下に挙げた設問のリストは、あくまでも参考として提示したものであり、すべてを網羅したものではありません。コーチとして経験を積む中で、ぜひあなたなりの設問を積極的に追加し、このリストを充実させてください。

コーチングを始めた初期の頃によく使われる設問

- 私は何を求めているのか？
- 豊かで満たされた人生とはどのようなものか？
- 私は何を我慢しているのか？
- 私が現実離れしているのはどういう部分か？
- 誠実であるとはどういうことか？
- 私はどのように生きたいのか？
- 価値観に沿った生き方とはどのようなものか？
- 力がみなぎっているとはどういう状態か？
- 「今、ここにいる」というのはどういう状態か？
- 私はいつもどういう気分でいるのか？　それは習慣か？
- 選択とはどういうことか？　選択するとはどういうことか？
- 言っていることとやっていることがずれるのはどういう時か？
- 夢と目標の違いは何か？
- ありのままの自分とは何か？
- 私は自分の感情と向き合うのを避けるために何に頼っているか？（たとえばアルコール、食べ物、仕事など）
- 私の意識はいつもどこに向いているか？

好調の原因を探る設問

- 私を動かし続けるものは何か？

- 何がうまくいっているのか？
- 何が私を自由にしているのか？
- うまくいっているとはどういうことか？
- 自分に厳しすぎるところはどこか？
- 最高の状態の時、何が起きているのか？
- 勝つための仕組みは何か？
- 自分のどこに解決策が眠っているのか？

やる気を引き出す設問

- 自分自身を笑い飛ばせないのはどういう時か？
- 自分の目標を達成するために必要なことは何か？
- 単に気分がいいのと本当に充実しているのとでは何が違うのか？
- 偉大な目標は心をつかんで離さず、曖昧な目標は忘れられやすい。私の目標はどちらか？
- 私は何を創り上げようとしているのか？
- 私はどんな人になりつつあるのか？
- 私のやる気の源は何か？
- 不屈であるとはどういうことか？
- 私は今週どういう自分でいることを選択するのか？
- すべてを受け入れるとはどういうことか？
- 創造的であるとはどういうことか？
- 毎朝、自分に問いかけたいことは何か？
- 粘り強いとはどういうことか？
- 情熱を傾けるとはどういうことか？
- 私が掲げている旗とは何か？
- 力に満ちている（溌剌としている、才知にあふれている、勇気づけられている、腹をくくっている）とはどういう状態か？
- 私の周りの人が抱えている痛みは何か？
- 心から語りかける、あるいは心から行動するとはどういうことか？
- 人生から逃げてきたのはどういう部分か？

- 私が今やっていることは、人生を肯定しているのか、それとも否定しているのか？
- 直感的であるとはどういうことか？
- 集中しているとはどういうことか？
- リーダーであるとはどういうことか？

行き詰まって動けなくなっているクライアントに対しての設問

- 私がついている嘘は何か？
- 私は何に抵抗しているのか？
- もしも絶好調であれば、私は今何をするか？
- 私が自分の力を他人に明け渡してしまうのはどんな時か？
- 私が誤って前提としていることは何か？
- 私が知っているふり、あるいは知らないふりをしていることは何か？
- 私が放っておくべきことは何か？
- 何がずれてしまっているのか？
- この状況において必要なことは何か？
- 普通ではないとはどういうことか？
- 今週私が集めたい証拠は何か？
- 物事を生み出す、あるいは引き起こすとはどういうことか？
- 私がしなければならないことではなく、私がしたいことは何か？
- 私が条件反射的にNOと言っていること、あるいはYESと言っていることは何か？
- 自分で限界を設定している部分はどこか？
- 他に考えられる可能性は何か？
- 居心地が良すぎて変えられないことは何か？
- 不安に向かって一歩を踏み出すとはどういうことか？
- 「思い切り寄りかかる」とはどういうことか？
- どこで自分を小さくしているのか？　どこで成功の可能性を諦めてしまっているのか？
- 自分の価値観を尊重するためにできることは何か？

- 自分が前進するために、他の人に要望できることは何か？
- 自分に力を与える解釈は何か？
- 私が妥協していない部分はどこか？　逆に、妥協している部分はどこか？
- それをすることで、私が支払う代償は何か？
- 私が言いたいことを言えなくなるのはどんな時か？
- 私が溜め込んでいることは何か？
- 私がリスクを取るのを避けていることは何か？
- 身を任せるとはどういうことか？
- 私はどこで苦しんでいるのか？
- 何が私を自由にしてくれるのか？
- 私の思い込みとは何か？
- 私が期待していることは何か？

楽しみを見出す設問

- どうしたら今日1日自分を甘やかすことができるか？
- 何に感謝しているのか？
- 今朝、誰を微笑ませることができるだろうか？
- 自分の電池を充電してくれるものは何か？
- 楽しむとはどういうことか？
- どうしたらもっと楽しみ（余暇、人生のバランス、精神的豊かさ）を満喫できるか？

挑発的な設問

- 自分にとって不足はないと思えることは何か？
- 私がやろうとしてやってこなかったことは何か？
- 私が勝つのを妨げていることは何か？
- 私が自分自身、あるいは他の人を否定するのはどんな時か？
- 何をためらっているのか？
- 自分が正しいと思い込んでいることは何か？
- 私が感じている不満（恐れ、悪い習慣、不快感）について、今日できることは何か？
- 人生の輪で、私が手をつけていない分野はどこか？
- 私は何に安住しているのか？
- この目標を達成することで私が得ることは何か？
- 私はどうやって自分をごまかしているのか？
- 私のサボタージュのもっとも狡猾な部分はどんなところか？
- 不安を乗り越えるとはどういうことか？
- 私が忘れていることは何か？
- 私が変えたいと思っていることは何か？　変えたくないと思っていることは何か？
- 私は何をないがしろにしているのか？
- 私に対する評判は？
- 私が自分に期待していることは何か？
- 優雅である（情熱的である、栄える、豊かである）とはどういうことか？
- 先手を打つとはどういうことか？
- 揺らがない（楽観的である、協力的である、こだわらない）とはどういうことか？
- 流れるように柔軟であるとはどういうことか？
- 思いやりがあるとはどういうことか？
- 完了するとはどういうことか？　私が完了していないことは何か？
- もしも結果を出すことに全神経を集中させるとしたら、何を諦めなければいけないのか？
- 私はなぜこの行動を起こすのか？

コーチングの関係を完了する時によく使われる設問

- 完了するとはどういうことか？
- 次は何か？
- これまでに私が成し遂げたことは何か？
- 私はどれくらいの距離を歩いてきたのか？
- 私はどんな価値ある学びを持ち帰るのか？

- 私はどんな人になったか？
- 私が創り上げたことは何か？
- ここにたどり着くまでに必要だったことは何か？
- 自分について学んだことは何か？
- この状態を維持するために必要なことは何か？
- 勢いとは何か？
- 道から逸れないために必要なことは何か？
- 愛で満たされるとはどういうことか？
- 深く愛するとはどういうことか？
- 100%の人生とはどのようなものか？
- つねに意識しておかなければいけない価値観は何か？
- 私は何を手放そうとしているのか？
- 私が世界に貢献できることは何か？
- 私がここに到達するために発揮した強みとは何か？
- 他の人に助けを求めるべきなのはどんな時か？
- 自分で自分を認知するとしたら、どんな言葉をかけるか？

クライアントに与える課題の例

- 1日1回自分を許す
- 1日に何回サボタージュに気づいたかを数える
- 1日に25回笑う、もしくは微笑む
- 自分自身誇らしく感じる点を25個挙げる
- 1日3回15分間、今という時間を感じる
- 最もよく耳にするサボタージュの会話を5つ挙げる
- あなたのサボタージュの最も陰湿な部分は何か？
- あなたの言い訳をすべて書き出す
- あなたが期待していることをすべて書き出す
- 息を呑むほどの挑戦を考えて、5回行う
- 今週、○○という言葉を一切使わない
- 今週、○○という言葉を徹底的に使う

- まず朝一番に一番大変なことをやる
- １日○回、NOと言う
- １日○回、失敗する
- 今週○回、リスクを取る
- 今週、毎日○人をお茶に誘う
- １日○回、「だからどうした？」と言う
- 新しい行動を起こすたびに、「何を悩んでいるの？」と問いかけて答える
- 自分の言いたいことを力強く話せた回数を数える
- 今週、何かを話す時は必ず力強く話す
- 失敗を通して成長する自分に気づく
- 何か新しい能力を身につけた証拠を集める
- 自分が本当にやりたいことだけをやる
- 毎日２回、おなかを抱えて大笑いする

●人生の輪

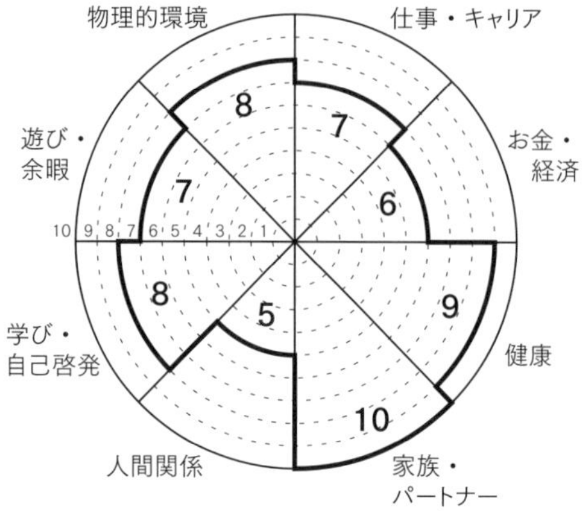

「人生の輪」は、今この瞬間に、クライアントの人生全体がどのような状態にあるかを把握するためのツールです。「人生の輪」の中にある8つのパイは人生の代表的な領域を表しています。もし必要であれば、その領域は独自に変更しても構いません。

このツールは、これを実施した日のそれぞれの領域におけるクライアントの満足度を表しています。過去の状況や将来どうしたいかを示すものではありません。また達成度を測るものでもありません。

コーチング・セッションでの「人生の輪」の使い方

「人生の輪」は、クライアントがどのくらい人生に満足しているかをスナップ写真のように簡単に見るために、コーチが使うツールです。コーチはこのツールを導入セッションやサンプル・セッションで活用し、クライアントが自らの人生においてどのような分野でフルフィルメント、つまり充実感を感じているのか、どのような分野で課題を抱えているかを見ていきます。

1.「人生の輪」がどのような意味を持つのか、クライアントに簡単に説明します。

「人生の輪」が、クライアントがどのくらい人生に満足しているかをスナップ写真のように簡単に見るために使われるツールであること。またこの中にある8つのパイは、人生の代表的な領域を表していて、必要であれば変更することができることを説明します。

特に気になるテーマがある場合、たとえば「家族・パートナー」の領域を2

つに割ったり、新たな領域を加えたりすることも可能です。

2. クライアントにそれぞれの人生の領域の満足度を自己評価してもらいます。

まず、輪の中心を「1」、外輪を「10」として、それぞれの領域に対する今現在の満足度を10点満点で自己評価してみましょう。

3. クライアントがすべての領域の評価を終えたところで、その点数に合わせて弧を描きます。
そして、その弧をつなげて新しい輪の外枠を描きます。これによって、クライアントは自らの人生におけるバランスを大局的に見渡すことができます。

10点満点を取るのが目的ではありません。ここに描かれた輪が、あなたの「人生の輪」です。もし、この輪が本当に車の車輪だったとしたら、いったいどれほどスムーズな走行ができるでしょうか？

4. クライアントの答えを聞いた上で、コーチングのテーマを確認します。

どの領域に焦点を当ててコーチングをしたいですか？
あなた自身が変化を起こす準備ができているのは、どの領域ですか？

1つの領域に焦点が絞れたら、クライアントが一歩でも10点に近づけるよう、拡大質問を投げかけます。

5. クライアントに、要望を投げかけたり、ホームワークを提供して、コーチング・セッションを終えます。

6. クライアントが、自分がこれから起こす行動について確認をします。

あなたは何をしますか？　いつやりますか？　私はどのようにそれを知ることができますか？

人生の輪（ブランク）

【使い方】

「人生の輪」の中にある８つのパイは、それぞれに人生の代表的な領域を表しています。まず、輪の中心を「１」、外輪を「10」として、それぞれの領域に対する今現在の満足度を10点満点で自己評価してみましょう。そして、その点数に合わせて弧を描きます。次に、その弧をつなげて新しい輪の外枠を描きます。新たに描かれた輪が、あなたの「人生の輪」です。もし、この輪が本当に車の車輪だったとしたら、いったいどれほどスムーズな走行ができるでしょうか？

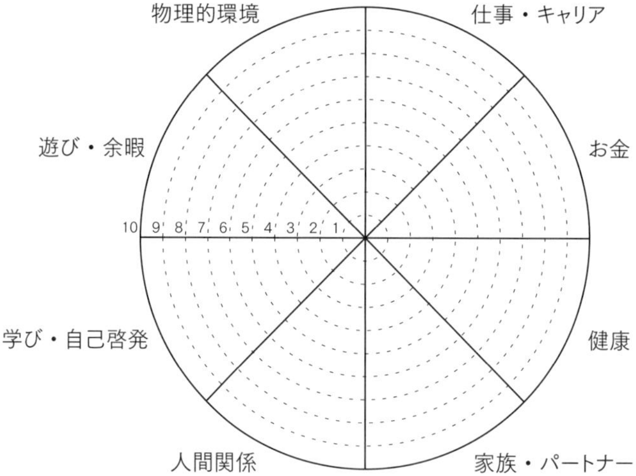

●価値観を明確にするエクササイズ

価値観とは、私たちの人間性そのものです。それは決して私たちがどうなりたいかとか、どうあるべきかということではありません。今この時、自分がいったい何者であるかということなのです。別の言い方をすれば、価値観とは、その人をその人たらしめる本質的な部分であり、その人をもっとも生き生きとさせる源泉なのです。それはその人にとって何が真実かを指し示す羅針盤のような役割を果たし、それに忠実にしたがって生きる時、その人の人生は充実した良い人生になるはずです。

自らの価値観を明確に知ることがどれだけクライアントの人生に実りをもたらすか、私たちコーチは知っています。人生における重要な決断も、自分がどのような価値観を持っているかをよく理解していれば、非常に楽に下すことができると同時に、その結果がとても充実したものとなるはずです。しかしながら、価値観を明確にするプロセスは、クライアントにとって必ずしも容易なものではありません。なぜなら、このプロセスでは、クライアントが頭であれこれ考えたり、空想の世界に遊んだりするのではなく、日々の行動や人との関わりにしっかりと意識を向けることで、価値観を浮き彫りにする必要があるからです。

価値観を明確にする際、よく出来合いのリストから価値観を選ぶという方法を目にしますが、これはあまり効果がありません。というのも、この方法だと、どうしても見栄えの良さそうなものや社会的に受け入れられやすいものを選びがちとなり、自分がいったい何者であるかを知る手がかりとはなりにくいからです。確かに、出来合いのリストから価値観を選ぶという作業は、ひたすら「正しい」言葉を探そうとするという意味で、クライアントの知的欲求をかき立てるものではありますが、それが実際の人生に根ざしたものではない以上、あまりクライアントの役には立たないでしょう。

ここで、注目されるのがコーチの役割です。クライアントは、時に、自分がどんな価値観を持っているのかわからなくなることがあります。このような時、コーチが問いを投げかけたり、ある特定の状況を設定したりすることで、クライアントが頭で考えるのではなく、自らの人生に焦点を当てやすくなります。つまり、コーチの役割は、すでに自分の中に存在する価値観に自分で気づけるよう、クライアントが自らの人生を見つめるのを支援することなのです。

価値観を明確にするためのコーチングでは、クライアントが自らの価値観をじっくりと吟味し、それを自由に表現できるような安全で勇気づけられる環境をつくる必要があります。もちろん、最終的にピッタリとくる言い回しを見つけることは確かに大切ですが、差し当たってもっと重要なのは、クライアントが共鳴できる、おおよその表現を見つけることです。こうしたプロセスを経ると、クライアントの自己理解が深まるだけでなく、コーチのクライアントに対する理解もより深くなります。そして、明らかになった価値観を活用すれば、コーチは、クライアントがより充実感をもたらす選択をしたり、より有意義な行動計画を練ったり、よりすばやく価値観が尊重されていない状況を認識したりするのをサポートしやすくなるのです。

それでもやはり、正しい言葉を見つけようと必死になるクライアントはたくさんいるでしょう。彼らは、完璧な言葉を見つけなくてはと焦ったり、1つの言葉では自分の感じていることを表せないともどかしくなったりするのです。実際、人はそれぞれの言葉に対して、自分特有の意味を見出すものです。つまり、たとえまったく同じ言葉を使っていたとしても、人によっては異なる意味を持つこともあるわけです。

こうした言葉に対する不安を最小限に抑えるためのコツは、まず、鉛筆と消しゴムを使うことです。クライアントは、いったんインクで価値観を書いてしまうと、消せないせいか、それ以上模索するのをあきらめてしまうことがあります。コーチが鉛筆を使うメリットを強調することで、クライアントは最初から正しい表現を見つける必要はないと気づくでしょう。2つ目のコツは、価値観を表す言葉をいくつか並べてみるという方法です。その際、下記のように1つ1つの言葉の間に斜線を引き、読みやすくするといいでしょう。

誠実さ／素直／言行一致
誠実さ／一体感／共創
リーダーシップ／エンパワーメント／協力
リーダーシップ／決断／力強さ

価値観を表す言葉を並べるに当たり、その中でもっとも大切な言葉を最初に書くよう、クライアントに伝えましょう。たとえば、上記の例で言うと、「誠実さ」や「リーダーシップ」となります。また、納得のいくリストを完成するには、何ヶ月もかかることがあることも伝えておくといいでしょう。価値観は、私たちが日々生きる中で時間をかけて浮き彫りになっていくものなので、一度にすべてを把握するのは至難の業です。1つ1つの言葉が洗練され、明確になった価値観は、クライアントが人生の大事な岐路にさしかかったり、道から逸れてしまったりした時に充実した人生を選択する上で大いに役立つツールとなるはずです。

コーチはクライアントに対して様々なシナリオを提案することで、クライアントの価値観を明確にするプロセスを促します。以下に、代表的な方法をいくつか挙げますが、これらは単なる出発点に過ぎません。実際にこれらの方法を試してみる中で、最終的にはあなたなりの方法を見つけ出してみてください。

至高体験

クライアントに、これまでの人生の中でもっとも生き生きとした瞬間、あるいはもっとも輝いていた瞬間を思い出してもらいましょう。ここで大切なのは、それを感じた「瞬間」に焦点を当てることです。そうしないと、クライアントは、そこで起きた多くの出来事に心を奪われ、価値観を特定することが難しくなってしまいます。クライアントが特定の瞬間を思い出したら、次のように尋ねてみましょう。

「そこで何が起きていたのですか？」「そこに誰がいて、何をしていたのでしょう？」「その時、どんな価値観が尊重されていたのでしょうか？」

クライアントが話してくれたことをきちんと受け止めながら、さらに問いを重ねます。その際、相手の価値観と関係のありそうな言葉を時折投げかけ、クライアントはどの言葉に一番響いているのか見てみましょう。「それはあなたにとって重要なようですね」「その経験の中には、達成感とか何かを成し遂げるといった価値観が尊重されていますか？」あるいは、「あなたがその日のことを話しているときに、明るくなりましたね。そこでは自然とかつながりといった価値観が尊重されているように聞こえるのですが、どうでしょうか？」

言葉がその人の琴線に触れた時、より強い反応が起きるはずです。とっかかりとなる言葉が見つかったら、さらにそれを次のような問いで膨らませてみましょう。「何かを成し遂げるというのは、あなたにとってどんな意味がありますか？」「つながりという言葉を、あなたなりに表現するとすれば、どうなりますか？」。このように、クライアントにとって特に豊かで生き生きとした体験を掘り下げれば掘り下げるほど、ますます本人の価値観が浮き彫りになるでしょう。

抑圧された価値観

価値観を明確化するもう1つの方法は、逆に、怒りやイライラ、あるいは不快感を抱いた時のことを思い出してもらうことです。この方法によって、普段は抑圧されている価値観を見極めることができます。まずは、クライアントが不快感を抱いた時の状況やその時に感じたことを率直に語ってもらいます。そして、その時感じたことの裏側にある価値観は何かを探っていきます。

たとえば、「落とし穴にはまり、隅っこのほうに追いやられたような感じがします。何も選択肢がないような感じです」とクライアントが言ったとします。そこで、コーチは次のように言ってみます。「落とし穴にはまる、隅っこに追いやられる、選択肢がないという感じですね。それを裏返してみると、自由、選択肢がある、自分で選ぶ、といった価値観があるような感じがしますが、どうでしょうか？」

言葉が正しいかどうかはコーチにとって、そんなに重要ではありません。クライアントにとって言葉がしっくりきているかどうかが重要なのです。次に、もう1つ例を挙げてみましょう。「ということは、その時あなたがイライラしたのは、彼らがあたかも車輪を回すかのように、同じことを繰り返し何度も行っていたからなんですね。その裏側にある価値観は創造性とか革新といったものでしょうか？」

私たちの多くは、自分では気づかないうちに、たくさんの価値観を自動的かつ自然に尊重しながら人生を創り出しています。したがって、何かその価値観を尊重するのを妨げるものが現れない限り、それを価値観として認識することはないかもしれません。ここで大切なのは、クライアントが不快感を抱いたり、苦しんだりする時は、何かしら抑圧されている価値観がある可能性が高いことを指摘することです。

なくてはならないもの

価値観を明確にするためのまた別の方法として、クライアントが人生の中で「なくてはならない」と感じるものは何かを探るというものがあります。衣食住など物質的にどうしても必要なもの以外で、あなたが充実した人生を送る上でなくてはならないと感じるものは何ですか？　あなたにとって、何らかの芸術を通して自己表現することはなくてはならないことでしょうか？　また、冒険やスリルはなくてはならないことでしょうか？　それから、パートナーシップや協力はどうでしょうか？　さらに、達成感を味わうことや成功すること、あるいは美しい自然に囲まれていることはどうでしょうか？　こうしたことを探るには、次のような問いを投げかけてみるといいでしょう。「あなたにとって、それを尊重できなければ死ぬに等しいと思えるほど大切な価値観は何ですか？」

こだわり

私たちは誰しも、度を超えた行動を取ることがあります。自分の価値観を大切にするあまり、それが自己表現の域を超えて強迫観念にまで膨張してしまうのです。たとえば、あなたのルームメイトが持つ「きれい好き」という価値観が、いつのまにか行き過ぎて「潔癖主義」になってしまっていると、あなたには感じられることがあるかもしれません。そのような時、ありがたいことに、友人や家族が私たちの度を超えた行動を指摘してくれることがよくあります。

たとえば、「あなたは何でも自分の思い通りにしようとし過ぎているわ」「あなたが考えていることといったら、すべて生徒のことばかりね」「注目を浴びたくて仕方がないのね」といった具合です。これらの発言は、ある意味で、権力／リーダーシップ、学び／成長、承認／認知といった価値観を指摘しているとも言えます。

あなたのクライアントにも、度を超した価値観がないかどうか振り返ってもらうといいでしょう。その際、次のような問いを投げかけるのもいいかもしれません。「人はあなたのことをよく何と言いますか？　自分では、自分のことをどんな人だと思いますか？　周りの人は、あなたについてどんなふうにからかいますか？　あるいは、あなたのどんなところが周りの人の気に障るのでしょう？」。これらの答えの中には、重要な価値観が何かの理由でこだわりに転化してしまったことを指し示しているものがあるかもしれません。ここで注意してほしいのは、あくまでも本来の価値観に焦点を当てるのであって、こだわりに転化してしまったものに焦点を当てないようにすることです。

価値観にもとづく意思決定のマトリクス

充実した人生につながる選択をするために、とても役立つツールの1つが、この「価値観にもとづく意思決定のマトリクス」です。このマトリクスは、価値観を明確化するプロセスの初期の段階から活用することができます（価値観を明確化するのに、数ヶ月かかる場合もあります）。まず、クライアントの価値観をある程度洗い出すことができたら、その中でもっとも大切な価値観を10個選び、それらを優先順位の高い順に並べてもらいます。

次に、クライアントが、それぞれの価値観をどれくらい尊重できているのか、その満足度を10点満点で自己採点してもらってください。ほとんどのクライアントは、このエクササイズによって自分のことをよりはっきりと認識できるようになり、自分について学んだことに衝撃を受けます。一般的に、コーチはクライアントが7以下の点数をつけた価値観に注目します。というのも、点数が低いということは、クライアントが何かを我慢している可能性が高く、したがってコーチングの中で取り上げる必要があるかもしれないからです。コーチとしては、時折このプロセスに立ち返り、クライアントがつねに自分自身にとって何が大切かを思い出せるよう、サポートするといいでしょう。

通常、クライアントの人生がうまくいっている時は、全体的にマトリクスの点数が高くなります。むしろ、クライアントが苦しんでいたり、落ち込んでいる時、マトリクスはどんな行動を起こせばいいかを見極めるのに役立ちます。また、クライアントが転職をしたり、新しいビジネスを始めたり、子供を産んだりといった人生における重要な意思決定に直面している時、このマトリクスは特に役立つはずです。そのようなクライアントに対し、まずは上記のようなプロセスで「価値観にもとづく意思決定のマトリクス」を作成してもらい、次に今直面している決断でどちらを選ぶかによって3ヶ月後、1年後、あるいはもっと先の将来にどのような影響を及ぼすかを想像してもらいます。具体的には、もしもその変化を起こす決断をした場合、価値観の尊重度がどのように変わるかを予想し、その点数を書き入れてもらい、続いてもしもその変化を起こさない決断をした場合、価値観の尊重度がどのように変わるかを予想し、その点数を書き入れてもらいます。このエクササイズは、クライアントが自らに充実感をもたらす選択をする上で、きっと有意義な情報を提供してくれるでしょう。

以下に掲載した「価値観にもとづく意思決定のマトリクス」の例は、勤務先でリーダーシップが求められる役割に就くべきか否かについて決断しようとしているクライアントが作成したものです。ここに挙げられた価値観が自分の価値観であると仮定し、自分がこれらの点数をつけたものとして、改めてマトリクスを見てください。そうすることで、これがどれほど有益で、かつ示唆に富む情報を提供してくれるかがわかるはずです。なお、この価値観のリストには、お金や地位といった目で見て測れるものは含まれていません。通常、人は

価値観にもとづく意思決定のマトリクス（例）

優先順位の高い順に並べられた価値観	日付：7/7 尊重度	日付：7/7 役割に就く場合の尊重度	日付：7/7 役割に就かない場合の尊重度	日付：	日付：	日付：
1. 学び／成長						
2. 自己表現						
3. 自由／独立						
4. 革新／創造						
5. パートナーシップ／協力						
6. 整理／秩序						
7. 誠実／正直						
8. 楽しい／ユーモア／遊び						
9. つながり／親しみ						
10. 冒険／リスクを取る						

そうしたものにもとづいて意思決定をしがちですが、それが充実感をもたらすことはほとんどないでしょう。

価値観を見続ける

価値観はクライアントが自分の人生を生き、選択を行う際に重要な要素であり、継続して見続けることが欠かせません。選択を助け、行動指針を明確にし、力強くしていくために、価値観は毎回のコーチング・セッションで次のような形で確認してもいいかもしれません。「もしあなたがそれをするとしたら、どんな価値観が尊重されることになるのでしょう？」。あなたのクライアントがその価値観を尊重した時、３つのことが起こります。1つ目はやる気の炎をさらに燃え上がらせ、行動に向けた推進力が生み出されます。2つ目はサボタージュの働きを弱めます。なぜなら、価値観にもとづいた行動というのはサボタージュがささやく行動しない言い訳や他の行動を取る理屈付けよりも力強いものだからです。そして3つ目は、クライアントの充実した人生です。

その他のワークシート

ここで、価値観に取り組むに当たって役に立つワークシートを3つ紹介します。まず、「価値観ワークシート」は、クライアントが自分の価値観がそれぞれどのような位置づけにあり、どれくらい尊重されているかを理解するのに役立ちます。また、「価値観の基準・障害ワークシート」は、価値観を尊重するための基準と障害を明らかにするのに役立ちます。さらに、「価値観行動記録」は、価値観にもとづいた行動計画を立てるのに役立ちます。

なお、「価値観のサンプル・リスト」は、コーチのために用意されたもので、クライアントのためのものではありません。コーチは、コーチングの最中、時にクライアントの価値観をとっさに思い出せないことがあります。そのような時、このリストを使えば、クライアントのどんな価値観が表れているのかを思い出すことが容易になるでしょう。たとえば、クライアントが明らかに精神性やユーモアといった価値観を持っているにもかかわらず、それらを無視したり、見過ごしたりしている時、コーチはこのリストにもとづき、それをすばやく指摘することができるはずです。

価値観ワークシート

優先順位	価値観の内容	満足度 1－10（10＝高い）

価値観の基準・障害ワークシート

価値観	尊重度	価値観が尊重されているかどうかを見る基準	価値観を尊重する上での障害	障害度
1.				
2.				
3.				
4.				
5.				
6.				
7.				
8.				
9.				
10.				
11.				
12.				
13.				
14.				
15.				
16.				
17.				
18.				
19.				
20.				
21.				
22.				
23.				
24.				
25.				
26.				
27.				

価値観行動記録

価値観	尊重度を上げるための行動	期　限
1.		
2.		
3.		
4.		
5.		
6.		
7.		
8.		
9.		
10.		
11.		
12.		
13.		
14.		
15.		
16.		
17.		
18.		
19.		
20.		
21.		
22.		
23.		
24.		
25.		
26.		
27.		
28.		

●価値観のサンプル・リスト

ユーモア
率直
パートナーシップ
生産性
サービス
貢献
卓越
自由
集中
ロマンス
承認
調和
達成感
規則正しさ
前進
正直
成功
正確性
冒険
ありのまま
熱意
伝統
名声
成長
美学
参加
成果
協力
コミュニティー
自力
選択
つながり
認知
友情
軽快さ
精神性
エンパワーメント
自己表現
誠実
創造性
独立
養育
歓び
美
真実
リスクを取る
平和
優雅
活力
信頼

●人生の目的についてのエクササイズ

人は誰しも人生の目的を持って生まれてくると言われます。もちろん、中には自分の人生の目的について一度も考えることなく、死ぬまでその意味がひもとかれずに生涯を終える人もいるでしょう。しかしながら、そのような人も人生の目的を確かに持っているのです。

人生の目的は、私たちが今ここに存在する理由です。それは、私たちがこの世で果たすべき役割であり、もたらすべき贈り物でもあります。また、人生の目的は単に仕事やキャリアといったものではなく、私たちが持てる可能性を最大限に発揮した時、そこにつねに表れる究極的な自己表現なのです。

人生の目的にしたがって生きる時、クライアントは生き生きと輝きます。その時、彼らは世の中に貢献し、影響を与えているからです。逆に、人生の目的から逸れた生き方をする時、クライアントは自分を見失い、輝きを失います。たとえクライアントがそれを言葉でうまく表現できなくとも、自分が人生の目的にしたがって生きている時とそうでない時の違いはわかるはずです。むしろ、あえて自分の人生の目的に沿わないような生き方をするほうが大変でしょう。なぜなら、それは恐ろしく虚ろで空しい感覚を伴うからです。

コーチの役割は、クライアントが自らの人生の目的に沿った生き方をしていく上で、つねに拠りどころとなる「人生の目的の宣言文」をクライアントとともにつくることです。きちんとした文章にすることで、クライアントは簡単かつ瞬時に自分の人生の目的を思い出すことができるでしょう。それは、クライアントが行き詰まり、その深みから抜け出そうとする時、大きな目印の役割を果たしてくれるはずです。これはクライアントが自分のためだけに使う個人的な文章なので、可能な限り崇高かつ壮大で、思い切った表現にするといいでしょう。また、これは決して他者が見て、冷やかしたり評価したりする類いのものではないことは言うまでもありません。

人生の目的を明らかにし、宣言文をつくるためのプロセスとして、次のようなステップが考えられます。

1．クライアントが自分の人生の目的について洞察を深めることができるよう、コーチがビジュアリゼーションなど、クライアントの感覚やイメージを呼び覚ますためのエクササイズを実施します（3種類のビジュアリゼーションを後ほど紹介します）。

2．クライアントがビジュアリゼーションで見たイメージについて話し合い、その人が世の中に対してどんな影響を及ぼしたいのかを探ります。そのために、コーチとクライアントは協力し合いながらブレインストーミングを行います。ここでのコーチの役割は、ビジュアリゼーションについて語るクライアントのすべての言葉を傾聴し、話を促すことです。特に、クライアントが繰り返し使う言葉や共通するテーマに耳を傾け、その人がこの世に及ぼしたい影響に関連する言葉や言い回しを直感で感じ取ります。このように人生の目的についてコーチングするに当たっては、直感が非常に重要な役割を果たしており、コーチとクライアントはもっともクライアントにとって響く言葉を聴き分けていく必要があります。コーチはこれらの言葉をかき集めては、それらを随時クライアントに投げ返します。そうすることで、クライアントはどの言葉が自分にとってもっとも強い感情が湧き起こるかを確認することができるわけです。そして、この作業を繰り返すうちに、クライアントがこの世に及ぼしたい影響を表す宣言文が形になってくるのです。

影響を表す宣言文は、得てして抽象的な表現になりがちです。たとえば、「人々に幸せになってほしい」とか「人々により良い人間関係を築いてほしい」といったものです。こうした抽象的な宣言文の問題は、その曖昧さゆえにクライアントが行動を起こすに足る十分な動機づけにならないということです。そこで、コーチとしてはさらにクライアントが及ぼしたい影響を具体化し、それについて本人が確かな感覚を得、つねに拠りどころにすることができるよう掘り下げていく必要があります。この影響を表す宣言文は、クライアントが人生の目的から逸れてしまった時に、再び思い出すことができるような明確で力強いものでなければなりません。たとえば、次のようなものが考えられるでしょう。「人々が人生を100％受け入れられるようにする」「人々が自分に忠実に行動できるようにする」「人々が本当の自分を見つけられるようにする」「人々が自分の力に気づくことができるようにする」「人々が創造性を発揮できるようにする」「人々が自分自身の偉大さを体験できるようにする」「人々が本来の自分を思い出せるようにする」といったものです。

３．影響を表す宣言文ができたら、次に人生の目的の本質をとらえる比喩を見つけます。たとえば、「私は魔術師」「私は灯台」「私は起爆剤」「私は靴の中の石」「私は目覚まし時計」などです。

ここで、比喩は行動を示すものでも構いません。たとえば、「私は人々を眠りから呼び覚ます」「私は嘘をぶち壊す」「私は内なる真実に光を照らす」「私は人々を心のふるさとに呼び戻す」などです。

多くのクライアントにとって、こうした比喩を見つけるのはそう簡単ではありません。なぜなら、自分のことを比喩やイメージの世界で表現するのは概して難しいものだからです。そもそも納得のいく宣言文をつくること自体、その人の存在の本質にたどり着くべく１枚１枚皮をむいていくプロセスなので、ある程度時間がかかる作業であると認識しておいたほうがいいでしょう。

人生の目的を探るための最初のセッションでは、クライアントがその後のたたき台となるような大雑把な宣言文をつくることができれば十分です。それを納得のいく宣言文に仕上げるには、何ヶ月もしくは何年もかかるかもしれません。その過程で比喩が変わることもあるでしょう。当面の目標は、つねに改善の余地があることを頭の片隅に置きながら、クライアントの琴線に触れるような表現を見つけることにあるのです。

影響と比喩を含む宣言文は、簡潔でかつクライアントにとってもっとも印象深いものでなければなりません。通常は、30字以内におさまる長さで、以下のような形式で表現されます。

「私は人々に＿＿＿＿（影響）＿＿＿＿する＿＿＿＿（比喩）＿＿＿＿です。」

人生の目的の宣言文の例：
――私は人々を夢へと導く灯台です。
――私は人々の人生を変革する起爆剤です。
――私は人々が生きていることを忘れないようにする靴の中の石です。
――私は人々に自分自身の偉大さを思い起こさせる目覚まし時計です。

人生の目的の宣言文は、何も本として出版するわけではないので、多少仰々しく大袈裟で、美辞麗句が並んでいても一向に構いません。あくまでもコーチとクライアントがそれを共通言語とすることで、クライアントが自らの人生の目的を日々強く実感できるようにするのがこの宣言文の目的なのです。したがって、コーチはクライアントが本当に自分の存在を大きく感じられるくらいの立派な宣言文をつくれるよう、励まし、勇気づけなければなりません。人生の目的とは、必ずしもこの人生で成し遂げられるものではないかもしれませんが、クライアントを行動に駆り立て、意味のある人生を生きるよう動機づける、途方もなく大きな原動力となります。ビジュアリゼーションはそうした人生の目的の宣言文をつくるのに必要な材料を収集するための単なる出発点に過ぎません。他にもクライアントの人生の目的を明確にするために役立つ方法はたくさんあります。たとえば、人生の目的をイメージした絵を描いたり、それを思い出すためのテーマ・ソングを探したりするのもいいでしょう。

ここでのコーチの役割は、クライアントが想像力を思う存分発揮し、心に響く言葉やイメージなどを拾いながら、自らの人生の目的を明確に表現できるよう支援するとともに、クライアントが充実した人生を生きられるよう、通常のコーチング・セッションの中で随時その人生の目的を活用していくことにあるのです。

ビジュアリゼーション#1

まずは、あなたが大きなステージの前に寄り集まっている群衆の中にいると想像してみてください。そして、そのステージの上に目をやると、そこには何とあなた自身が立っています。あなたは群衆に向けてまさに何か話をしようとしているところです。マイクのあるところに一歩を踏み出し、群衆のほうに目を向けた瞬間、時間が止まり、耳元で何かをささやく声が聞こえます。「これから30秒、あなたはここに集まっている全員に対してあなたが望むような影響を与えることができます。これは1回きりのチャンスで、たった1つの影響しか与えられませんが、それによってすべての人が何らかの形で変化します。彼らの人生はあなたの与えた影響によりこれまでとはまったく異なる人生を歩むことになるのです。それでは数えます。30、29、28、…5、4、3、2、1」

〈質問〉

あなたはそこにいた人たちに対してどのような影響を与えたのですか？　彼らにはいったい何が起きたのでしょうか？

ビジュアリゼーション＃2

時間をさかのぼって、あなたがもっとも力強く、自信に満ちあふれていた時のことを思い出してください。その時、あなたの身体は頭のてっぺんから足の爪先まで興奮のために打ち震え、周りの人があなたをどう見ようと一切気になりませんでした。そう、あなたがこれ以上ないというくらい生き生きとしていた時のことです。

〈質問〉

1．あなたはどこにいたのでしょうか？
2．あなたは何をしていたのでしょうか？
3．あなたの周りには誰がいましたか？
4．その人たちはその時どのように反応していましたか？
5．あなたがその人たちに与えた影響はどのようなものだったのでしょうか？

ビジュアリゼーション＃3

あなたは今ロケットに乗って、まだ誰も行ったことのない星に向かっています。この星はどこからどう見ても申し分ないのですが、不思議なことに誰も住んでいません。あなたにはこの星を自分の思うように創り上げる力が十分あります。あなたがここに着陸したら、どのような星を創り上げますか？　この星を自分の思うような場所にするために、あなたはどのような影響を与えたいですか？（小休止）

ロケットがいよいよ着陸し、扉が開きます。あなたはこの星に第一歩をしるし、「これからこの星は○○の星として宇宙に知られるようになるだろう」と宣言します。さて、この「○○」には何が入るのでしょうか？

私のサボタージュ

私のサボタージュの名前は、＿＿＿＿＿＿＿＿＿＿です。

私のサボタージュが好んでよく使うフレーズは……

組織／コミュニティ／家族の中で飛び交うサボタージュのフレーズは……

クライアント・プロフィール

※すべての個人情報は守秘義務の原則にしたがって適切に扱われます。

個人情報

氏名：

呼ばれたい名前：

勤務先：

役職または担当分野：

職場情報

勤務先住所：〒

Eメール：

携帯番号：

電話番号：　　　　　　　　　　　FAX番号：

自宅情報

住所：〒

Eメール：

携帯番号：

電話番号：　　　　　　　　　　　FAX番号：

その他の個人情報

生年月日：

家族構成：

その他：

コーチングを始めるに当たっての質問

導入セッションの準備として、十分な時間をとって以下の問いに答えてください。これらの問いに答えることで、探求し、振り返り、そこから学び、前に進めるというコーチングのプロセスを始めることを目的としています。

あなたの人生とキャリアについて

1．あなたが誇りに思っていることは何ですか？

2．あなたの人生における最大の失望は何でしたか？

3．これまでの人生の方向性についてどのくらい満足していますか？

4．あなたのキャリアについてどのように感じていますか？

5．あなた自身について最もよく耳にする賛辞や感謝は何ですか？

6．まだ達成されていないあなたの夢は何ですか？

7．最高の自分を表現するとしたらどんな言葉で表現しますか？

8．どういう状態の時に最高の状態に達していないと感じますか？

9．どんな活動にあなたは意味を感じたり心惹かれますか？

10．もし何かを変えることで1つの願いを叶えることができるとしたら、あなたは何を変えますか？

コーチングについて

1．このコーチングの関係はあなたにどんなやりがいをもたらしますか？

2．どのようなアプローチがあなたを励まし、やる気にさせますか？

3．どのようなアプローチがあなたを落胆させたり、やる気をそいだりしますか？

4．どういう時にこのコーチングの関係から価値を受け取っていると思いますか？

5．あなたについて他に私に知っておいてほしいことがあればお書きください。

行動計画ツール

ここでご紹介するツールは、クライアントがコーチとともに、あるいは自分1人で行動計画を立案したり、それを実行したりする上で役立つフォーマットや仕組みなどです。コーチングはクライアントが自ら望む方向に向かって着実に前に進んでいくのをサポートするものであり、具体的な行動はコーチング・セッションとコーチング・セッションの間で起こります。

コーチとしては、クライアントが自ら決めたことを確実に実行できるよう、クライアントとともに行動計画を立てたり、それを確認するための仕組みをつくったりすることで支援します。以上のような目的に適うものであれば、ここに紹介したもの以外でも、コーチ自身が自ら工夫してつくっていただいて構いません。

戦略的計画チェックリスト

1．今週、私がすべき重要なことは何だろうか？

2．今週、自分の仕事やビジネスにおいて、どんな課題を計画もしくは実行する必要があるだろうか？

3．今週、価値観の尊重度や人生の輪の満足度を上げるために何ができるだろうか？

4．今週、家族や友人、あるいは職場の同僚などのうち、特につながりを深めたいのは誰か？

5．今週、誕生日や記念日など、何か計画しなくてはならないものは何か？

6．＿＿＿＿＿＿＿＿＿＿

7．＿＿＿＿＿＿＿＿＿＿

8．＿＿＿＿＿＿＿＿＿＿

9．＿＿＿＿＿＿＿＿＿＿

10．＿＿＿＿＿＿＿＿＿＿

11．＿＿＿＿＿＿＿＿＿＿

12．＿＿＿＿＿＿＿＿＿＿

13．＿＿＿＿＿＿＿＿＿＿

14．＿＿＿＿＿＿＿＿＿＿

15．＿＿＿＿＿＿＿＿＿＿

達成記録

達成したい項目	達成予定日	達成日
1.		
2.		
3.		
4.		
5.		
6.		
7.		
8.		
9.		
10.		
11.		
12.		
13.		
14.		
15.		

目標と決意

目標を定めた場合、それを達成したか否かが明確になる時点があるはずです。目標とは、具体的かつ測定可能なものです。たとえば、「７月末までに収入を今より3割増やす」というようなものです。一方、決意とは目標と異なり、自らの人生の質を日々問い続けることを言います。したがって、決意は測定できるものではありません。それは、あなたがこうありたいと思う自分の状態や性質と関連するものです。たとえば、「私は仕事を通じて、世界に違いを生み出すことを誓います」とか、「私は自分の子供に対して心を開いてコミュニケーションすることを誓います」「私は健康的なライフスタイルを送り、元気な身体で暮らすことを誓います」といった具合です。人生の輪を使って、あなたの目標（具体的な期日とともに）と決意を明らかにしてみましょう。

		目標	決意
仕事・キャリア	１．	____________	____________
	２．	____________	____________
お金・経済	１．	____________	____________
	２．	____________	____________
健康	１．	____________	____________
	２．	____________	____________
家族・パートナー	１．	____________	____________
	２．	____________	____________
人間関係	１．	____________	____________
	２．	____________	____________
学び・自己啓発	１．	____________	____________
	２．	____________	____________
遊び・余暇	１．	____________	____________
	２．	____________	____________
物理的環境	１．	____________	____________
	２．	____________	____________

毎日の習慣

些細なことでも、毎日続けたり、繰り返し行うことで、達成感や自分が前進している感覚を味わうことができるものです。こうした日頃の習慣や小さな成功の積み重ねは、あなたが大きな変化を起こす土台となります。「人生の輪」の結果を見て、あなたが前進するためにはどのような習慣を持つとよいか、考えてみましょう。どのような行動を定期的に行うと、それぞれの領域に変化をもたらすことができるでしょう？　この習慣化する行動を考える際、仕事と私生活を問わずに考えてみましょう。たとえば、毎日受信した電子メールすべてに対応する、週4回はジムへ通う、毎日子供と20分一緒に過ごす、週３回自然の中を歩く、毎日友人に電話をする、といった行動を改めて習慣的に行うことが、あなたの心を豊かにし、満足感をもたらすということを忘れないでください。

1. ＿＿＿＿＿＿＿＿＿＿＿＿＿＿＿＿＿＿＿＿

2. ＿＿＿＿＿＿＿＿＿＿＿＿＿＿＿＿＿＿＿＿

3. ＿＿＿＿＿＿＿＿＿＿＿＿＿＿＿＿＿＿＿＿

4. ＿＿＿＿＿＿＿＿＿＿＿＿＿＿＿＿＿＿＿＿

5. ＿＿＿＿＿＿＿＿＿＿＿＿＿＿＿＿＿＿＿＿

6. ＿＿＿＿＿＿＿＿＿＿＿＿＿＿＿＿＿＿＿＿

7. ＿＿＿＿＿＿＿＿＿＿＿＿＿＿＿＿＿＿＿＿

8. ＿＿＿＿＿＿＿＿＿＿＿＿＿＿＿＿＿＿＿＿

9. ＿＿＿＿＿＿＿＿＿＿＿＿＿＿＿＿＿＿＿＿

10. ＿＿＿＿＿＿＿＿＿＿＿＿＿＿＿＿＿＿＿＿

習慣チェックリスト

（　年　月分）

習慣	1	2	3	4	5	6	7	8	9	10	11	12	13	14	15	16	17	18	19	20	21	22	23	24	25	26	27	28	29	30	31
1.																															
2.																															
3.																															
4.																															
5.																															
6.																															
7.																															
8.																															
9.																															
10.																															

●構造化

構造化とは、クライアントが自分にとって重要だと気づいたことを覚えておき、実際に行動を起こすのを助けるためのスキルです。たとえば、カレンダーにメモを書き入れておくのは、クライアントがそのことを忘れず、予定通り行動を起こすための簡単な仕組みと言えます。しかし、それはクライアントがつねに思い出せるようなものでないと意味がありません。

実際に行動が起きたか起きなかったかにかかわらず、構造化は学びをもたらします。クライアントに行動を起こすよう促す仕組みは無数にあります。

ここでは効果的な仕組みをいくつか紹介します。

- 毎日、ある課題をやり終えたら、コーチの留守番電話、あるいは自分の留守番電話にその旨メッセージを残す
- 深呼吸する、力強く話す、まっすぐ座る、不満を要望に変えるなど、何かやろうと思っていることを覚えておけるように腕に輪ゴムをつける
- 1ヶ月に1度夕食会を催すことで、家をきれいにし、友人との関係を保つための仕組みとする
- 一緒に運動してくれる相手を見つける
- 何らかのプロジェクトにとりかかったその日に、意図的に期限を設定する。たとえば、友人や同僚に、2週間後にそのプロジェクトの成果を見せる約束をする
- 2ヶ月の間、週に1人の割合で友人と会う約束を予定に入れる
- 次の日、重要な書類を持っていくのを忘れないよう、夜帰宅した際にドアの真ん前に椅子を置いておく
- ある課題を実行するように、自分に電子メールを送る
- 自分を励ますために、事前に内容を話し合って書いたハガキを、1ヶ月に1度、友人から送ってもらうよう依頼する

数を数えるのも、仕組みの1つです。たとえば、サボタージュがどれくらい現れるかとか、他人をどれくらい認知できるかなど、特定の行動に注意を払い

たい時、単純に1日何回そのことがあったかを数えるのです。これは、気づきを高めるための仕組みとなります。他にも、たとえば、吸った煙草の本数、摂取したカロリー、見込み客と会った回数、謝った回数などを数えることができます。

この際、数を数える以外にしなければならないことは何もなく、ただ気づくだけで構いません。そうすることで、何かをすることに対する気づきが次第に高まっていくのです。

置き物も仕組みの1つです。電話の横におもちゃのライオンを置いておくだけでも、あたかも獲物を狙うライオンのように、クライアントが自らの目標を達成すべく真剣になることを思い起こすための仕組みとなり得ます。

コーチも、優れた仕組みの1つと言えます。なぜなら、コーチングはクライアントが自らの人生を見つめ直し、自分の望む方向に向かって進んでいるかどうかを定期的に確認する場を提供するからです。

時間管理

時間管理に関する仕組みには、カレンダーやスケジュール表、実行リストなどが含まれます。それは、単なる紙切れでもコンピューターのシステムでも構いませんし、店で買ったものでも自前のものでも構いません。また、15分刻みでスケジュールを書き込める細かいものでも、もっと全体を概観できるような大雑把なものでも構いません。

要するに、クライアントに合ったものであれば何でもいいのです。唯一正しい時間管理の方法があると考えるのは間違いです。鉛筆と紙からスマートフォンへと、その技術や手法は日進月歩ですが、クライアントに役立つものが最適な仕組みであることに変わりはありません。

金銭管理

お金という、人生における重要な分野を管理する仕組みとして、ほとんどの人はせいぜい預金通帳くらいしか活用していないのが実情でしょう。他には、コンピューターのプログラムを活用する、毎月の予算管理を導入する、配偶者と定期的に資産管理について話し合う、もしくはファイナンシャル・プランナーのサービスを受ける、といったことが挙げられます。
もちろん、これらは金銭管理に関する仕組みをすべて網羅したものではなく、他にもいろいろな方法が考えられるでしょう。

五感を活用する

視覚的なことを好むクライアントには、日常的に目に入りやすいものを仕組みとするのが有効でしょう。たとえば、付箋をコンピューターや机の上の書類棚、あるいは冷蔵庫の扉などに貼るといったやり方がそれに当たります。また、ハガキや雑誌からの切り抜きを使うのも効果的です。
場合によっては、部屋の壁を塗り直し、空間そのものを視覚的に変えてみるのもおもしろいかもしれません。そこまでいかなくても、単に椅子の位置を変えるだけでも、クライアントのものの見方を変える上で有効だと言えるでしょう。要するに、クライアントの視覚に訴えるものであれば、どんな仕組みでも効力を発揮し得るのです。
他にもどんな感覚を活用できるか、考えてみてください。たとえば、好きな音楽や、自分を奮い立たせるようなメッセージを吹き込んだ音声データなど、聴覚を利用したものが考えられます。また、ある特定のアロマオイルやお香など、香りが強力な仕組みとなることもあります。宗教的な儀式や習慣においては、何千年もの間、お香を焚くなど嗅覚を仕組みとして活用してきました。嗅覚をうまく利用した例として、他にどのようなものが考えられるでしょうか？
あなたのクライアントにとってどのような仕組みが一番いいかは、時に直感でわかることがあります。たとえば、台所の窓辺にスイカの種を置くとか、懐中電灯を鞄の中に入れて持ち歩くとか、左右で色の違う靴下を穿いてみるなど、最初は腑に落ちないかもしれない案が意外な効果を発揮することがあるのです。というのも、仕組みが効果を発揮する理由の１つは、その人の日常的な意識の流れを中断し、注意を引くからです。したがって、仕組みが大袈裟なものであればあるほど、日常生活の中でつい流されそうになる意識を大事なことに向け直すことができるのです。
もしかしたら、あなたは１つのカタログがつくれるほどたくさんの仕組みをすでにクライアントに対して試みた経験があるかもしれません。それはそれで便利であり、クライアントの役に立つこともきっとあるでしょう。しかし、一方で、クライアント自身に仕組みを考えてもらうのも非常に効果的な方法です。なぜなら、クライアントが自分でつくったものほど本人に合った仕組みは他にないからです。

組織内クライアント向けのツール

ここで紹介するフォーマットおよびチェックリストは、あらゆる組織のクライアントに活用できます。政府機関はもちろん、非営利団体にも適用が可能です。組織内のクライアント、特に経営者や役員レベルのクライアントに対してコーチングを行う場合、コーチはクライアントの状況を把握するために、組織や業務についてより多くの情報を知りたいと感じるでしょう。その場合コーチは、クライアントもしくはコーチング契約の担当者に直接問い合わせることができます。さらに組織内クライアントに対するコーチングの準備として、コーチは以下のポイントを確認しておく必要があります。

- 組織では、どのような業績評価システムを導入しているか？
- リーダーシップおよびマネジメント能力に関して、組織が定めた基準はあるか？　また、クライアントはどのような評価プロセスを受けているのか？
- 360度評価システムを導入しているか？　また、コーチはその結果を入手できるか？
- どのような人材開発プログラムが導入されているか？　また、クライアントはどのプログラムに参加しているか？

次ページ以降のフォーマットは、必要なツールをすべて網羅したものではありませんが、組織内クライアントに対するコーチングの全体的なイメージをつかむ目安となるでしょう。また、個人向けフォーマットとして紹介したものの中にも、組織内で活用可能なものがあります。クライアントのニーズに合わせて独自のツールを創り出すための参考としてください。

組織内クライアント・導入セッション・チェックリスト

1. 導入セッションの前に、コーチングへの期待、所要時間、持参するもの（たとえば、普段使っている手帳や業績評価の結果など）について話す。クライアントがコーチングへ向けて心の準備を整え、セッションが楽しみになるように、伝えられることはすべて説明しておく。
2. 導入セッションを行う環境が、安全で邪魔の入らない静かな場所であるよう確認する。携帯電話など、セッションを中断するような機器は持ち込まないよう事前に合意しておく。
3. クライアントを迎え入れ、落ち着いて話せる場作りをする。コーチのクライアントへの想いや意気込みを伝える。
4. 導入セッションの流れを説明する。また、クライアントが安心して臨めるよう、所要時間、コーチとクライアントのどちらがメモをとるのか、何について話すのか（人生のバランス、価値観、目標、行動計画など）、また、このセッションから得られることは何か、その他クライアントが知っておくべきことは何かを伝える。
5. コーチングとは何か、また、コーチングが職業としてどのように発展してきたかを伝え、話し合う。過去にコーチングを受けた人の例を引用し、コーチングがどのように役に立つか紹介してもよい（事前に本人の許可を得ておく）。今後使用するツール類や、セッションの頻度、方法（電話／対面）について伝える。また、コーチングの全体像を示しながら、コーチングとはコーチとクライアントがともに話し合い、協力し合って創り上げていく関係であることを合意する。
6. コーチ自身を自己紹介する。
7. 守秘義務について説明し、具体的な意味を明確にする。たとえば、組織が経過報告を求めた場合、報告の義務はクライアントにあり、コーチはあくまでもクライアントの守秘義務を保持する。ただし、時には、コーチ、クライアント、そして組織の代表者（たとえば、クライアントの上司、もしくはコーチの雇い主）が、結果報告と今後のステップを判断する目的でミーティングを開くこともある。そのため、コーチングが始まる前に、3者の間で基本的なルールについて理解を共有しておくことが重要である。

8. 意図的な協働関係をどのように築くかを詳しく説明し、クライアントが望む方向へ向けて実際に協働関係を築いていく。コーチングの主要なスキルについて説明し、クライアントの私生活、能力開発や社内評価などについて、どのように関わるかを話し合う。
9. 価値観の明確化や、サボタージュについて探る。また、ビジョンを探る演習を行う。
10. クライアントと一緒に「主要なテーマ」を探る。この際、私生活や自己啓発などのテーマについて触れることで、コーチングが仕事だけでなく、人生全体に関わることを示す。ここではじっくりと時間をかけて、クライアントの人生にとって何が本当に重要なのかについて話し合う。
11. コーチがクライアントにとって有効だと思うフォーマットやツールを紹介する。たとえば、予定計画表や情報管理および個人目標管理シートなど。
12. 期限を明確にした目標を設定し、それがクライアントの予定表に確実に記入されるようにする。確認のスキルとは何かを説明し、コーチングの中でどのように確認のスキルが使われるかを共有する。また、クライアントが主体的に行動を計画するのであって、コーチはその監督者ではないことを明確にする。
13. コーチングが進む中で、クライアントの気持ちに浮き沈みが起こる可能性について話し合う（コーチングを始めてから４～８週の間に、当初の興奮が冷める傾向についても伝える）。コーチングの関係に力を与えるのはクライアント本人であり、コーチもこの点について念を押し続けることを伝える。また、サボタージュが出てくる可能性についても指摘する。
14. これからのコーチング・セッションをどのように進めていくかについて話し合う。今後のセッションの日時を設定し、遅刻、キャンセル、休暇、その他障害になりうるものに対する基本ルールを決めておく。
15. 宿題や設問とはどういうものかについて、あらかじめ説明しておく。
16. クライアントの未来への肯定感と期待感を共有し、導入セッションを終了。

組織内クライアント・個人情報シート

この個人情報シートは、あなたが今どのような状態にあり、コーチング、仕事、そして人生全般から何を得たいと考えているかについてうかがうものです。今後のコーチングの土台となり、一歩前へと進むための一助となりますので、ゆっくり時間をかけてよく考えてお答えください。

導入セッションまでに、本シートをコーチ宛てに電子メールかFAXにて送ってください。

※すべての個人情報は、守秘義務の原則にしたがって適切に扱われます。

基本情報

氏名：

Eメール：

郵送先：

部署名：

携帯電話番号：

職場電話番号：

FAX 番号：

仕事情報

役職名：

現在の会社での在籍年数：

コーチングについて

1．コーチングからこれだけは確実に得たいというものは何ですか？

2．コーチに期待することは何ですか？

3．その他、コーチに伝えておきたいことがあればご記入ください。

仕事について

1．仕事から何を得たいですか？

2．現在あなたは会社でどのような役割を担っていますか？

3．仕事における目標は何ですか？

4．現在伸ばしたいスキルや知識は何ですか？

5．仕事での目標は、あなたの人生の目標とどのように関連していますか？

6．会社の目標を実現するために、あなたが今できることは何ですか？

あなた個人について

1．あなたのユニークで個性的な特徴を教えてください。

2．あなたが持っている専門的な知識は何ですか？

3．あなたは何を信じていますか？

4．あなたは障害や壁に直面した時にどうしますか？

5．あなたにとって生きる意味や、元気を与えてくれる活動は何ですか？

6．あなたは世の中にどのように貢献したいと思っていますか？

7．あなたの現在の状況を大きく改善するために、すぐにできる２つの行動は何ですか？

8．今後、あなたが行き詰まった時、もう一度立ち上がるために、コーチにどんな言葉をかけてほしいですか？

パフォーマンスの輪

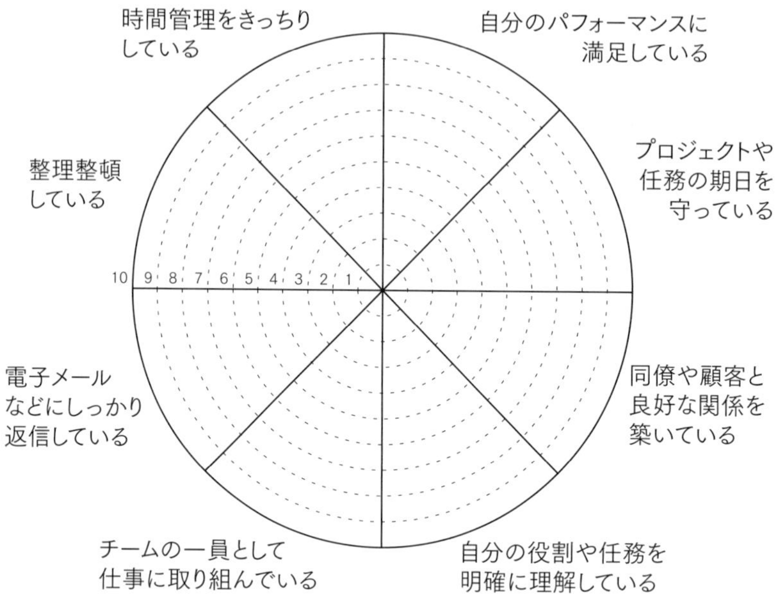

【使い方】

仕事上のパフォーマンスに関する上記の各項目に対する自分の満足度を10段階評価で自己評価してください。なお、その際、より適切な項目があれば、書き換えていただいても構いません。その上で、どの領域を改善したいか見極め、その領域の満足度を高めるために具体的にどのような行動を起こすのかを決めてください。

パフォーマンス・アセスメント・シート

氏名：

Eメール：

電話番号：

ここに取り上げられた8つの領域は仕事の異なる側面を表しており、そのすべてが合わさった時、全体としてあなたが自分の仕事においてどのような状況にあるかを把握できるようデザインされています。各領域におけるあなたの現時点での満足度を記入していただくことで、自分がどの領域で成果を上げており、どの領域で改善を要するかが一目瞭然となるでしょう。下記のそれぞれの文について、1（まったく同意できない）から10（完全に同意できる）までの10段階で評価してください。そして、それぞれの領域ごとに点数を合計してください。

承認

私は仕事において高く評価され、肯定されていると感じる	
私は自分の仕事に見合った報酬を受け取っている	
私は他人を認め、他人に感謝している	
私は自分の達成と成長を祝福するための時間を取っている	
合計	/40

満足

私は意義ある仕事に携わっている	
私は仕事において活気があり、生き生きしている	
私は月曜の朝、仕事に行くのが楽しみである	
私は毎日の終わりに大事な人や個人的な興味に関心を向けるエネルギーがある	
合計	/40

関係

私は他人と良い関係を確立している	
私は他人と効果的な協働関係を構築している	
私は同僚とその仕事に敬意を払っている	
私は他人に対する信頼を育んでいる	
私は自分自身や他人のリーダーシップを引き出している	
合計	/50

コミュニケーション

私は同僚や上司、そして、経営陣と明確なコミュニケーションをとっている	
私は自分が話すのと同じくらい聴くことを重視している	
私は自分のコミュニケーションがもたらす影響について気を配っている	
私は回りくどい言い方や不満の形でコミュニケーションするより、率直に要望している	
私は自分よりも大きい何かのためにコミュニケーションをとっている	
合計	/50

創造的な自己表現

私は仕事を通して独自の貢献を行っている	
私は従来の枠を超えて、リスクを取り、新しく何かを創り出すことを心がけている	
私は困難とは自分の器を広げ、より熱心に取り組む機会だととらえている	
私は毎日、自分の強みを仕事で発揮する機会がある	
合計	/40

結果

私は高い質の結果を生み出している	
私は信頼でき、一貫性がある	
私は自分の影響力を活かし、会社に日々の成功をもたらしている	
私は自分の成功と失敗についての責任を引き受けている	
合計	/40

キャリア開発

私は自分のキャリアを促進することに責任を持っている	
私は起こるすべてのことを成長の機会として使っている	
私は自分が責任をとれる範囲を拡大する方法を模索している	
私は自分の成長を応援してくれる人が職場にいる	
私は自分の仕事上のスキルを開発するのに加えて、自分自身を人間として成長させるための時間とエネルギーを投資している	
合計	/50

風土と文化

会社のミッションと文化は私の個人的な価値観と一致している	
私はポジティブな環境を醸成している	
私は自分の組織とそこで働く人々を応援している	
私は自分の仕事がはかどるような物理的環境を創り出している	
合計	/40

あなたの仕事における現時点での状況を把握するために前ページの合計スコアを以下のサマリー表へ転記してください。そして、それぞれの領域における合計点の％を求めてください。次に、その％の数字にしたがって、輪のそれぞれの領域に線を引き、輪を完成してください。もし、これが車の車輪だったとしたら、どれだけガタガタするでしょう？　あなたの満足度やバランスを高めるのに役立つ次ページの質問に答えてください。

サマリー

承認	/40	=	%
満足	/40	=	%
関係	/50	=	%
コミュニケーション	/50	=	%
創造的な自己表現	/40	=	%
結果	/40	=	%
キャリア開発	/50	=	%
風土と文化	/40	=	%

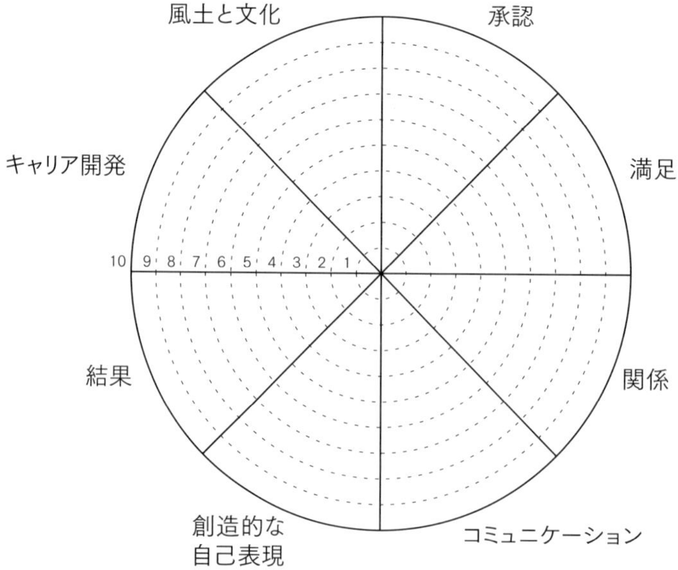

あなたが満足度を上げたいと思う領域は何ですか？

この領域の現状はどんな状態ですか？

この領域において欠けていること、もしくはうまくいっていないことは何ですか？

この領域であなたは何を創り出したいですか？

付　録

コーチの職業倫理について

職業倫理は、どのようなビジネスにとっても不可欠です。倫理は、辞書の記述によれば「道徳的原理および道徳観に関する理論または体系」「行動規範」と定義されています。コーチにとっての職業倫理とは、個人としての行い、プロ意識、守秘義務、セラピストやコンサルタントとの協働、クライアントとの利害の対立といった広範なテーマを含みます。

CTIでは国際コーチング連盟（ICF）が定める倫理規定を尊重し、さらに独自で推奨する「正しく高潔な行動規範」を提案しています。以下ご紹介します。これらに加えて、プロのコーチとしてあなた独自の倫理的なガイドラインを持っておくことも重要です。

ICFの倫理規定

CTIではすべてのコーチにICFへの加盟を推奨しています。以下のICFの倫理規定は、ICFのホームページ（www.coachfederation.org）、日本語はICFジャパンのホームページ（www.icfjapan.com）にて閲覧できます。内容の変更や最新の記述に関しては各ホームページでご確認ください。

国際コーチング連盟の定めるコーチの倫理規定

国際コーチング連盟（以下、ICF）は、コーチングの卓越性を維持し、促進することを約束します。そのため、すべてのメンバーと資格認定コーチ（コーチ、コーチのメンター、指導者＝スーパーバイザー・コーチ・トレーナーや学習者）に、ICFは、倫理的な行動についてその項目や原則を遵守すること、ICFによるコーチとしての能力水準（コアコンピテンシー）に則りそれをコーチングの中でも実践することを期待します。

倫理規定は、すべてのICFメンバーとICFの資格保持者の行いに関して、ICFのコアバリューとICFのコーチングの定義に沿って、適切なガイドラインと説明責任、行動基準を提供するように設計されています。

第1部：定義

- **コーチング：** コーチングとは、思考を刺激し続ける創造的なプロセスを通して、クライアントが自身の可能性を公私において最大化させるように、コーチとクライアントのパートナー関係を築くことである。
- **ICFのコーチ：** ICFのコーチは、ICFによるコーチとしての能力水準（コアコンピテンシー）に則り、またICFの倫理規定を遵守することを誓約する。
- **プロフェッショナルなコーチングの関係：** コーチングが双方の責任を明確にした同意（契約を含む）があるときに、プロフェッショナルなコーチングの関係が成立する。
- **コーチングの関係における役割：** コーチングの関係での役割を明確にするために、クライアントとスポンサーの違いを区別することが必要な場合がある。多くの場合、クライアントとスポンサーは同一であり、その際には当該者をクライアントと称する。国際コーチング連盟は、クライアントとスポンサーを区別するために、これらの役割を以下のように定義する。
- **クライアント：** クライアントあるいはコーチィとはコーチングされる人（々）である。
- **スポンサー：** スポンサーとは、コーチングサービスの支払いを行うか、あるいは、コーチングサービスを設定した存在（その代理者も含む）である。すべての場合において、コーチング契約は、明らかにクライアント、スポンサーの両方の権限、役割と責任を定め、クライアントとスポンサーが別の人であればスポンサーとする必要がある。
- **学習者：** 学習者はコーチングのプロセスを学ぶか、あるいはコーチングの能力を高め、開発するために、スーパーバイザーやメンターコーチについているか、コーチのトレーニング・プログラムに籍を置いている者である。
- **利益相反：** コーチが、コーチとしてあるいはプロフェッショナルとしての業務に従事するときに、影響が出ると思われる個人的な利害関係を持っている状況。

第2部：国際コーチング連盟の倫理行動基準

第1節：プロフェッショナルとしての行動

コーチとして、私は、

1. トレーナー、メンター、指導者（スーパーバイザー）としての活動を含むコーチとしてのすべての交流や活動において、ICFの倫理規定に従い行動します。
2. コーチ、トレーナー、メンターコーチの行いが倫理違反である、もしくはその可能性があることに気が付いた場合は、それが私、他人のどちらに対してのものかに関わらず、速やかにICFに連絡します。
3. それを知らされるべき相手（組織、従業員、スポンサー、コーチ、その他を含む）に対し、規定に定められた責任について説明し、認識を促します。
4. 年齢、種族、性別、民族、性的指向、宗教、国籍、障害などによる（違法な）差別を行いません。
5. 私がコーチとして提供するものについて、また、コーチの職業性やICFについて、真実と正確さを持って話し、文章化します。
6. コーチングの資格や専門知識、経験、トレーニング、認証やICFの認定資格について、正確に明示します。
7. 他者の尽力と貢献を認識し、尊重し、私自身のものとしてそれらを偽りません。私は、この基準に違反すると、第三者による法的措置の対象となり得ることを理解しています。
8. いかなる時も、私のコーチングのパフォーマンス、あるいはプロのコーチとしての関係性を、損なう、対立を生む、妨げる等の可能性のある個人的な問題は常に意識するよう努めます。状況が必要とする際にはいつでも、速やかに専門的な支援を求め、コーチングの関係を中断もしくは終了することを含め、取るべき行動を決定します。
9. 倫理規定が私と、コーチングのクライアント、コーチング対象者（コーチィ）、学習者、メンタリング対象者と指導対象者（スーパーバイジー）と私の関係に適用されることを理解しています。

10. 一定の科学的基準および適切な指針に従って、所定の能力を有した上で誠実に調査の実施および報告を行います。研究・調査を行うにあたっては、関係者から必要な同意および承認を得て、関係者に被害が及ぶ可能性がないように配慮した方法をとります。すべての調査活動は、研究が行われる国のすべての適用法令に準拠した方法で実施します。
11. 私は、守秘義務、セキュリティ、およびプライバシー保護を推進し、関連する法令や契約を遵守する形で、コーチング業務中に作成した、電子的なファイル通信を含む、すべての記録を保持、保管、および処分します。
12. ICFのメンバーの連絡先情報（電子メールアドレス、電話番号など）を、ICFによって認められた範囲でのみ使用します。

第2節：利益相反

コーチとして、私は、

13. 利益相反およびその可能性を意識し続けることに努め、利益相反の可能性がある場合、率直に開示を行います。私は、そのような利益相反が発生した際は、自らの解任を提案します。
14. 組織内コーチの役割を明確にし、他の役割との境界を定め、コーチングと他の役割との間で発生する可能性のある利益相反を利害関係者と確認します。
15. 当該クライアントの紹介によって第三者との間に授受される予定の報酬を、クライアント本人とそのスポンサーに対して開示します。
16. 報酬の形にかかわらず、コーチ/クライアントの対等な関係性を尊重します。

第3節：クライアントに対するプロフェッショナルとしての行動基準

コーチとして、私は、

17. クライアント及び見込みクライアントやスポンサーに、コーチング・プロセスの潜在的な価値やコーチとしての私について、私が真実であると知っていることを倫理的に話します。

18. 私は、事前あるいは最初の会合で、コーチングのクライアントとスポンサーが、コーチングの特質や、守秘義務、金銭的取り決め、コーチングに関する契約上のあらゆる条件についての内容と範囲を確実に理解するよう、説明に努めます。
19. コーチングの関係を開始する前に、クライアントおよびスポンサーとの間に、明確な合意や契約を結び、この合意を尊重します。この契約はすべての関係者の役割、責任と権利を含むものとします。
20. クライアントやスポンサーと、物理的、あるいはその他の形でのやりとりの際には、明確で適切な意図に基づき、文化的に配慮した距離感を持って、接することを意識する責任を持ちます。
21. 現在のクライアント、スポンサー、学習者、メンタリング対象者、または指導対象者（スーパーバイジー）とは、いかなる性的または恋愛的関係も持つことを避けます。さらに、サポートスタッフおよび/またはアシスタントを含む当事者間の潜在的な性的親密さの可能性に注意し、安全な環境を提供するために、適切に対処するか、契約をキャンセルするなどの措置を取ります。
22. 同意や契約の条件に従って、クライアントが任意の時点でコーチングの関係を終了する権利を尊重します。コーチングの関係から受け取れる価値に変化が生じてきた際には、その旨を告知します。
23. 自分のクライアントやスポンサーにとって、他のコーチや支援手段がより適切であると判断した場合は、それらを勧めます。

第4節：守秘義務・プライバシー

コーチとして、私は、

24. すべてのクライアントおよびスポンサーの情報について、法律によって要求されない限り、厳格な水準で守秘義務を守ります。
25. コーチングの情報が、コーチ、クライアント、スポンサー間でどのようにやり取りされるかについて、明確な合意を持ちます。

26. クライアントとスポンサーの両方、学習者、メンタリング対象者または指導対象者（スーパーバイジー）を持ち、コーチ、コーチのメンター、指導者（スーパーバイザー）やトレーナー、として活動する場合、守秘性が維持されない可能性がある条件（例えば、違法行為、裁判所の有効な命令または召喚、自己または他人に危険が差し迫っているかそれに近い状況、など）について、必ず対象者と任意にかつ意識的に、機密性の限界に書面で同意するものとします。その中には上記のいずれかの状況が適用される際、私は該当する機関に通知する必要があるかもしれないと考えていることを含みます。
27. 私のクライアントをサポートするために私と一緒に働くすべての人々に対し、第4節：守秘義務・プライバシーの26条、および該当する可能性のあるICF倫理規定の他の部分を遵守することを求めます。

第5節：継続的な能力開発

コーチとして、私は、

28. プロフェッショナルとしてのスキルを継続的に開発し続けます。

第3部：倫理誓約

第1節：プロフェッショナルとしての行動

私は、ICFのプロフェッショナル・コーチとして、クライアント、スポンサー、同業者、そして社会全体に対して、倫理的・法律的な義務を履行することに同意します。

私は、ICFの倫理規定を遵守し、コーチングを行う相手に対してこれらの基準を実践することを誓います。私が、この倫理誓約もしくはICFの倫理規定の一部にでも違反した場合、私の責任については、ICFの独自の裁量に委ねることに同意します。さらに、違反に伴いICFに対して発生する私の責任には、ICFにおける会員資格や認定資格のはく奪などの制裁が含まれることに同意します。

2015年7月ICF理事会にて承認

（ICFジャパンホームページより、2020年4月CTIジャパン一部修正加筆）

CTIが推奨する「正しく高潔な行動規範」

ICFの倫理規定を遵守するのに加え、CTIでは次の「正しく高潔な行動規範」を推奨しています。

1．私たちは、クライアントに対する守秘義務を守り、クライアントが話したことを第三者に口外するようなことはしません。また、クライアントから特段の許可がない限り、その名前すら公表することはありません。

2．私たちは、クライアントのために法律を犯すようなことはしません。また、クライアントの違法行為に加担するようなことはしません。

3．私たちは、成果にもとづく報酬を受け取るような契約を結びません。例えば、クライアントが勤務先から得たセールスの報酬のうち、10％を受け取るといったものです。こうした行為は、クライアント側がオプションとして申し出ることはあっても、コーチが受け取ることはありません。

4．私たちは企業と契約を交わす場合においても、関わる従業員をクライアントとして尊重し、彼らに対する守秘義務を守ります。

5．私たちは、その人が成長しうる最高の姿を見出せず、心から支援できないときは、コーチングの関係を結びません。

6．私たちは、自らのサボタージュがクライアントの進歩を妨げないよう、常に自己管理に努めます。

7．私たちは、コーチを職業とするすべての同僚や同業者、そしてコーチという職業そのものに対して敬意を持って接します。

8．私たちは、クライアントの大きな主題と小さな主題を尊重し、クライアントの行動と学習を促進し、クライアントがフルフィルメント、バランス、プロセスへと向かうことを支援します。

9．私たちは、クライアントはもともと創造力と才知にあふれ、欠けることのない存在であり、自ら答えを見つける力を持っているという信念に沿って行動します。

コーチとクライアントの同意

コーチングの関係を始める最初の時点で、コーチングとは何か、コーチングで行うこと、行わないことは何か、ということをクライアントに明確に伝えます。導入セッションやコーチング同意書の中で、どのような関係を結ぶことに同意したかをクライアントが理解したことを確認できるよう、必要であれば書面で渡します。これは、後々に疑問が生じた場合にコーチであるあなた自身を守るためでもあります。以下に、コーチング同意書に加える情報のサンプル例を紹介します。クライアントに、セラピーを受けるのではなく、コーチングを始めるのだという自覚を促すのに役立つでしょう。

- 私は、コーアクティブ・コーチングが私の仕事や経済状況、健康、人間関係、教育、余暇などを含む、私の人生すべてを包括するプロセスであることを理解します。また私は、これらの問題にいかに対処するかの決断や、選択の実行についてのすべての責任を自身で負うことを認めます。
- 私は、コーアクティブ・コーチングが精神的な治療を目的としていないことを理解しています。また私は、コーアクティブ・コーチングがカウンセリング、心理療法、心理分析、心の健康のケア、薬物依存症の治療に代わるものではないことを理解しており、そうした療法の代わりにコーチングを受けることはしません。
- セラピーや心理カウンセリングの専門家の治療を受けている場合、私はその専門家に並行してコーアクティブ・コーチを持つことを伝えていること、および、その専門家がコーアクティブ・コーチングの関係を続けるという私の決心について認識していることを保証します。
- 私は、どのような感情も人間にとっては普通かつ健全なものであること、かつ、コーアクティブ・コーチングの関係を通してその感情にもたらされる気づきや好奇心はより多くの選択肢と望ましい行動への推進力となることを、理解します。また私は、コーアクティブ・コーチングがある特定の感情を生む心理的なトラウマについて対処しないこと、そしてそれがセラピーの範疇であることを理解しています。

CTI（Co-Active Training Institute）について

CTIは、Coaches Training Instituteとして、1992年にコーチングの先駆者であるヘンリー・キムジーハウス、キャレン・キムジーハウスと故ローラ・ウィットワースの３人によって設立された。国際コーチング連盟（International Coaching Federation, ICF）によって認定された世界有数のコーチ養成機関であり、米国カリフォルニア州のサンラファエル市に本拠地を置き、北アメリカ、ヨーロッパ、中東、アジアでは日本、中国、韓国など数多くの国や都市でトレーニングを提供してきた。

コーアクティブ・コーチングのコースは、基礎コース・応用コース・上級コースの3段階に分かれ、応用コースはさらにフルフィルメント、バランス、プロセス、シナジーの4コースに分かれている。基礎および応用コースはすべて2日半から3日間のワークショップ形式で行われ、上級コースは約半年間にわたり主にオンラインで行われる。いずれのコースも単なる講義ではなく、参加者自らがコーチングを体験するエクササイズやグループ・ワーク、あるいはデモンストレーションなどを通じて、より実践的にコーアクティブ・コーチングが身につく体験学習を中心とした内容になっている。公開コースだけでなく企業やその他の組織に対して個別にも提供している。

コーアクティブ・コーチングの上級コースを修了し、口頭および筆記による試験に合格すると、CTIが独自に認定するCPCC（Certified Professional Co-Active Coach）が授与される。なお、CTIのコーチ養成プログラムはすべてICFによって認定されており、国際的にも高い評価を得ている。

この他にCTIが提供するプログラムとしては、世界に自ら望む変化を起こすリーダーを輩出することを目的としたコーアクティブ・リーダーシップ・プログラムがある。

コーチングやリーダーシップで活用する能力は、そのほとんどが分析的な領域ではなく感情的知性の領域にあるため、CTIのトレーニングでは参加者の体験的な学習を通してそれらの能力に働きかけ、さらに伸ばすための先駆的な手法を採用している。また、研修やトレーニングの効果は短期間で失われる傾向が一般的であるのに対し、CTIでは本質的かつ持続的な変化を創り出すことを主眼としている。その一環として、参加者がコース修了後も互いに学び合えるよう、ソーシャル・ネットワーク上でバーチャル・コミュニティを設立し、運営している。

コーチングは、CTIの原点であり、専門分野、そして基盤であることは変わらない。同時に、ビジネスの現場や組織改革のリーダーやマネジメントの「コアコンピテンシー」としてより広く認識されるようになるにつれ、コーアクティブ・コーチングがリーダーのスキルや考え方に影響を与え革新的な変化を促してきた。2019年にコーアクティブをリーダーシップの新しい言語ととらえリーダーシップ・デベロップ・カンパニーへの移行を実現し、社名をCo-Active Training Instituteに変更。現在はキャリー・ベイカー、カルロ・ボスが代表を務める。

著者紹介

ヘンリー・キムジーハウス

CPCC、1980年代における最初のプロフェッショナル・コーチの1人。世界最大のコーチ養成機関であるCTIの創設者の1人であるとともに、その刺激的な体験学習プログラムのデザインを主に担当してきた。CTIとそのコーアクティブ哲学は全世界の6万人以上のマネージャー、リーダー、コーチの人生とキャリアに変革をもたらしてきた。ヘンリーは9歳の時に役者の世界に足を踏み入れて以来、伝統的な演劇トレーニングや長年の舞台、テレビ、映画での経験を通して、人間の感情と物語のプロセスに対する見識に磨きをかけてきた。そして、教育とは無味乾燥な情報のダウンロードではなく、しっかりとした意図を持って用意された体験を通して行われるべきであるという揺るぎない信念のもと、受講者が心から参加し、彼らに大きな変化をもたらすような学びの環境を創り出すことに尽力してきた。ヘンリーは革新的な教育カリキュラムを開発し続けるとともに、他の分野で活躍するリーダーたちとも積極的に協働している。また、コーアクティブの原理を変革を起こすリーダーシップに適用した、*Co-Active Leadership：Five Ways to Lead*の共著者でもある。妻であるキャレン・キムジーハウスと米国オレゴン州・アシュランドの芸術家コミュニティに在住。

キャレン・キムジーハウス

MFA（美術学修士）、CPCCであり、世界屈指のコーチ養成機関であるCTIの創設者の1人。コーチングという職業がまだ草創期だった頃から注目されていた指導者の1人でもある。1992年にローラ・ウィットワースとヘンリー・キムジーハウスとともにCTIを創設。世に知られるCTIのコーチングおよびリーダーシップ・プログラムの土台となった「コーアクティブ」という関係の哲学をともに生み出した。キャレンは起業家でもあり、CTIを始める前には数多くの企業を立ち上げて成功を収めている。また、*Co-Active Leadership：Five Ways to Lead*（共著者：ヘンリー・キムジーハウス）と*Integration: The Power of Being Co-Active in Work and Life*（共著者：アン・

ベッツ）の２冊の本の共著者である。CTIのプログラムをリードする傍ら、基調講演者として世界中で講演を行い、困難な環境や問題を抱えた人たちの中にコーアクティブの考え方や手法を広めていくことに尽力している。全世界に本質的な変化をもたらすという使命のもと、夫であるヘンリー・キムジーハウスと米国オレゴン州・アシュランドの芸術家コミュニティに在住。

フィル・サンダール

MCC（ICFマスター認定コーチ）、CTPC（認定チーム・パフォーマンス・コーチ）であり、チーム・コーチング・インターナショナル（TCI）の創設者の1人。TCIのミッションはコーチングの変容を生み出す力を組織内のチームに持ち込むこと。共同創設者のアレクシス・フィリップスとともに効果的なチームを測定するためのモデル「チーム・ダイアグノスティック」™、4つの総合的なアセスメント・ツール、そしてチーム・コーチングの手法を開発し、これらは全世界の数千に及ぶチームで活用されている。この「チーム・ダイアグノスティック」™診断は、現在20以上の言語で利用可能であり、外部コーチ、社内の人事・組織開発担当者および、人材育成会社などの訓練・認定されたTCIチームコーチ／ファシリテーターがいる国は50ヶ国以上にのぼる。フィルはまたCTIの講師を長年務め、コーチングの国際的な発展において重要な役割を果たすとともに、チーム・コーチングの分野における先駆者でもある。彼はまた、国際的に認められたコーチ、トレーナー、執筆家、講演者でもあった。闘病生活の末、2020年4月逝去。

TCIウェブサイト（https://teamcoachinginternational.com）

ローラ・ウィットワース

プロフェッショナル・コーチングの分野における先駆者であり、1988年にエグゼクティブ、起業家や他の専門家向けのコーチングを始めた。CTIの創設者の１人であるだけでなく、コーチング業界全体の発展に寄与する多くの組織の設立に参画した。また刑務所の受刑者を対象にコーチングのトレーニング・プログラムを実施する「Time to Change Prison Project」や「ビガーゲーム」の創設者の１人でもある。長い肺癌との闘病生活の末、2007年2月逝去。

訳者紹介

CTIジャパン

世界有数のコーチ養成機関であるコーアクティブ・トレーニング・インスティテュート（CTI）との提携のもと、2000年5月より同社のコーチング・プログラムを日本にて提供している。

CTIの最大の特徴である卓越した体験学習の場を提供することを通じて、個人や組織に本質的な変化を呼び起こしてきた結果、2019年末現在ですでに11,000人を超える受講生がコーアクティブ・コーチングのコースを体験している。

また、企業やその他の組織に対してコーアクティブの考え方や手法を広げるためのプログラムも積極的に提供しているほか、世の中に望ましい変化を創り出すリーダーを育成するためのコーアクティブ・リーダーシップ・プログラムも提供している。

2008年12月にはCTIジャパンとして積み上げてきたものをより大きな文脈で世の中に展開すべく株式会社ウエイクアップを設立。2014年10月より株式会社ウエイクアップCTIジャパンとして事業を発展させている。

https://www.thecoaches.co.jp/

〈初版訳者〉
榎本英剛
越智美由紀
加藤雅則
ザリッチ宏枝
関京子
津村英作
長谷川千花
増田弥生

〈第２版訳者〉
青木聡美
宇都出雅巳
榎本英剛
越智美由紀
森川有理

〈第２版協力〉
飯島里美
津村英作
西村裕子（故人）

〈第３版訳者〉
宇都出雅巳
榎本英剛

〈第３版協力〉
飯島里美
藤原加代

〈第４版訳者〉
宇都出雅巳
渡邊有貴

〈第４版協力〉
飯島里美

コーチング・バイブル（第4版）
人の潜在力を引き出す協働的コミュニケーション

2020年7月9日　第1刷発行
2024年6月28日　第3刷発行

著　者――ヘンリー・キムジーハウス／キャレン・キムジーハウス／フィル・サンダール／
ローラ・ウィットワース
訳　者――CTIジャパン
発行者――田北浩章
発行所――東洋経済新報社
〒103-8345　東京都中央区日本橋本石町1-2-1
電話＝東洋経済コールセンター　03(6386)1040
https://toyokeizai.net/

装　丁…………山田英春
ＤＴＰ…………森の印刷屋
印刷・製本……丸井工文社
編集協力………小林茂樹
編集担当………伊東桃子
Printed in Japan　ISBN 978-4-492-55794-5